Walter Rebell
Erfüllung und Erwartung

Walter Rebell

Erfüllung und Erwartung

Erfahrungen mit dem Geist
im Urchristentum

Chr. Kaiser

Für Bettina

CIP-Titelaufnahme der Deutschen Bibliothek
Rebell, Walter:
Erfüllung und Erwartung : Erfahrungen mit dem Geist
im Urchristentum. Walter Rebell. – München :
Kaiser, 1991
ISBN 3-459-01882-8

© 1991 Chr. Kaiser Verlag, München.
Alle Rechte vorbehalten. Abdruck, auch auszugsweise, nur mit
Genehmigung des Verlages. Fotokopieren nicht gestattet.
Umschlag: Ingeborg Geith, München
Motiv: Mosaik aus einem Baptisterium
Gesamtherstellung: Breklumer Druckerei, Manfred Siegel KG

Inhaltsverzeichnis

Einleitung 7

1. Jesus und der Geist 11
2. Die Geistverleihung an die Gemeinde 24
3. Der Geist, die christologische Lehrentwicklung und das Verhältnis Geist – Herr 36
4. Geist und literarische Struktur im Johannesevangelium .. 48
5. Die johanneische Paraklet-Pneumatologie 62
6. Der Geist als Spender von Gaben für eine kommunikative Gemeindepraxis 77
7. Der Geist als Prinzip des Lebenswandels (Leben im Geist) 107
8. Urchristliches Ringen um das Geist-Verständnis 139
9. Der Geist als Erkenntnisprinzip 152
10. Der Geist macht lebendig 158
11. Jubel über die Fülle des Geistes 161
12. Geisterfahrung und Anbetung Gottes 164
13. Der Geist als Angeld 169
14. Die Rolle des Geistes bei der Verkündigung 170
15. Der Geist als Führungsinstanz in kritischen Situationen . 174
16. Geist, Tradition und Amt 177
17. Anthropologischer Gebrauch von Geist 180

Literaturverzeichnis 183

Stellenregister 189

Einleitung

Wer dem Urchristentum wirklich begegnet (durch die Texte des Neuen Testaments hindurch), ist fasziniert von der Lebendigkeit dieser Bewegung und fragt sich unwillkürlich, was das Geheimnis dieser Lebendigkeit ist. Die Antwort fällt nicht schwer: das Geheimnis ist der Geist; die Texte des Neuen Testaments lassen erkennen, daß das Urchristentum eine durch und durch pneumatische Bewegung war, daß es seine Lebendigkeit dem Geist verdankte.

Die Arbeit an diesem Buch wurde aufgenommen unter der Aufgabenstellung, genauer zu erforschen, was das Urchristentum unter »Geist« eigentlich verstand. Nach der Exegese aller neutestamentlichen Geist-Belege ist mir eine *Definition als solche* von Geist noch weniger möglich als vorher; der Geist muß offenbar über seine *Wirkungen* erfaßt werden. Und *Wirkungen* des Geistes lassen sich nun allerdings sehr gut beschreiben. So ist vor allem zu sagen, daß der Geist bestimmte Lebensprozesse auslöste, Lebensprozesse, die mit dem Begriff *Prolepse* gekennzeichnet werden können: eschatologisch erhoffte Seins- und Sinnfülle wird vorweggenommen. Wer »im Geist« lebt, lebt eschatologisch; er lebt ein gesteigertes, entschränktes, eigentliches Leben in einer uneigentlich verstandenen Welt. »Geist« stillt den Hunger nach Sein, den Durst nach Sinn.

Der Referenzrahmen, in dem die pneumatischen Erfahrungen des Urchristentums gemacht wurden, ist die Christologie. Die Christologie ermöglichte die Geisterfahrungen und gab ihnen ihre Richtung vor. Andererseits war es so, daß der Geist den christologischen Referenzrahmen, in dem er – der Geist – erlebt und erfahren werden konnte, selber aufgebaut hatte. (Wir stoßen hier auf eine schwindelerregende Zirkularität.)

Christus und der Geist sind eng aufeinander bezogen, und die neutestamentlichen Autoren, insbesondere Paulus und Johannes, ringen darum, daß die pneumatischen Lebensprozesse auf Dauer im Referenzrahmen des Christusglaubens verortet bleiben. Auch geht es darum, bestimmten Einseitigkeiten und Extremen im Pneuma-Verständnis entschieden entgegenzutreten. Vor allem bestand die Gefahr, aus der *Prolepse* ein *volles Schon* zu machen, d.h., durch den Geist die eschatologische Vollendung herbeizuzwingen. Ergebnis solcher Bemühungen war in Korinth ein Existenzentwurf, der ans Wahnhafte grenzte.

Um das Verständnis von Geist mußte also im Urchristentum heftig gerungen werden. Dabei stand viel auf dem Spiel: das Verfehlen oder Gewinnen von Lebensmöglichkeiten, das Scheitern oder Gelingen menschlicher Existenz.

Wenn im vorliegenden Buch die neutestamentliche Pneumatologie exegetisch erschlossen wird, ist es so, daß der Leser sozusagen einen Einblick in den Maschinenraum eines Schiffes erhält, einen Einblick in jene Prozesse, die das Urchristentum vitalisierten und vorwärtstrieben. Der Leser geht bei dieser Zielsetzung des Autors die Gefahr ein, sehr beansprucht zu werden, nach der Lektüre aufgewühlt und vielleicht auch etwas verwirrt zu sein. Als Gewinn wird er jedoch wahrscheinlich verbuchen können, tiefer in die Geheimnisse der Entstehung und Aufrechterhaltung der genuinen urchristlichen Lebens- und Glaubensvollzüge eingedrungen zu sein. Um im Bild zu sprechen: Man kann auch – als schlichter Gläubiger – oben auf dem Deck des Schiffes bleiben; es wird einen ruhig und sicher tragen. Aber ist man theologisch ambitioniert, möchte man jene Prozesse, die das Schiff in Bewegung brachten und in Bewegung halten, genauer untersuchen, und dazu soll das vorliegende Buch eine Hilfe sein.

Nun noch einige Erläuterungen zum Aufbau des Buches. Bei den exegetischen Vorarbeiten bin ich so vorgegangen, daß ich zunächst die drei großen Pneumatologien des Neuen Testaments untersucht habe (die paulinische Pneumatologie, die johanneische und die lukanische), danach die restlichen neutestamentlichen Geist-Aussagen. Hinterher stand ich vor einem Berg von Einzelergebnissen, vor einer verwirrenden Fülle, in der freilich viele innere Zusammenhänge und durchgängige Linien auszumachen waren. Die Frage war nun, wie dieser Stoff am besten dargestellt werden konnte, bei der Zielvorgabe, daß ein konzis geschriebenes und übersichtliches Buch entstehen sollte. Eine Möglichkeit war die, sich von den einzelnen Schriften bzw. Schriftengruppen des Neuen Testaments leiten zu lassen; dann wären Überschriften entstanden wie die folgenden: 1. Die Pneumatologie des Paulus; 1.1 Die Pneumatologie des Römerbriefs; 1.2 Die Pneumatologie des Galaterbriefs usw. Es gibt in der Tat Bücher, die eine solche Gliederung aufweisen. Sie sind schwer lesbar, da sie Bruchstück an Bruchstück reihen und keine durchgehenden Linien aufzeigen. Und solche Linien *müssen* aufgezeigt werden, nicht nur, um das Buch lesbarer zu machen, sondern vor allem aus Gründen, die von der Sache her geboten sind: Die inneren Zusammenhänge zwischen den Einzelmomenten der urchristlichen Erfahrung mit dem Geist müssen deutlich werden.

Man muß also gruppieren, zusammenfassen. Das könnte man so tun, daß man die exegetischen Einzelergebnisse völlig ineinandermixt und in der Darstellung ständig von einer Bibelstelle zur anderen springt. Auch diese Art des Vorgehens (die ebenfalls praktiziert wird) ist abzulehnen, sie raubt den Einzeltexten ihr Gewicht; ein neutestamentlicher Geist-Beleg muß als solcher auf seine Aussage-Nuancen hin sorgfältig untersucht werden und darf nicht sofort mit anderen Geist-Belegen zusammengesehen werden.

Folglich war ein Mittelweg zu gehen: Einzelexegesen, die sachlich zusammengehören, werden zusammengefaßt und unter eine einzige (sachbezogene) Überschrift gebracht. Eine dieser Überschriften heißt z.B. »Der Geist macht lebendig«, und unter dieser Überschrift werden (getrennt voneinander) zwei Geist-Belege untersucht, die aus völlig verschiedenen Richtungen des Urchristentums stammen, die in völlig unterschiedlichen Argumentationszusammenhängen stehen und dennoch etwas Entscheidendes gemeinsam haben: Beide stellen den Geist als lebendig machende Kraft heraus.

Die so beschriebene Darstellungsweise des exegetischen Befundes hat freilich auch Nachteile: Mitunter passen die Einzelexegesen nur ungefähr unter die Überschrift, unter der sie stehen. Der exegetische Befund zur neutestamentlichen Pneumatologie ist eben sehr schwer zu systematisieren, und zwar letztlich deshalb, weil das urchristliche Geisterleben so »chaotisch« vielfältig war (»chaotisch« verstanden im Sinne einer überwältigenden Lebendigkeit). Und man bekommt dieses »chaotische Geisterleben« in einer Darstellung der neutestamentlichen Pneumatologie einfach nicht gebändigt, nicht in ein Schubladensystem hinein, jedenfalls nicht vollständig. Der Leser möge sich also auf gewisse Schwächen bei der Systematisierung des exegetischen Befundes einstellen, die sich aber aus *Sachgründen* ergeben haben.

Die ersten beiden Kapitel haben grundlegenden Charakter. Eingesetzt wird mit dem Thema »Jesus und der Geist«; hier, bei Jesus, nimmt die neutestamentliche Pneumatologie ihren Anfang. (Natürlich gibt es alttestamentliche Wurzeln; auch diese werden behandelt, und zwar jeweils dann, wenn der Sachzusammenhang es anbietet oder fordert.) Nach dem Thema »Jesus und der Geist« wenden wir uns der Geistverleihung an die Gemeinde zu; und danach können wir dann das Wirken des Geistes (und auch das urchristliche Nachdenken über ihn) genauer untersuchen.

Eine Vorbemerkung zur Terminologie: In diesem Buch wird gelegentlich der Begriff Symbol gebraucht, in Wortverbindungen wie z.B.

»Symbolsystem der Christologie«. Nachdrücklich weise ich darauf hin, daß hier »Symbol« nicht reduktionistisch zu verstehen ist (in dem Sinne, daß man sagt: Christologie ist »nur« ein Symbolsystem). Dem Symbol wohnt ein unfaßbarer Sinn inne. Machen wir uns das an einem Beispiel klar: Die beiden Aussagen »Wasser wäscht mich rein von Schmutz« und »Das Blut Jesu wäscht mich rein von Sünde« liegen nicht auf einer Ebene. Die zweite Aussage ist eine *symbolische* Aussage; sie beschreibt keinen Sachverhalt, der auf Raum-Zeit-Koordinaten feststellbar ist. Sie beschreibt dennoch *Wirklichkeit*, nämlich ein geheimnisvolles soteriologisches Geschehen, das uns zwar ergreifen und uns in unserem ganzen Sein bestimmen kann, das aber dem verfügenden Zugriff unseres Verstandes entzogen ist. Nähern können wir uns dieser Wirklichkeit nur über das Symbol; in dieses ist also eine Wirklichkeit hineinverschlüsselt, die höher ist als diejenige Wirklichkeit, in der sich unser normales Leben abspielt und für die unser Verstand ausgelegt ist. Ein Ausdruck wie »Symbolsystem der Christologie« ist also gerade nicht reduktionistisch zu verstehen; er soll im Gegenteil anzeigen, daß die Christologie mit ihren vielfältigen Metaphern eine Wirklichkeit ist, die *höher* angesetzt werden muß als die vorfindliche Wirklichkeit.

1. Jesus und der Geist

Es bereitet keine Mühe, festzustellen, welchen Stellenwert der Geist nach Ostern, im Urchristentum, hatte, die neutestamentlichen Texte lassen eindeutig erkennen, daß das Urchristentum – jedenfalls in seiner Anfangszeit – eine durch und durch pneumatische Bewegung war. Schwerer ist hingegen die Frage zu beantworten, welche Rolle der Geist im Wirken Jesu spielte. Die synoptischen Evangelien bieten auffallend wenig Material zum Thema »Jesus und der Geist«, am ausführlichsten ist hier noch Lukas. (Die reich ausgestaltete johanneische Pneumatologie kann in diesem Zusammenhang nur mit Vorsicht genannt werden; sie ist ganz und gar aus der nachösterlichen Perspektive heraus entworfen.)

Jesu Geistzeugung

Das Theologumenon von Jesu Geistzeugung findet sich in Mt 1,18.20 und in Lk 1,35. Bei Lukas ist unverkennbar, daß die Feststellung, Jesus sei vom Geist gezeugt worden, jene Feststellung überbieten soll, Johannes der Täufer sei vom Mutterleib an mit heiligem Geist erfüllt (Lk 1,15). Aber die christologische Aussage von der übernatürlichen Zeugung Jesu wurde sicher unabhängig davon entwickelt, daß die Jesusgläubigen gegenüber den Täuferanhängern, die Johannes den Täufer als messianische Gestalt verehrten, *Jesus* als Messias herausstellen mußten. Im Hintergrund des Theologumenons von der übernatürlichen Zeugung Jesu steht vielmehr der Wunsch, die Herkunft Jesu aus Gott möglichst deutlich auszusagen.

Plausibilitätsgrundlage dafür, den heiligen Geist bei der Entstehung Jesu am Werk zu sehen, waren Erfahrungen, die die Urchristen *selber* mit dem Geist machten: Sie erfuhren ihn als lebenschaffende Kraft, die sie gewissermaßen neu zeugte, hinein in den Zustand der Gottunmittelbarkeit. Wenn sie von *Jesu* Geistzeugung sprachen und *seiner* Übernatürlichkeit, konnten sie auf ihre *eigene* Geistzeugung verweisen und ihre *eigene* Übernatürlichkeit. Das Theologumenon, welches das Geheimnis der Entstehung Jesu umkreist, ist also möglich gemacht worden von einem zentralen Aspekt des urchristlichen Existenzverständnisses. –

Wenn man das Theologumenon von der Geistzeugung Jesu *so* sieht, steht es keineswegs am Rande der urchristlichen Lehrentwicklung.

Die Taufe Jesu und der Geist

Die eschatologische Rettergestalt wurde vom Judentum als *Geistträger* erwartet: Jes 11,1ff; 42,1ff; 61,1; PsSal 17,37; TestLev 18; äthHen 49,3; 62,2. Es verwundert daher nicht, daß von Jesus ausdrücklich eine Ausrüstung mit heiligem Geist berichtet wird (die im Zusammenhang mit seiner Taufe stattgefunden hat: Mk 1,10; Mt 3,16; Lk 3,22). Dieses Theologumenon paßt nicht ganz zu jenem, daß Jesus aus dem Geist gezeugt ist. Ein Widerspruch zwischen beiden Theologumena besteht auch darin, daß das eine Adoptionschristologie vertritt (bei der Taufszene sagt eine Himmelsstimme, Jesus sei Gottes geliebter Sohn), das andere die Auffassung, Jesus sei bereits seit seiner Zeugung bzw. Geburt der Sohn Gottes. Beide Theologumena entstanden wahrscheinlich unabhängig voneinander, und es bestand offenbar nicht das Bedürfnis, sie miteinander in Harmonie zu bringen.

Das Urchristentum gibt in der Geschichte von Jesu Taufe viel davon preis, was es unter Geist versteht, und sieht in Jesu Beschenktwerden mit Geist wohl ein Modell für Beschenktwerden mit Geist schlechthin. Festgeschrieben wird in dieser Szene zunächst einmal, daß Geist etwas ist, was von *außen* kommt und sich des Menschen bemächtigt. Geist ist keine Möglichkeit des Menschen selbst, zu der er sich unter Aufbietung aller Kräfte emporschwingen kann; Geist ist ein Geschenk des Himmels.

Ferner: Der Begriff »leibliche Gestalt«, mit dem in Lk 3,22 der Geist beschrieben wird, will andeuten, daß Geist mehr ist als etwas Gedanklich-Abstraktes. Geist ist ein manifestes, eigenständiges, konturiertes (fast personales) Gegenüber, das über ein selbständiges Willenszentrum verfügt.

Bezeichnend ist, daß Jesu Ausstattung mit Geist bei seiner *Taufe* stattfindet. In immer neuen Anläufen wurde im Urchristentum versucht, Taufe und Geist einander zuzuordnen (vgl. G. Haufe, Taufe und Heiliger Geist im Urchristentum), und in der Szene von Jesu Taufe hat sich wahrscheinlich eine grundsätzliche Reflexion über das Verhältnis »Taufe« / »Ausstattung mit Geist« niedergeschlagen. Taufe ist nach dem Verständnis der neutestamentlichen Autoren (nicht nach dem Verständnis Johannes' des Täufers!) sehr stark dies: Eintritt in den Herrschaftsbereich von jemand, der größer ist als man selber (Jesus gerät bei seiner Taufe unmittelbar in das Kraftfeld Gottes hinein, wird er doch als Sohn Gottes adoptiert; die Taufe Jesu durchbricht damit das Schema der johanneischen Bußtaufe, die lediglich auf Sündenvergebung zielte). Es gibt einen guten Sinn, bei einer so verstandenen Taufe, die also stark als Übereignung aufgefaßt wird, den heiligen Geist auf den Täufling kommen zu sehen; macht doch erst der heilige Geist die Übereignung vollständig, indem er nämlich im Innern des Täuflings den neuen Machtanspruch, dem der Täufling sich aussetzen möchte, zur Geltung bringt.

Große Mühe bereitet es, zu erklären, warum in der Szene von der Taufe Jesu für den Geist das Bild von der *Taube* gewählt wird. In der neueren Kommentar-Literatur sind inzwischen Lösungsansätze erarbeitet worden, die einigermaßen befriedigen und jedenfalls zeigen, daß das Bild von der Taube nicht arbiträr ausgesucht worden ist. So heißt es z.B. bei W. Schmithals, »Das Evangelium nach Markus. Kapitel 1,1–9,1«, 84: »Der unsichtbare Gottesgeist wird für Jesus sichtbar in Gestalt einer Taube. Da anscheinend der Erzähler zum erstenmal überhaupt die beiden eschatologischen Zeichen des geöffneten Himmels und des herabkommenden Geistes miteinander kombiniert hat, dürfte das Bild der Taube als Gestalt des Heiligen Geistes von ihm selbst stammen. Jedenfalls ist seit unserer Erzählung die Taube Symbol für den heiligen Gottesgeist. Die Wahl eines Vogels liegt nahe, wenn man ein Symbol für den vom Himmel herabkommenden, unanschaulichen Geist sucht, und die Taube bietet sich als der am besten geeignete Vogel an. Sie ist ein reines, keusches, fehlloses Tier (Mt 10,16), der einzige zum Opfer geheiligte Vogel (3Mose 1,14). Schon in der Urzeit (Sintflutgeschichte) spielte sie eine heilvolle Rolle (1Mose 8): sie brachte den Frieden zurück; jetzt in der Endzeit/Heilszeit kehrt sie wieder. Sie gilt im Judentum zur Zeit Jesu als Bild für Gottes Wort, für Gottes Weisheit, für Gottes Volk. Auch die Heiden achten sie als Göttervogel und als Seelenvogel.«

Gesondert untersucht werden muß die *johanneische Fassung* des Berichts von der Taufe Jesu, Joh 1,32f. Johannes der Täufer sagt hier:

Ich habe den Geist wie eine Taube vom Himmel herabsteigen sehen, und er blieb auf ihm (Jesus). Und ich kannte ihn nicht; aber der mich gesandt hat, mit Wasser zu taufen, der hat mir gesagt: »Auf wen du den Geist herabsteigen und auf ihm bleiben siehst, der ist es, der mit heiligem Geist tauft.«

Die Taufe Jesu als solche wird hier gar nicht erwähnt. Warum schweigt Johannes – im Gegensatz zu den Synoptikern – vom eigentlichen Taufvorgang? – Die Taufe Jesu durch Johannes den Täufer ließe sich so interpretieren, als ob Jesus durch sie unter den Täufer zu stehen kommt, und gerade diesen Eindruck zu vermeiden, hatte der Evangelist allen Grund: Um Johannes den Täufer hatte sich eine Gruppe gebildet, die in ihrem Meister eine messianische Gestalt sah (vgl. Joh 1,6–8; 3,22–30; Apg

19,1–7); der Täufer war damit ein Konkurrent Jesu, der in seine Grenzen gewiesen werden mußte. Er ist für den Johannes-Evangelisten nur noch *Zeuge* Jesu, nicht länger, wie bei den Synoptikern, dessen *Vorläufer*. (Die Synoptiker sind in ihrer Zeichnung der Gestalt des Täufers unbefangener, weil zu ihrer Zeit der Kampf mit den Johannesjüngern offenbar noch nicht so heiß entbrannt ist.)

Eine weitere Auffälligkeit der Perikope Joh 1,32f ist, daß das hier berichtete Geschehen nicht (wie bei den Synoptikern) direkt, sondern indirekt, aus der Sicht des Täufers, erzählt wird. Diese Erzählperspektive erklärt sich aus der Zeugenfunktion des Täufers: er hat in 1,32f die Geistbegabung Jesu zu bezeugen (die er zunächst einmal überhaupt erkennen muß; das entscheidende Zeichen, an dem der Täufer Jesu wahres Wesen erkennt, ist der Geist – das zeigt an, wie wichtig für das Johannesevangelium Jesu Geistbegabung ist).

Mit der Heranziehung der Tradition von der Taufe Jesu nimmt der Evangelist eine Spannung zu seiner Präexistenzchristologie in Kauf, die er in 1,1–18.30 u.ö. entfaltet. Adoptionschristologie, welche die Einsetzung Jesu zum Gottessohn in der Taufe geschehen läßt, verträgt sich schlecht mit der Vorstellung, daß Jesus bereits präexistent an der Brust des Vaters ruhte (vgl. Joh 1,18). Wie wenig Johannes offenbar diese Spannung stört, zeigt sich daran, daß auch er (in 1,34) Jesus im Zusammenhang mit dem Taufvorgang die Sohnesprädikation ausdrücklich zukommen läßt (falls hier nicht statt »der Sohn« die Lesart »der Erwählte« ursprünglich sein sollte).

Die Taufe Jesu bleibt im Johannesevangelium möglicherweise nicht nur aus dem o.g. Grund unerwähnt (nämlich um die Täuferjünger nicht zu stärken), sondern auch deshalb, weil hier eine Linie fortgeführt und dicker ausgezogen wird, die schon bei den Synoptikern anhebt: Jesu Taufe wird abgewertet zugunsten des Geistempfangs, weil mit der Ausgestaltung der Christologie Jesu Empfang der Johannestaufe, die ja eine Bußtaufe war, problematisch wurde.

Noch nicht so sehr bei Markus ist die genannte Linie auszumachen, etwas mehr dann aber bei Matthäus und besonders gut bei Lukas. Um bei Lukas zu bleiben (3,21f): Schon die Satzstruktur ist hier in Anschlag zu bringen; V.21 mit der Erwähnung der Taufe in einem Genitivus absolutus wirkt syntaktisch lediglich wie ein Vorspiel für V.22, wo der Geistempfang beschrieben wird. Hinzu kommt, daß die Taufe Jesu eingebettet ist in die Taufe einer ganzen Volksmenge und auch dadurch an Gewicht verliert. Ferner ist zu notieren, daß bei Lukas zwischen Jesu Taufe und Geistempfang ein *Beten* Jesu eingeschoben ist; auch mit diesem Beten ist also der Geistempfang in Verbindung gebracht, nicht nur mit der Taufe, die dadurch weiter abgewertet wird. In Apg 10,38 spricht Lukas dann den Geistempfang Jesu an, ohne dessen Taufe auch nur noch zu erwähnen.

Johannes hat diese (für Lukas exemplarisch nachgewiesene) Abwertung der Taufe Jesu vervollständigt, indem er sie endgültig tilgte. Man könnte hier von einem »beredten Schweigen« sprechen. Dafür ist dem Evangelisten Jesu Geistbegabung um so wichtiger. Er unterstreicht nachdrücklich – anders als die Synoptiker –, daß Jesus *auf Dauer* mit dem Geist ausgerüstet war.

Zur dauernden Geistausrüstung ein kurzer Blick ins Alte Testament: »In den ältesten Texten werden dem Geist des Herrn *vorübergehende* Wirkungen physisch-psychischer Art zugeschrieben, die alle etwas Stürmisches und Jähes an sich haben ... Nicht mehr stürmisch und sprunghaft, sondern *bleibend* werden besonders in späteren Texten charismatische Führer und Propheten mit dem Geiste des Herrn ausgerüstet.« (R. Koch, Geist, 428.) In die zweite Gruppe von Texten gehören diejenigen, die unsere Perikope maßgeblich beeinflußt haben, nämlich Jes 11,2; 42,1; 61,1. Jes 11,2 zeigt an, daß der künftige Messias (aus dem davidischen Geschlecht) mit dem Geist Jahwes dauernd ausgerüstet sein wird. Jes 42,1 sagt die Geistbegabung von der Rettergestalt des Gottesknechts aus. Jes 61,1 schließlich spricht vom Geistbesitz des (unbekannten) Propheten.

Der dauernde Geistbesitz Jesu wird in unserer Perikope zum Ausdruck gebracht durch das Verbum *menein* (bleiben); es steht zweimal, und zwar in V.32 und V.33. Es handelt sich bei *menein* um eines der Lieblingsworte des Johannes, und es ist ein theologisch aufgeladener Begriff; vgl. vor allem Joh 15,4ff: Hier geht es um das Bleiben der Gläubigen in Jesus und umgekehrt um das Bleiben Jesu in den Gläubigen. Durch dieses wechselseitige *menein* werden die Gläubigen sozusagen überhaupt erst handlungsfähig (vgl. V.5c: »Ohne mich könnt ihr nichts tun«), und auch Jesus selbst wird erst »handlungsfähig« durch das Bleiben des Geistes auf ihm.

In Zusammenhang mit Joh 1,32f ist Joh 3,34b zu bringen. Es heißt hier: »Er gibt nämlich den Geist ohne Maß« (wörtlich: »nicht aus einem Maß heraus«). Das nicht angegebene Subjekt des Satzes dürfte Gott sein, und die Ausstattung mit Geist bezieht sich (vgl. V.34a) auf Jesus (ganz klar ist das aber nicht; vielleicht sind doch die Glaubenden gemeint oder die Glaubenden *und* Jesus). Falls Jesus gemeint ist: Damit ist zu seiner *bleibenden* Geistausstattung gemäß 1,32f noch hinzugefügt, daß er über die unerschöpfliche *Fülle* des Geistes verfügte. Möglicherweise soll die Aussage von 3,34b jene rabbinische Auffassung kontrastieren, daß der heilige Geist den *Propheten* lediglich »nach Maß« verliehen worden war (vgl. Strack/Billerbeck II, 431).

Joh 3,34b gibt eine Reihe von exegetischen Einzelproblemen auf. Zunächst einmal ist unklar, wer den gesamten Abschnitt 3,31-36 spricht: Johannes der Täufer, Jesus oder der Evangelist? Für die Interpretation von 3,34b spielt die Beantwortung dieser Frage allerdings keine Rolle. Ferner könnte auch *Jesus* als Subjekt von V.34b und damit als Spender des Geistes angesehen werden (den dann die *Gläubigen* »ohne Maß« empfangen). Aber diese Auslegungsmöglichkeit ist – obwohl von F. Porsch mit guten Argumenten vertreten (Pneuma und Wort, 103ff) – eher unwahrscheinlich, spricht doch der Kontext dagegen: V.35 fährt fort damit, die Großzügigkeit Gottes Jesus gegenüber zum Ausdruck zu bringen (er hat ihm »alles« in seine Hand gegeben). Die VV.34b.35 fügen sich damit in die johanneische Sendungs-Christologie ein (vgl. die Sendungsaussage in V.34a), die ja eine entsprechende *Ausstattung* des Gesandten voraussetzt. (Und die Ausstattung Jesu mit Geist dient dazu, seine Worte zu geisterfüllten Worten *Gottes* zu machen, vgl. V.34a; diese Beziehung zwischen Wort und Geist ist bemerkenswert.) Hätte allerdings die Auslegung, die Porsch vertritt, recht, läge in 3,34b ein eschatologischer Jubel über die Fülle des Geistes vor, die der Gemeinde von ihrem Herrn verliehen worden ist. Das würde sich gut in jene Tatsache einfügen, daß das Urchristentum eine gewaltige Geistbewegung war. Und weiter: G.M. Burge meint (The Anointed Community, 83): »To make Jesus the subject is to say that he is the one who bestows the Spirit through his speaking the word of God.« – Ein weiteres Problem von 3,34b besteht darin, daß eine Lesart, die nicht schlecht bezeugt ist, lediglich lautet: »Er gibt nämlich ohne Maß.« Zur Diskussion und Ablehnung dieser Lesart vgl. J. Becker, Das Evangelium nach Johannes. Kapitel 1-10, 157.

Jesus als Geisttäufer

Johannes der Täufer kündigt an, daß der nach ihm Kommende (für die Evangelisten: Jesus) eine *Geisttaufe* vollziehen werde (Mk 1,8; Mt 3,11; Lk 3,16; Joh 1,33). Ursprünglich gehörte zu diesem Täuferwort auch die Ankündigung einer Feuertaufe; sie fehlt bei Markus und Johannes.

Falls Mk 1,8 Parr. ein authentisches Täuferwort ist (was angenommen werden kann [vgl. W. Michaelis, Reich Gottes, 6-9]), liegt hier ein Beleg für die jüdische Erwartung einer endzeitlichen Geistausgießung vor (vgl. an weiteren Belegen z.B. Jes 32,15; 44,3; Ez 11,19; TestJud 24,3; TestLev 18,11). Im Horizont dieser Erwartung (vgl. zu ihr auch W. Foerster, Der Heilige Geist im Spätjudentum) machte das Urchristentum seine Erfahrungen mit dem Geist; es empfand sich als eschatologische Heilsgemeinde, der die angekündigte und ersehnte endzeitliche Geistausgießung zuteil geworden war.

Schwierigkeiten bereitet in unserem Täuferwort die Ankündigung einer Feuertaufe. Was verstand der Täufer selbst darunter, was Matthäus bzw. Lukas? – Für den Täufer war Feuertaufe ein Bild des kommenden Gerichts. (Vgl. das Thema Feuer in Lk 3,9.17 par. Mt 3,10.12, wo eindeutig vom Gericht gesprochen wird; als alttestamentlichen Hintergrund vgl. Mal 3,2f.17–21; Joel 2,3; Jes 33,11f u.ö.) Im Kontext der lukanischen Theologie hingegen ist Feuertaufe zu einer Parallelvorstellung für Taufe mit heiligem Geist geworden; das geht aus Apg 2,3 hervor; vgl. auch Lk 12,49f. (Zum matthäischen Verständnis der Feuertaufe läßt sich eine sichere Aussage nicht machen.)

In der lukanischen Komposition erweist sich dann Jesus tatsächlich eindeutig als Geisttäufer (Apg 2,33; vgl. Lk 24,49), was für das Markus- und Matthäusevangelium so nicht gilt (vgl. für das Johannesevangelium die Diskussion der Problematik weiter unten).

Was ist unter Taufe mit heiligem Geist eigentlich zu verstehen? »Die Wendung ›Mit Heiligem Geist getauft werden‹ weckt die Vorstellung vom Eingetaucht-Werden in eine Flut oder vom Überflutet-Werden, Abgewaschenwerden durch die Kraft des Geistes Gottes.« (F. Porsch, Anwalt der Glaubenden, 25.) R. Schnackenburg (Das Johannesevangelium. I. Teil, 304) meint dazu, Johannes der Täufer könnte hier »am ehesten an die reinigende Kraft des Heiligen Geistes in den Guten gedacht haben, wie sie schon die atl. Propheten für die messianische Zeit erwarteten (vgl. Is 32,15–18; 44,3–5; Ez 36,25–27) und auch spätjüdische Texte bezeugen (Jub 1,23; 4Esr 6,26; TestJud 24,3; Rabbinisches bei Billerbeck III, 240). Einen wertvollen neuen Beleg für diese Anschauung bietet 1QS 4,20f (in Erinnerung an Ez 36,25ff): ›Dann wird Gott alle Taten des Menschen durch seine Wahrheit reinigen und sich läutern den Körper des Menschen. Er wird gänzlich den verkehrten Geist aus der Mitte seines Fleisches beseitigen und ihn durch heiligen Geist von allen ruchlosen Taten reinigen. Er wird über ihn den Geist der Wahrheit sprengen wie Reinigungswasser ...‹«

Bezüglich des Johannesevangeliums hat man in der Forschung intensiv danach gefragt, wie und wo in der theologischen Konzeption des Evangelisten, in der das Pneuma ja eine erhebliche Rolle spielt, die Geisttaufe durch Jesus überhaupt stattfindet. Wenn im Johannesevangelium Jesu Weg und Handeln von Anfang an unter dem Zeichen des Geistes stehen – wie sieht dann das geistgewirkte Handeln Jesu genauer aus? Wie wird im Evangelium Jesus als Geistträger und Geisttäufer realisiert und thematisiert?

Bemerkenswert ist der Lösungsvorschlag von G.M. Burge (The

Anointed Community, 62): »How did the Spirit reveal its power in the career of the Messiah? The Synoptic answer ... moves in two directions. Jesus both exhibited works of power and spoke authoritative, prophetic words. John echoes these emphases but adds his own distinctive nuance. Pneumatology serves John's christology ... and the Spirit of power becomes the Spirit of revelation.« An anderer Stelle heißt es bei Burge, der Geist – der übrigens bei Johannes nicht wie bei Markus als fremde Kraft gedacht ist, die den Messias »empowers«, sondern als Attribut seines Lebens – rufe »Epiphanie« hervor. Schon die Wunder haben bei Johannes eine revelatorische Natur. (Ebd., 72.)

Folgendermaßen sieht F. Porsch die Sache (Anwalt der Glaubenden, 24): »Es ist ... nicht von einzelnen Taufhandlungen Jesu die Rede, sondern Geisttäufer zu sein ist gewissermaßen eine Wesensbestimmung Jesu, die ihn von allen unterscheidet und auszeichnet.« Später stellt Porsch dann die Frage, ob sich die Verheißung von 1,33 in 20,22 erfüllt. (Ebd., 112.) Aber auf diese Frage sei kein einfaches Ja oder Nein möglich. »Durch die Geistsprüche in den Abschiedsreden hat der Evangelist inzwischen ja deutlich zu verstehen gegeben, was für ihn ›Taufe mit heiligem Geist‹ bedeutet. Sie ist die Sendung des Geist-Parakleten zu der Gemeinde der Jesusjünger ... Diese Sendung des Geist-Parakleten ... vollzieht sich immer wieder in der ›Zeit der Kirche‹ ... In der Sicht des Johannesevangeliums ist die Geistmitteilung von 20,22 daher eher als *Beginn und Bild* der Geisttaufe zu verstehen.« (Ebd., 112f.)

H. Windisch ist anderer Meinung (Jesus und der Geist im Johannes-Evangelium): Es gibt, so meint er, »einige Gespräche und Worte, in denen Jesus etwas wie Geist anbietet, also die Funktion des Geistestäufers wirklich ausübt.« (Ebd., 306.) Doch auch Windisch muß zugeben: »Aber auch Johannes stellt Jesus nicht eigentlich als Geistestäufer dar.« (Ebd., 307.) Dennoch meint Windisch, daß es durchaus an einigen Stellen so sei, daß der Geist in Jesus spürbar ist und sich auch Anspielungen auf das Taufen mit Geist finden. (Vgl. ebd., 308–310; Windisch denkt z.B. an 4,10ff.) 20,22 ist für Windisch *keine* Verwirklichung des Täuferwortes von 1,33. (Ebd., 311.) Der exegetische Befund, den Windisch erarbeitet hat, ist in sich spannungsvoll und uneinheitlich; das liegt daran, daß beim Thema »Jesus und der Geist« verschiedene Überlieferungen, die z.T. miteinander konkurrieren, nebeneinanderexistieren. (Vgl. ebd., 317.) »So lassen sich *drei* verschiedene Anschauungen über das Datum des Geistempfangs in Joh. nachweisen. Nach der genuin johanneischen Lehre (1) ist Jesus auf Erden als Geistestäufer aufgetreten. Nach einer ganz isoliert dastehenden Erscheinungslegende (2) hat er nach seiner

Auferstehung den Geist durch Blasen seinen Jüngern verliehen. Nach einer in fünf Sprüchen niedergelegten Lehrform und einer sie interpretierenden Bemerkung des Evangelisten (3) ist der Geist als Paraklet nach der Erhöhung Jesu zu den Jüngern ›gesandt‹ worden.« (Ebd., 312.)

Dieser Blick in die Forschung könnte Verwirrung hervorrufen; aber der exegetische Befund, den es zu erklären gilt, ist nun einmal sehr kompliziert. Eine glatte, konsensfähige Erklärung ist von daher nicht zu erwarten. Im Verlauf der Untersuchungen des vorliegenden Buches werden bestimmte Einzelaspekte der johanneischen Pneumatologie, die hier angesprochen wurden, noch ausführlicher diskutiert werden. Aber schon jetzt sei darauf hingewiesen, daß die johanneische Pneumatologie kein Aussagensystem ist, das völlige Kohärenz aufweist; Spannungen müssen ausgehalten werden, und damit gewinnt man auch die angemessene Einstellung dem Geist selbst gegenüber, der sich in kein System hinein bändigen läßt, sondern sich solchen Versuchen gegenüber als sehr widerspenstig erweist.

Jesu Versuchung

An die Perikope von Jesu Taufe schließt sich bei den Synoptikern der Bericht von der Versuchung Jesu in der Wüste an (zwischengeschoben ist bei Lukas der Stammbaum Jesu). Bei der Versuchung Jesu spielt der Geist eine entscheidende Rolle: Er ist es, der Jesus in die Wüste treibt, an den Ort des Geschehens: Mk 1,12. In Mt 4,1 ist die Formulierung etwas abgemildert, Jesus wird vom Geist in die Wüste *geführt*. Das Ausgeliefertsein an den Geist wird weiter abgeschwächt bei Lukas. Der dritte Evangelist will Jesu Souveränität nicht (völlig) an den Geist preisgegeben sehen. Jesus kehrt in der Lukas-Fassung (4,1) »voll heiligen Geistes« vom Jordan zurück (wo er getauft wurde) und wird vom Geist in der Wüste herumgeführt.

Am Paradigma der Versuchung Jesu machte man sich im Urchristentum klar, daß Führung durch den Geist Führung in die Versuchung sein kann. Gerade ein Leben, das durch den Geist in Bewegung versetzt und fruchtbar gemacht wird, ist ein gefährdetes Leben; es wird der eigenen Abgründe ansichtig, und die Bewährung, die von ihm verlangt wird, besteht darin, nicht alle Möglichkeiten zu realisieren, die realisiert werden können.

1. Jesus und der Geist

Die Lästerung gegen den heiligen Geist

Wir gehen bei unserer Untersuchung dieses Logions von der Lukas-Fassung aus (12,10):

Und jeder, der ein Wort gegen den Menschensohn sagt – ihm wird vergeben werden; aber dem, der gegen den heiligen Geist lästert, wird nicht vergeben werden.

In diesem Logion, das aus Q stammt, wird eine Verfehlung im Bereich der Christologie mit einer Verfehlung im Bereich der Pneumatologie verglichen. Eine Verfehlung im Bereich der Pneumatologie wiegt schwerer; dieser Bereich ist offenbar empfindlicher, Fehlhaltungen sind hier verhängnisvoller.

Christologie und Pneumatologie werden in diesem Logion als bereits entwickelte Größen vorausgesetzt, deshalb hat das Logion seine Ausformung sicher erst nach Ostern erfahren. Dennoch wird es in seinem Grundgedanken auf Jesus selbst zurückgehen, findet sich doch bei Markus eine Dublette des Logions, die gut in die Jesuszeit paßt:

Wahrlich, ich sage euch: Alle Sünden und Lästerungen werden den Söhnen der Menschen vergeben werden, alle, die sie je äußern. Wer aber gegen den heiligen Geist lästert, hat in Ewigkeit keine Vergebung, sondern ist ewiger Sünde schuldig. Denn sie sagten: Er hat einen unreinen Geist. (Mk 3,28–30.)

Markus erleichtert dadurch, daß er den Grund dafür mitüberliefert hat, warum Jesus dieses Wort gesprochen hat, die Interpretation des Wortes *auf der Jesus-Stufe* ungemein: Jesus wußte sich ausgerüstet mit dem heiligen Geist, und kein Angriff gegen Jesus konnte so zentral sein wie der, der diesen Geist für *unrein* erklärte. Jesus mußte auf einen solchen Angriff mit aller Schärfe reagieren: Wer den in ihm wirkenden Geist derart verkennt, schließt sich vom Heil aus.

Die Q-Fassung des Logions von der Lästerung des Geistes, wie sie in Lk 12,10 vorliegt, ist elaborierter, auf die nachösterlichen Gemeindeverhältnisse zugeschnitten. Sie gibt einen interessanten Einblick in das Verhältnis von Christologie und Pneumatologie in der ganz frühen urchristlichen Theologie. Die Pneumatologie übertrifft die Christologie an Bedeutung. Wer sich am Pneuma vergeht, dem kann nicht mehr geholfen werden, da vom Pneuma aus die ganze christologische Sinnwelt aufgebaut wird (und nur durch pneumatische Erkenntnis evident bleibt). Derjenige, der sich sozusagen lediglich am »Ergebnis« dieses Konstruktionsprozesses vergeht – sein Irrtum ist korrigierbar, wenn er tiefer eingeführt wird, wenn er hingeführt wird zum Geist selbst, dem »Konstrukteur« dieser Sinnwelt. Wer jedoch den Konstrukteur verkennt, dem kann die Legitimität der christologischen Sinnwelt nie und nimmer einsichtig werden; er bleibt für immer vom Heil ausgeschlossen.

Auch Matthäus bietet unser Logion, und zwar in einer Kombination der Markus-Fassung und der Q-Fassung (12,31f). Die Matthäus-Fassung ist ähnlich zu interpretieren wie die Lukas-Fassung: Der Grund dafür, den Markus überliefert, daß Jesus dieses Wort gesprochen hat, ist fortgefallen. Dadurch ist erreicht, daß der Leser das Wort nicht auf der Jesus-Stufe verortet, sondern auf die Gemeinde-Ebene bezieht. Er soll sich hüten, Sünden im Bereich der Pneumatologie zu begehen; Sünden im Bereich der Christologie sind eher korrigierbar.

Durch den Geist Gottes Dämonen austreiben

In Mt 12,28 sagt Jesus, daß er durch den Geist Gottes die Dämonen austreibe. Das Wort stammt aus Q. In der Lukas-Parallele (11,20) steht statt »Geist Gottes« »Finger Gottes«. Man darf annehmen, daß Lukas die ältere Fassung bietet, denn es läßt sich ein gutes Motiv dafür angeben, daß *Matthäus* die Q-Vorlage geändert hat: Matthäus hat kurz vorher Jesus als Geistträger gezeichnet (12,18) und kommt fast unmittelbar nach 12,28 auf die Sünde wider den heiligen Geist zu sprechen (12,31f). In die Linie der beiden Geist-Aussagen V.18 und VV.31f hat der Evangelist die Geist-Aussage von 12,28 eingefügt: Sie unterstreicht das in V.18 Gesagte und bereitet die Thematik der VV.31f vor.

Matthäus verändert durch seinen redaktionellen Eingriff den Sinn des Q-Logions keineswegs, denn auch »Finger Gottes« dürfte bereits eine Anspielung auf den Geist sein. (Vgl. J. Jeremias, Neutestamentliche Theologie, 84.)

Jesus und der Geist – zusammenfassende Überlegungen

Alles Wesentliche, was die Evangelien zum Thema »Jesus und der Geist« berichten, wurde in den vorangehenden Ausführungen zusammengetragen und interpretiert. Hier noch einige kurze Ergänzungen:

Jesus jubelt im heiligen Geist (Lk 10,21) und hat also offenbar ekstatische Erlebnisse gehabt (vgl. auch Lk 10,18).

Jesus erkennt in seinem Geist Gedanken: Mk 2,8 (vgl. 8,16f; 12,15, jeweils ohne Erwähnung von »Geist«). Übertragen wird hier das göttliche Vermögen der Herzenserkenntnis (vgl. 1Kön 8,39; Jer 11,20 u.ö.) auf Jesus. »Geist« ist an dieser Stelle Jesu Inneres. In seinem Innern aber ist Jesus vom göttlichen Geist erfüllt, deshalb liegt hier ein »halb-anthropologischer« Gebrauch von Geist vor.

Für Lukas ist Jesus in stärkerem Maße als für die anderen Synoptiker Geistträger. Das wird nicht zuletzt aus 4,14a deutlich: »Und Jesus kehrte [nach seiner Versuchung] in der Kraft des Geistes nach Galiläa zurück.« Auch 4,18 ist zu nennen, wo die Geistbegabung Jesu mit einem alttestamentlichen Zitat ausgesagt wird (Jes 61,1). In diesem Zusammenhang ist ferner Apg 10,38 anzuführen: Gott hat Jesus mit heiligem Geist und Wunderkraft gesalbt. Doch auch Matthäus kann dezidiert sagen, daß der Geist auf Jesus gelegt sei (12,18 [Erfüllung der Ankündigung von Jes 42,1]). Auch für Matthäus ist Jesus also Geistträger, was allerdings nicht so klar wird wie bei Lukas.

Wenn bei Lukas die Tendenz da ist, Jesus deutlich als Pneumatiker herauszustellen, muß man zunächst einmal sagen: Der dritte Evangelist ist offenbar bemüht, eine durchgehende Linie des Geistwirkens aufzuzeigen, die bei Jesu Zeugung anhebt, sich nach Ostern dann mächtig verdickt und sozusagen das Rückgrat der Kirche bildet. Hier liegt Redaktionsarbeit vor.

Man kann die Linie des Geistwirkens, die sich bei Lukas findet, aber keineswegs *völlig* auf das Konto redaktioneller Arbeit buchen; gewiß, es ist spürbar, daß die lukanische Darstellung des Geistwirkens eine *interpretierte* Darstellung ist, aber in wesentlichen Punkten hält sich Lukas an die Fakten: Jesus *war* Pneumatiker (trotz der schlechten Quellenlage muß das so gesagt werden); der Geist ist keine Größe, die erst nach Ostern auf den Plan tritt, aber erst nach Ostern setzt der eigentliche »pneumatische Schub« ein; und daß die frühe Kirche im Geist ihr Lebensprinzip und ihre Kraftquelle hatte, ist auch klar.

Wie läßt sich das Urteil, daß Jesus Pneumatiker war, exegetisch begründen? Längst nicht alle oben besprochenen Stellen kann man hierzu heranziehen; vieles weist in die nachösterliche Situation. Ins Feld führen kann man aber zunächst die Stelle von der Lästerung gegen den heiligen Geist (Mk 3,28-30) und jene Stelle, an der Jesus sein exorzistisches Wirken auf den »Finger« bzw. »Geist« Gottes zurückführt (Lk 11,20 par. Mt 12,28); beide Stellen bezeugen, daß Jesus sich als geisterfüllt wußte. Offen sein sollte man auch dafür, daß der Bericht von Jesu Taufe (Mk 1,9-11 Parr.) ein authentisches Pneuma-Erlebnis Jesu eingefangen haben könnte, doch ist hierzu keine gesicherte Aussage möglich, da Jesu Taufe ein besonderer Haftpunkt nachösterlicher christologischer Reflexion war und diese Reflexion den historischen Kern des Geschehens kaum mehr sichtbar werden läßt.

Daß der Geist in der Verkündigung Jesu eine gewisse Rolle gespielt hat, geht aus Mk 13,11 Parr. hervor, wo der Geist als Beistand vor Gericht zugesagt wird. Die nachösterliche Überlieferung benutzte dieses Logion für die Instruktion von Missionaren und gestaltete es entsprechend aus; auf der Jesus-Stufe dürfte das Wort streng eschatologisch gemeint gewesen sein: der Geist wird sich als Beistand in der endzeitlichen Bedrängnis erweisen.

An gewissen Stellen der synoptischen Überlieferung wird Jesus als Geistträger gezeichnet, ohne daß der Begriff Geist ausdrücklich ins Spiel gebracht wird. So in Lk 5,17; es heißt hier, daß die Kraft des Herrn ihn (Jesus) zum Heilen drängte. Diese Notiz ist aus dem Gespür heraus formuliert worden, daß in Jesus eine übernatürliche, göttliche Macht am Werk war, und diese Macht war nichts anderes als der Geist. Eine weitere Stelle, die in dieselbe Richtung weist wie Lk 5,17, ist Lk 10,18. Hier wird, wie bereits oben angedeutet, auf ein ekstatisches Erlebnis Jesu angespielt, und ein solches Erlebnis ist ein *pneuma-gewirktes* Erlebnis.

Wenn man hier weiterdenkt, kann man leicht in den Bereich der Spekulation geraten. Als gesichertes exegetisches Ergebnis läßt sich aber immerhin feststellen, daß Jesus Geistträger war – obwohl er nur sehr selten sein Wirken ausdrücklich mit dem Geist in Verbindung brachte.

Man könnte so argumentieren, daß erst die Überlieferung der Gemeinde Jesus bezüglich seines pneuma-geleiteten Wirkens fast stumm gemacht habe, und zwar deshalb, weil sie in Jesus keine Macht am Werk sehen wollte, der er subordiniert ist. Andererseits zeigt der dritte Evangelist, daß die Tendenz bestand, nachösterliche Geisterfahrungen dadurch zu legitimieren, daß man den Geist in Jesu Wirken deutlicher einzeichnete. Diese beiden Tendenzen in der Überlieferung (Jesu Pneumatikertum zu unterdrücken / Jesu Pneumatikertum hervorzuheben) neutralisierten sich, sie blockierten sich gegenseitig, so daß der Befund zum Thema »Jesus und der Geist«, wie er in der synoptischen Tradition vorliegt, historisch einigermaßen authentisch ist (lediglich bei Lukas ist das Pneumatikertum Jesu ein wenig überzeichnet). Jesus ist demnach als Pneumatiker zu verstehen, der aber fern von jeder pneumatischen Maßlosigkeit ist, der nicht überspannt ist, der zwar in der Kraft des Geistes *handelt*, aber wenig darüber *redet*.

2. Die Geistverleihung an die Gemeinde

Wenn wir uns nun der Geistverleihung an die Gemeinde zuwenden, soll uns zunächst die Stelle Joh 20,22 beschäftigen. Wir begeben uns damit in eine Erscheinungsgeschichte hinein: Der auferstandene Jesus begegnet seinen Jüngern, die sich aus Angst vor den Juden in einem verschlossenen Raum befinden, und im Rahmen dieser Begegnung haucht Jesus seine Jünger an und sagt zu ihnen: »Empfangt heiligen Geist!«

Diese Geistverleihung bereitet sowohl Schwierigkeiten im Hinblick auf andere johanneische Aussagen als auch Schwierigkeiten, was das Verhältnis zum lukanischen Pfingstbericht angeht (Apg 2,1–13).

Beginnen wir mit dem zweiten Problem. Gemäß der Darstellung des Lukas findet die Geistverleihung erst sieben Wochen nach Ostern statt, nämlich zu Pfingsten, und unter völlig anderen Umständen (auf den Jüngern lassen sich Feuerzungen nieder, es ist ein Publikum aus aller Herren Länder da usw.). Bei Johannes hingegen findet die Geistverleihung unmittelbar im Anschluß an die Auferstehung statt (Ostern und Pfingsten fallen also zusammen), und dramatische äußere Geschehnisse werden nicht berichtet.

Wie lassen sich die beiden Geistverleihungsberichte Joh 20,22 und Apg 2,1–13 miteinander in Einklang bringen? Gar nicht. Es ist so, daß man den lukanischen Pfingstbericht vom heilsgeschichtlichen Denken des Lukas her verstehen muß und historisch eher den johanneischen Bericht als authentisch ansehen kann.

Schauen wir uns die heilsgeschichtliche Konstruktion des Lukas näher an. Nach Ostern schiebt Lukas, als einziger neutestamentlicher Autor, eine Zwischenphase ein, in der Jesus als Auferstandener noch im irdischen Leben weilt (diese Phase wird mit der Himmelfahrt abgeschlossen [die älteste Überlieferung hingegen versteht die Auferstehung Jesu als unmittelbare Erhöhung zu Gott, vgl. z.B. Röm 8,34]), und dann beginnt durch die Geistausgießung wie mit einem Paukenschlag das Zeitalter der Kirche. Das Zeitalter der Kirche wurde vorbereitet durch die genannte Zwischenphase; diese Phase ist wie eine Inkubationszeit, unter der Oberfläche formierte sich das Neue, Gott bereitete in dieser Zeit etwas vor, das er dann machtvoll in Erscheinung treten ließ. Durch die Wucht der Pfingsterfahrung beginnt – gemäß der Darstellung des Lukas – unmißverständlich eine andere Zeit. Jeder Leser der Apostelgeschichte bis auf den heutigen Tag bringt dank der Darstellung des Lukas unweigerlich Geist und Kirche miteinander in Verbindung und weiß, in welcher Zeit er sich befindet. Hätte Lukas das Kommen des Geistes schriftstellerisch weniger betont und hätte er die Zeit Jesu in die Zeit der Kirche und des Geistes unmittelbar hinübergleiten lassen (ohne Zwischenphase), wäre der Eindruck beim Leser, in einer wirklich neuen Zeit zu leben, bei weitem nicht so stark.

In textpragmatischer Hinsicht baut Lukas beim Leser durch die Zwischenphase eine enorme Spannung auf (die durch Geistverheißungen wie in Apg 1,5 noch gesteigert wird), und man kann sich dieser Spannung auch dann kaum entziehen, wenn einem der Bericht der Apostelgeschichte bereits durch und durch vertraut ist. Der Leser wird in eine gespannte Haltung des Wartens versetzt und dann vom Pfingstereignis mitgerissen.

Charismatische Aufbrüche in der Kirchengeschichte sind durch die Darstellung des Lukas stets stark inspiriert worden, und sicher nicht nur dadurch, *daß* hier von der Geistverleihung berichtet wird, sondern auch dadurch, *wie* das geschieht. Nicht zuletzt dadurch, daß Lukas die Geistverleihung an die Jesusanhänger *so und nicht anders* geschildert hat, hat sie immer wieder eine befeuernde Wirkung auf die Gläubigen ausgeübt. Hätte sich Lukas mehr an die historische Wirklichkeit gehalten und hätte er das Wirken des Geistes in den Jesusanhängern als etwas geschildert, was schon vor Ostern anhebt, wäre die textpragmatische Wirkung weitaus geringer. (Lukas verzeichnet die historische Wirklichkeit; tatsächlich waren die Jünger Jesu schon *vor Ostern* Pneumatiker; vgl. dazu unten).

Es ist letztlich das Anliegen des Lukas, Kirche und Geist möglichst eng zusammenzubinden. Er will zeigen, daß die Kirche im Geist gründet, daß sie ein durch und durch pneumatisches Phänomen ist. Und das zu zeigen ist ihm mit seinem Pfingstbericht vollständig gelungen.

In diesem Zusammenhang ist ein kleiner Exkurs angebracht, der die Zusammengehörigkeit von Kirche und Geist bei Lukas weiter belegen soll: Eine der Schlüsselstellen für das Verständnis der lukanischen Pneumatologie, vielleicht *die* Schlüsselstelle, ist Apg 9,31, wo gesagt wird, daß die Kirche wuchs *unter dem Beistand des heiligen Geistes*. Hier zeigt sich, wie sehr der Geist auf die Kirche bezogen ist. Anführen läßt sich auch die Tatsache, daß Lukas in seiner Apostelgeschichte mit dem Geist keine Wundertaten in Verbindung bringt – obwohl er viele Wundergeschichten erzählt. (Lukas kann allerdings sagen, daß *Gott* durch Paulus Wunder tat [Apg 19,11].) Auch wenn sich Lukas keineswegs wunderfeindlich gibt, will er wohl vermeiden, daß durch den Geist ein enthusiastischer, überspannter Lebensentwurf zustande kommt. Die Energie, die der Geist freisetzt, soll in den Aufbau der Kirche fließen, sie soll nicht durch schillernde Wundercharismatiker verbraucht werden.

2. Die Geistverleihung an die Gemeinde

Kehren wir zu Joh 20,22 zurück. Der vierte Evangelist befindet sich – wie gesagt – mit dieser Aussage näher an der historischen Wirklichkeit als Lukas mit seinem Pfingstbericht. Die theologische Grundaussage von Joh 20,22 lautet: Die Begegnung mit dem auferstandenen Jesus ist verbunden mit einer Begegnung mit dem Geist; die Erfahrung der Auferstehung Jesu und die Pneuma-Erfahrung gehören eng zusammen. (In narrativer Theologie wird hier bei Johannes vermittelt, daß die Erfahrung der Auferstehung Jesu ein pneumatisches Geschehen war.)

Nun ist es allerdings so – und damit sind wir beim anderen der beiden oben genannten Probleme –, daß Johannes mit 20,22 in eine gewisse Spannung zu seinem eigenen Entwurf gerät. Skizzieren wir diese Spannung:

In den Paraklet-Sprüchen der Abschiedsreden (vgl. dazu unten) verheißt Jesus seinen Jüngern, ihnen den Geist-Parakleten nach seinem Weggang zum Vater zu senden. Ist diese Voraussetzung in 20,22 gegeben, und kann man diesen Vers als Erfüllung der Verheißung aus den Paraklet-Sprüchen ansehen? Man streitet sich in der Forschung darüber. In diesem Zusammenhang ist zu fragen: Wie ist Joh 20,17 auszulegen? Hier spricht Jesus von seinem Aufstieg zum Vater. Findet dann dieser Aufstieg sofort statt? Hat Jesus demnach bei seiner Geistverleihung an die Jünger in V.22 diesen Aufstieg bereits hinter sich? (Allerdings wäre er dann wieder zur Erde zurückgekehrt.) Aber selbst wenn diese etwas gequälte Interpretation (Aufstieg/Abstieg Jesu vor der Geistverleihung in V.22) stimmen sollte: Die Paraklet-Sprüche setzen doch offenbar voraus, daß Jesus den Geist sendet von der Position an der Seite des Vaters. Ferner: In den Paraklet-Sprüchen wird von einer ganzen Reihe von Tätigkeiten des Geist-Parakleten gesprochen (er wird Jesus verherrlichen usw.), in 20,22 werden diese Tätigkeiten aber überhaupt nicht erwähnt. Es fällt daher schwer, in 20,22 die Erfüllung der Verheißung aus den Paraklet-Sprüchen zu sehen. Die Paraklet-Sprüche und 20,22 stehen eigentümlich unverbunden nebeneinander. Wieso kann der Evangelist in eine solche Unausgeglichenheit geraten sein?

Es fällt ferner schwer, eine Verbindung zwischen Joh 19,30.34 und 20,22 herzustellen. Auch in 19,30.34 wird möglicherweise die Geistmitteilung an die Glaubenden berichtet, aber dort ist es der sterbende oder gerade gestorbene Jesus, der als Geistvermittler fungiert. Wie paßt das zu 20,22, wo der *auferstandene* Jesus diese Funktion wahrnimmt?

Hier ist ein Exkurs nötig. In Joh 19,30 wird der Tod Jesu beschrieben, und zwar mit der Wendung *paredōken to pneuma* (er übergab den Geist). Mit dieser Formulierung steht Johannes in der Evangelienüberlieferung alleine da. Hat er diese aparte Formulierung gewählt, um einen hintergründigen Sinn anzudeuten, zumal er auch sonst gelegentlich mehrdeutig formuliert? Man hat das in der Tat hin und wieder so gesehen, in neuerer Zeit ist hier vor allem F. Porsch zu nennen (Pneuma und Wort, 227ff; Anwalt der Glaubenden, 98ff). Porsch meint, die Tiefendimension dieser Formulierung sei die: Jesus »übergibt« in seiner Todesstunde den Geist an die Glaubenden; das Heilsgeschehen seines Todes entbindet also den Geist. Stützen kann sich Porsch darauf, daß die Wendung *paradidonai to pneuma* in der klassischen griechischen Literatur als Bezeichnung des Sterbens nicht vorkommt.

Diese Exegese ist nicht schlecht, zumal einige Verse weiter, in 19,34, auf jeden Fall ein symbolischer Sinn intendiert ist: Aus der Seitenwunde Jesu fließen Blut und Wasser, und wie immer man diese beiden Größen deuten will (das Blut vielleicht auf das Abendmahl und das Wasser auf die Taufe und/oder den Geist), mit Händen zu greifen ist jedenfalls, daß hier eine soteriologische Aussage gemacht wird.

Aber eine letzte Klarheit über 19,30 läßt sich nicht gewinnen; *pneuma* könnte hier auch einfach nur die Lebenskraft bezeichnen. Falls jedoch die andere Verstehensmöglichkeit die richtige ist, hat sich Johannes – wie gesagt – in seiner Pneumatologie einmal mehr auf eine Unausgeglichenheit, auf eine Spannung eingelassen. (Etwas spitzfindig könnte man die Spannung zwischen 20,22 und 19,30.34 so ausgleichen: Johannes will den Gekreuzigten und den Auferstandenen zusammensehen. Die Geistverleihung geht vom Gekreuzigt-Auferstandenen aus. Auch in der Perikope, in die 20,22 hineingehört und die vom *Auferstandenen* handelt, taucht ja das Motiv der *Kreuzigung* auf, nämlich über die Wundmale Jesu.)

Und noch ein Problem gibt es, das sich im Zusammenhang mit 20,22 einstellt: Soll man in 20,22 vielleicht jene in 1,33 angekündigte Geisttaufe sehen? (Zu dieser Frage, die keine eindeutige Antwort erlaubt, vgl. oben.)

Insgesamt sehen wir also, daß 20,22 sich mit anderen Aussagen zum Thema Geist im vierten Evangelium nicht harmonisieren läßt, und man sollte jeden Versuch vermeiden, eine in sich geschlossene Geistlehre des Johannesevangeliums nachzuweisen. Die diesbezüglichen Theorien in der Forschung sind alle sehr gezwungen und wenig überzeugend. (So hat man z.B. gemeint, die Geistverleihung von 20,22 sei lediglich eine Vorwegnahme der Sendung des Geist-Parakleten; die Aussage weise also in die Zukunft. Aber demgegenüber ist einzuwenden, daß 20,22 durchaus von einer in sich vollständigen Geistverleihung berichtet.)

Unsere Lösung des Problems sieht so aus: Der Evangelist setzt in 20,22 pneumatologisch noch einmal neu an, und zwar deshalb, weil er eine neue Aussage machen will. Er bedient sich dabei möglicherweise überkommenen Materials (findet sich doch im ganzen Kapitel 20 viel Traditionsmaterial, vgl. F. Porsch, Pneuma und Wort, 353ff). Der Evangelist kümmert sich bei seinem pneumatologischen Neuansatz von 20,22 weit weniger als seine späteren Ausleger um die Kohärenz seines pneumatologischen Aussagensystems. Ihm geht es vielmehr um folgendes: Der Glaubende soll in einer möglichst umfassenden Weise vom Geist bestimmt sein, und in immer neuen Ansätzen (die durchaus unausgeglichen nebeneinanderstehen) versucht der Evangelist, seine Leser in alle Einzelaspekte einer durch und durch vom Geist bestimmten Glaubensexistenz einzuweisen. Was er seinem pneumatologischen Aussagensystem in 20,22 hinzufügt, ist dies: Der Geist gibt eine Sicherheit im Glauben, die unabhängig von der Sichtbarkeit des Glaubensgegenstandes (Jesus) ist; der Geist ermöglicht also ein »Glauben ohne zu sehen«.

Man darf nicht vergessen, in welchen Rahmen die Geist-Aussage 20,22 eingebettet ist: Der Rahmen ist eine Erscheinungsgeschichte, in der die Jünger zu einer Glaubensexistenz angeleitet werden, die ihren Glaubensgegenstand (Jesus) nicht mehr vor Augen hat, heißt es doch am Schluß dieser Perikope: »Selig, die nicht sehen und doch glauben!« (V.29b.)

Wo aber kommt dann, wenn man seinen Glaubensgegenstand nicht vor Augen hat, die Sicherheit her, nicht in die Irre zu gehen, keiner Illusion zu verfallen? Die Sicherheit kommt durch den Geist. Die Geistverleihung von 20,22 ist so stilisiert (vgl. das »Anhauchen«), daß sie an eine Neuschöpfung erinnert, entstand doch der erste Mensch durch das Einblasen von Gottes Odem (Gen 2,7; vgl. Ez 37,9; Weish 15,11). In die Jünger wird also mit dem Geist des Auferstandenen Leben eingehaucht, Auferstehungsleben. Jesus teilt den Seinen über den Geist dasselbe Leben mit, das auch er hat. Damit ist die Glaubenssicherheit der Glaubenden durch ihr eigenes Leben gegeben, das ein qualitativ neues Leben ist, ein »Jesus-Leben«, ein Auferstehungsleben; Glaubenssicherheit ist damit *in ihnen,* pulsiert sozusagen in ihren Adern. Äußere Sicherheiten sind gegenüber dieser inneren Sicherheit nun nicht mehr nötig, ja, sie könnten nie so überzeugend sein wie eine Evidenz, die sich aus der eigenen Existenz ableitet. Unsichtbarkeit des Glaubensgegenstandes bedeutet also keine Unsicherheit der Glaubensexistenz, sondern dank der Gabe des Geistes ist eine große Sicherheit gegeben; das eigene geistgewirkte Leben verifiziert beständig das christologische Symbolsystem. – Diese Funktion der Geistbegabung von V.22 muß man sehen, dann werden alle Bemühungen, in das pneumatologische Aussagensystem des Evangelisten Harmonie zu bringen, überflüssig. Der Evangelist bietet in V.22 (und in der ganzen Perikope VV.19–29) einen gegenüber den anderen Geist-Aussagen neuen Aspekt und entfaltet ihn narrativ, ohne sich dabei Systematisierungszwängen zu unterwerfen.

Neben dem hier herausgearbeiteten Aspekt der Geistverleihung von 20,22 könnten auch noch andere Aspekte eine Rolle spielen, darauf läßt der Mikrokontext schließen (VV.21.23). V.21 spricht von der Sendung der Jünger, und zur Sendung gehört die Ausrüstung mit Geist. Durch die Vollmacht des Geistes sind die Jünger dann befähigt, Sünden zu vergeben bzw. Sünden »festzuhalten« (V.23). Die Jünger erhalten damit ein Privileg, das eigentlich nur Gott zusteht bzw. Jesus (vgl. Mk 2,10 Parr.); in einen solch hohen Rang sind die an Jesus Glaubenden also durch die Geistverleihung aufgerückt, daß sie göttliche Aufgaben wahrnehmen können!

Seltsam ist auf den ersten Blick, warum sich die Geistbegabung gerade im Sündenvergeben auswirkt und warum kein weiteres Betätigungsfeld genannt wird, auf dem die Jünger mit ihrer Geistbegabung wirksam werden können. Folgende Überlegung hilft hier weiter: Um deutlich zu machen, welchen Wert die Geistbegabung hat, greift Johannes das Maximale heraus, zu dem die Geistbegabung befähigt: Sünden vergeben. So geadelt sind die Jünger! Die Fähigkeit, Sünden zu vergeben, zeigt den Stand an, in den sie hineinversetzt worden sind.

Der lukanische Pfingstbericht

Auf den lukanischen Pfingstbericht sind wir bereits im Zusammenhang mit Joh 20,22 zu sprechen gekommen. Aber wir müssen uns diesem Text noch einmal eigens zuwenden:

Im Bericht des Lukas von der Ausgießung des Geistes zu Pfingsten (Apg 2,1-13) sind sicher historische Reminiszenzen erhalten, aber der Bericht als Ganzer dient lukanischen Aussageabsichten. An der historischen Wirklichkeit vorbei geht Lukas, wenn er den Geist auf die Jünger Jesu erst sieben Wochen nach Ostern herabkommen sieht und die Zeit vorher gewissermaßen als geistlose Zeit verstanden wissen will. Nicht nur, daß Ostern und Pfingsten zusammenfielen (vgl. Joh 20,22), sondern mehr noch: Die Jesusanhänger waren wohl nie ohne Geist, schon zu Jesu Lebzeiten nicht. Man muß berücksichtigen, daß die Jünger Jesu an dessen Werk ein Stück weit beteiligt waren (an der Proklamation des Reiches Gottes und am Vollbringen von Machttaten; vgl. W. Rebell, Alles ist möglich, 21ff), und dafür wurden sie von Jesus mit Geist ausgerüstet. (Vgl. ebd., 29f.) Schon für die Zeit *vor Ostern* ist also mit einer Art von Geistausgießung zu rechnen. (Vgl. auch J. Jeremias, Neutestamentliche Theologie, 228.) Es waren demnach *Pneumatiker*, denen nach Jesu Tod die Auferstehungsvisionen zuteil wurden, und das erklärt manches. Der Geist war bei der Erlangung der Gewißheit, daß Jesus lebt, viel stärker beteiligt, als es die neutestamentlichen Texte auf den ersten Blick vermuten lassen.

Nach Ostern ergriff der Geist, der in den Jesusanhängern schon vorher wirksam gewesen war, von ihnen in umfassender Weise Besitz. Er vermittelte ihnen nicht nur die Gewißheit, daß Jesus lebt, sondern baute ihnen auch das gesamte christologische Symbolsystem auf. Was die Jesusanhänger hier formulierten, war ja nicht »ausgedacht«, nicht »gemacht«. Es wurde aus einer übernatürlichen Sicherheit heraus gesagt, die nur erklärbar ist, wenn man den Begriff »Geist« ins Spiel bringt. Die Jesusanhänger befanden sich in einem pneumatischen Kraftfeld, das ihr Verhalten und Erleben völlig umstrukturierte, und in diesem Kraftfeld stellten sich bezüglich der Person Jesu Evidenzerlebnisse ein, die außerhalb dieses Bezugsrahmens als Fiktionen abgetan werden müssen.

Daß gemäß der lukanischen Darstellung die Jünger erst zu Pfingsten mit Geist ausgestattet werden, ist also sicher eine heilsgeschichtliche Konstruktion (vgl. zum Grund für diese Konstruktion oben). Ein sachliches Recht dieser Konstruktion besteht möglicherweise darin, daß tatsächlich erst einige Zeit nach Ostern (und warum nicht an jenem ersten Pfingstfest) die pneumatischen Kräfte, die in der Gemeinde bereits wirksam waren, vor einer größeren Öffentlichkeit in Erscheinung traten, und zwar im Sinne einer regelrechten Explosion, die zur Initialzündung für den Aufbau der Kirche wurde.

Die Pfingstgeschichte, wie Lukas sie erzählt, ist eines der wichtigsten Stücke urchristlicher pneumatologischer Reflexion. Welche Einzelzüge dieser Reflexion historische Wirklichkeit widerspiegeln und welche nicht, ist nur schwer auszumachen. Mit Sicherheit greift Lukas historische Wirklichkeit auf, wenn er berichtet, der Geist habe auf die *Sprache der Jünger Einfluß genommen*. Wir wissen aus den Paulusbriefen, daß Geistphänomene vor allem *Sprach*phänomene sind: Der Geist verändert die Sprache, er schafft eine neue Sprachkompetenz, die sich in vielfältiger Weise äußert, in prophetischem Reden, im Aussprechen von Weisheitsworten, in Glossolalie usw. Woran Lukas genau denkt, wenn er von den »anderen Zungen« spricht, in denen die Jünger unter Einwirkung des Geistes zu reden begannen (2,4), ist unsicher; meint er Glossolalie oder Xenolalie (reden in einer Fremdsprache, die man nicht erlernt hat)? Diese viel diskutierte Frage läßt sich nicht befriedigend beantworten (vgl. zur Diskussion A. Weiser, Die Apostelgeschichte. Kapitel 1–12, 85f), aber soviel ist sicher: Der Geist setzt für Lukas an der Sprache an und nimmt sie völlig in seine Regie; ob nun die Jünger zu Glossolalen oder Xenolalen geworden sind – auf jeden Fall will Lukas sagen, daß sie eine Steigerung ihrer eigenen Artikulationsmöglichkeiten erfahren haben, als auffälligstes Merkmal ihrer Begabung mit Geist. Bei Petrus zeigt sich dann sofort die neue Sprachkompetenz nicht mehr als Glossolalie oder Xenolalie, sondern als Fähigkeit, (in normaler Sprache) eine gewaltige Missionspredigt zu halten (2,14–36). Die Kirche, deren Gründungsereignis für Lukas das Pfingstgeschehen ist, ist also eine Kirche des geistgewirkten Wortes, wobei im Grunde gar nicht das Phänomen Glossolalie bzw. Xenolalie entscheidend ist, sondern die inspirierte Missionsrede, die einen viel wichtigeren Platz in Apg 2 einnimmt.

Von unschätzbarem Wert für unser Verständnis des Urchristentums ist, daß Lukas innerhalb der Petrusrede (in den VV.17–21) ein ausführliches alttestamentliches Zitat bringt (Joel 3,1–5), mit dem die ekstatischen Zustände, die im Jüngerkreis aufkamen, erklärt werden. Hier spiegelt sich wider, daß »Geist« die Urchristen als mächtige Erfahrung überkam, die interpretiert werden mußte. Zuerst war also die pneumatische Erfahrung da, erst in einem zweiten Schritt wurde diese Erfahrung dann interpretiert, und zwar im Rückgriff auf das Alte Testament: Man machte sich die pneumatische Erfahrung, in die man hineingeführt worden war, verständlich als die verheißene eschatologische Geisterfahrung. Diese kühne Interpretation prägte maßgeblich das Selbstverständnis des Urchristentums, sie trug mit dazu bei, daß man sich als eschatologische Heilsgemeinde begriff. Und war einmal diese Interpretation auf dem Plan, konstellierte sie ihrerseits künftige Erfahrungen und half so mit, das Urchristentum zu einer durch und durch pneumatisch bestimmten, unter eschatologischer Spannung stehenden Größe zu machen.

Ganz im Sinne seines ekklesiologisch bestimmten Denkhorizontes läßt Lukas die entscheidende Geistausgießung nicht an einen *einzelnen* ergehen, sondern an eine *Gruppe* (2,1). Obwohl Lukas durchaus auch einen einzelnen als glänzenden Charismatiker schildern kann (so Apollos in 18,25), ist Geist für ihn primär ein Geschenk an die Gemeinschaft, nicht an den einzelnen. Dieser Zug im lukanischen Denken steht keinesfalls quer zur historischen Wirklichkeit. Aus den Paulusbriefen können wir entnehmen, daß der Geist sich in der Tat der ganzen Gemeinde bemächtigte und die Gläubigen zu einem höchst konstruktiven kommunikativen Miteinander anleitete. (Das Urchristentum stand mit seiner Position, daß der ganzen Gemeinde – und zwar *jedem* in ihr – der Geist verliehen ist, im Gegensatz zum Alten Testament und Judentum; hier war der Geist als Gabe an *einzelne* aufgefaßt.)

Eine moderne soziologische Interpretation könnte, wenn im Urchristentum so offensichtlich Geist eine Gabe an die *Gemeinschaft* ist, reduktionistisch Geist als etwas verstehen, was durch Gemeinschaftserlebnisse *erzeugt wird*. Lukas kommt jedoch einer solchen Erklärung dadurch zuvor, daß er in V.2 den Geist ausdrücklich als ein Phänomen beschreibt, das vom *Himmel* kommt. Eine reduktionistische soziologische Erklärung des Geistes geht daher am Selbstverständnis des Urchristentums völlig vorbei. Nun könnte man natürlich, um doch eine reduktionistische Betrachtungsweise zu ermöglichen, zunächst dieses Selbstverständnis auf das theoretische Integrationsniveau der Soziologie (also auf die Abstraktionsebene, auf der ihre Theorien gemacht werden) zwingen. Dabei würde es zerstört. Aber ein solches Vorgehen wäre wissenschaftstheoretisch unverantwortlich. Das Selbstverständnis des Urchristentums, vom Himmel her mit Geist ausgerüstet zu sein, ist ein authentisches gruppenbezogenes Erlebnismuster und bedarf einer phänomenologisch-hermeneutischen Bearbeitung, keiner analytischen soziologisch-empiristischen Betrachtungsweise.

Weitere exegetische Einzelbeobachtungen

Die wesentlichen neutestamentlichen Texte zum Thema »Die Geistverleihung an die Gemeinde« sind hiermit behandelt worden. Es sollen nun noch einige Einzelbeobachtungen nachgeschoben werden:

Um den heiligen Geist darf/soll *gebetet* werden; er ist zwar unverfügbar, aber man braucht nicht passiv abzuwarten, ob er kommt oder nicht. – Diese Einstellung zum Pneuma läßt sich aus Lk 11,9–13 herauslesen. Hier liegt Q-Stoff vor über die Kraft des Gebets. In das letzte Logion (V.13) hat Lukas als Gegenstand des Gebets den heiligen Geist hineinredigiert. Mt 7,11 liest hier »Gutes« *(agatha)* und damit wohl den ursprünglichen Q-Wortlaut, schließt sich »Gutes« doch besser an das an, was in der ersten Vershälfte zum Ausdruck gebracht wird: Die Menschen geben ihren Kindern »gute Gaben« *(domata agatha)*; und so gibt auch – heißt es dann in der zweiten Vershälfte – Gott »Gutes« denen, die ihn bitten.

Was veranlaßte Lukas, hier den heiligen Geist einzusetzen? – Die Bedeutung, die er dem Geist beimißt. Der Geist ist das Gute schlechthin, die Summe aller guten Gaben.

Eine Erfüllung mit Geist kann *immer wieder* stattfinden; auch Menschen, die den Geist schon besitzen, können ihn immer wieder in neuer Fülle erfahren. Berufen kann man sich dabei auf Lk 11,9–13, aber auch auf Apg 4,31; 13,52.

Für Lukas scheint die Regel zu sein, daß Taufe und Geistempfang zusammengehören (vgl. vor allem Apg 2,38). Aber es gibt auch Ausnahmen von dieser Regel. In Apg 8,4ff beschreibt Lukas die Missionierung Samariens durch Philippus, einen der Sieben. Es kommt zu Taufen (V.12), wobei *nicht* der Geist verliehen wird (V.16); das geschieht erst später, und zwar nach dem Fürbittengebet der Jerusalemer Urapostel Petrus und Johannes und unter ihrer Handauflegung (VV.15.17).

Lukas läßt also hier Taufe und Geistempfang auseinandertreten. Er tut das wohl deshalb, weil er den Geist an die Samariter unter Mitwirkung von Männern des *Zwölfer-Kreises* verliehen sehen will (zu diesem Kreis zählen Petrus und Johannes), nicht unter Mitwirkung eines Mannes des *Siebener-Kreises*. Der Zwölfer-Kreis hat für Lukas mehr Autorität, und die Samariter, von den Juden abgewertet (und vielleicht auch von den Judenchristen), sollen durch wirklich *maßgebende* Männer an die Kirche angebunden werden (Geistempfang ist Anbindung an die Kirche), um als vollwertige Mitglieder dazustehen. Lukas hat also historische Notizen über die Samariter-Mission so erweitert, daß seine Darstellung dieses Geschehens dazu geeignet war, die Diskriminierung samaritischer Christen zu beenden.

Lukas scheut sich nicht, in diesem Zusammenhang die Geistverleihung völlig anders darzustellen als in Apg 2, nämlich als ein Geschehen, das eher dem Modell von Lk 11,9–13 gleicht: Menschen wirken aktiv mit (Petrus und Johannes beten für den Geistempfang der Samariter, sie legen ihnen die Hände auf). Lukas wird dieses Modell des Geistempfangs wohl nicht aus der Luft gegriffen haben. Der Geist ist in seinem Wirken nicht uniform, er schafft keine Uniformität (sondern lebendige Vielfalt), und auch die Art und Weise, in der er empfangen wird, ist nicht uniform. Er ist ein Geschenk von oben, das einem unerwartet zuteil werden kann, man darf aber auch um ihn bitten und sich aktiv nach ihm ausstrecken.

Unter denen, die in Samarien zum Glauben kamen und getauft wurden, war auch der Magier Simon (V.13). Später gab es dann Probleme mit ihm, weil er für Geld von Petrus und Johannes die Fähigkeit erhalten wollte, anderen die Hände aufzulegen, damit sie den heiligen Geist empfangen (VV.18ff). Petrus machte ihm unmißverständlich klar, daß der Geist nicht käuflich ist (V.20).

Bevor Lukas die Auseinandersetzung zwischen Petrus und Simon dem Ma-

2. Die Geistverleihung an die Gemeinde

gier schildert, stellt er das Wirken des Simon dar, das dem des Samarien-Missionars Philippus auffallend gleicht: Philippus, ein geistbegabter Verkündiger (vgl. 6,3), und Simon, ein Mann mit magischen Fähigkeiten, beide vollbringen wunderbare Taten (8,6–11). In phänomenologischer Hinsicht besteht also eine große Nähe zwischen dem Wirken des Geistes und magischem Wirken! Beide Male ist eine Kraft im Spiel, die normale menschliche Fähigkeiten überbietet. Gewisse Ergebnisse, die das Wirken des Geistes hervorbringt, sind gewissen Ergebnissen, die das magische Wirken zeitigt, zum Verwechseln ähnlich; vielleicht muß man sogar sagen: Die Ergebnisse sind teilweise identisch. Lukas will in Apg 8 u.a. auf diese Problematik aufmerksam machen; die Glaubenden sollen hier einen geschärften Blick haben, nicht aus Unbedachtsamkeit Grenzen überschreiten und sich plötzlich im Bannkreis magischen Denkens wiederfinden.

In heutigen charismatischen Kreisen passiert diese Grenzüberschreitung leider sehr häufig. Pneumatisches und magisches Denken sind oft hoffnungslos miteinander vermengt; und noch schlimmer ist, daß das Denkvermögen völlig fehlt, die Dinge auseinanderhalten zu können. Hier ein Beispiel: »Unumschränkte, göttliche Kraft kann in allem enthalten sein. Daher schicken wir, wenn jemand ein Gebetstuch haben will [hier wird Bezug genommen auf Apg 19,11f], ein kleines Stück Polyester, etwa fünf Zentimeter im Quadrat. Das wäre nichts, wenn wir nicht, bevor wir es abschicken, die Hände auf es legen und über ihm beten und glauben würden, daß Gott ein Wunder tut! Weil wir glauben, daß diese kleinen Stückchen Stoff gesalbt sind, wurden viele Leute geheilt, als wir sie verschickt haben.« (C. und F. Hunter, Wie man die Kranken heilt, 108.)

Die Bitte, die Simon der Magier an die Apostel richtet (vgl. oben), geht davon aus, daß Geistbegabung sich in das Repertoire magischer Fähigkeiten einordnen läßt. Simon möchte seine bisherige Ausstattung mit solchen Fähigkeiten durch den Zugewinn des Geistes erweitert sehen. Seine Absicht ist dabei keinesfalls egoistisch oder narzißtisch – er möchte den Geist nicht zur Selbsterhöhung haben, sondern dafür, ihn an andere weiterzugeben. Auch verantwortungsvoll betriebene heutige Magie versteht sich als Dienst am Menschen, will heilend eingreifen und hat den missionarischen Drang, andere mit magischen Kräften auszustatten, damit sie in der Lage sind, ein Leben zu leben, das gelingt.

Die Auseinandersetzung, die Lukas in Apg 8 zwischen den beiden Simons schildert (zwischen Simon dem Magier und Simon Petrus), will – wie gesagt – die Glaubenden vor Grenzüberschreitungen in den Bereich der Magie warnen, sie will aber auch die Überlegenheit des Pneumatikers gegenüber dem Magier herausstellen (gibt Simon doch in V.24 zu erkennen, daß er *unter* dem Pneumatiker steht).

Es bedurfte im Jerusalemer Urchristentum erheblicher Anstrengungen, um zu begreifen, daß das in Christus erschienene göttliche Heil auch den *Heiden* gilt. Unter diesem Gesichtspunkt muß man Apg 10,44–48 lesen. Dieser Abschnitt ist ein Reflex jener Probleme, die es bei der Einbeziehung von Heiden in die Kirchengemeinschaft gab. Angesichts des

Problems, zu verstehen, daß die Christusbotschaft den Rahmen des Judentums sprengt, geht (in der Darstellung des Lukas) die Initiative für die Einbeziehung der Heiden *vom Geist selbst aus,* der unerwartet auf Kornelius, seine Verwandten und Freunde herabfällt und sie dadurch den jüdischen Jesusanhängern gleichrangig macht (vgl. auch Apg 15,8f). Zuvor wurden Kornelius und seine Leute von Petrus mit den grundlegenden Sachverhalten des Christusglaubens vertraut gemacht. Als äußere Zeichen der Geistbegabung werden Glossolalie und Lobpreis Gottes genannt. Aufgrund der Ausstattung mit Geist wird dann die *Taufe* vorgenommen. Die Taufe konnte in diesem Fall also nicht der Ausstattung mit Geist vorausgehen, sondern die Ausstattung mit Geist führte ihrerseits überhaupt erst zur Taufe, legitimierte sie (vgl. auch 11,17).

Die letzte Perikope, die wir hier besprechen wollen, ist die von den Johannesjüngern in Ephesus (Apg 19,1-7). Paulus stößt in Ephesus auf Männer, die er bezüglich ihres Glaubens nicht richtig einschätzen kann. Um sich zu vergewissern, fragt er danach, ob sie den heiligen Geist empfangen haben (19,2). Geistbesitz ist also das entscheidende Kriterium dafür, ob jemand richtig gläubig ist.

Es stellt sich heraus, daß diese Männer Jünger von Johannes dem Täufer sind und gar keine Christen. Sie werden von Paulus getauft, empfangen den heiligen Geist, reden in Zungen und prophezeien (VV.5f).

Lukas will hier ein Modell für den Umgang mit schillernden Figuren anbieten. Er gibt indirekt zu, daß es im Urchristentum ein Übergangsfeld gab zwischen »gläubig« und »nicht gläubig« und daß die Orientierung schwerfallen konnte, wer als »gläubig« anzusehen war. Durch die Frage nach dem Geistbesitz läßt sich nach Lukas hier Klarheit schaffen.

3. Der Geist, die christologische Lehrentwicklung und das Verhältnis Geist – Herr

Die Rolle des Geistes am Anfang der christologischen Lehrentwicklung ist nur schwer aufzuklären. Feststehen dürfte, daß alles, was über Jesus als den Christus ausgesagt wurde, unter Einfluß des Geistes geschah, der also als der eigentliche »Konstrukteur« der christologischen Symbolwelt anzusehen ist. Ja, mehr noch: Der Geist hat nach dem Verständnis der ersten Christen *faktisch an Jesus gehandelt*, hat ihn inthronisiert, hat ihn in den Geistbereich hereingeholt und selber zu Geist gemacht. Wie ist aber dann das Verhältnis Pneuma – Kyrios zu fassen? – Wir stoßen hier in einen Bereich äußerst komplizierter Fragen vor, die nur annäherungsweise zu klären sind. Ich will im folgenden darauf verzichten, die Analyse der einschlägigen Texte zu weit zu treiben, und ich will auch darauf verzichten, eine Gesamtlösung des Problems anzubieten; man könnte sich dabei leicht verheben. Begnügen wir uns damit, einige Streiflichter auf dieses Problem fallen zu lassen; ganz ausleuchten läßt es sich wohl nicht. – Es muß also bei den nachfolgenden Analysen in Kauf genommen werden, daß die Ergebnisse bruchstückhaft sind und sich nicht zu einem Gesamtbild zusammensetzen lassen.

(Verwiesen sei darauf, daß einige Gedanken, die einen Beitrag zum Thema des vorliegenden Kapitels leisten, im 5. Kapitel [»Die johanneische Paraklet-Pneumatologie«] zu finden sind; sie gehören der Sache nach sowohl in das vorliegende als auch in das 5. Kapitel, ich wollte sie aber nur einmal anführen.)

Die vorpaulinische Glaubensformel von Röm 1,3f

In Röm 1,3f stoßen wir auf eine vorpaulinische Glaubensformel. (Für vorpaulinische Herkunft spricht u.a. der für Paulus ungewöhnliche Wortschatz dieses Stückes.) Paulus setzt – gleich am Anfang des Römerbriefs – dieses vorformulierte Glaubensbekenntnis ein, um der römischen Gemeinde, in der er noch nicht persönlich bekannt ist, zu zeigen, daß er fest im überlieferten Glauben steht. Ferner benutzt Paulus die Glaubensformel, um seinen apostolischen Auftrag zu begründen. Von diesem Auftrag spricht er in V.5, und in der vorangehenden Glaubensformel wird expliziert, wer es ist, der diesen Auftrag erteilt hat: der Sohn Gottes, hervorgegangen aus dem Samen Davids nach dem Fleisch, eingesetzt als Sohn Gottes in Macht nach dem Geist der Heiligkeit seit der Auferstehung der Toten, Jesus Christus, unser Herr.

Auffallend ist in der Glaubensformel von Röm 1,3f zunächst die Wendung »Geist der Heiligkeit« *(pneuma hagiōsynēs)*, ein Hapaxlegomenon. Paulus hätte so nicht formuliert, sondern einfach »heiliger Geist« gesagt. Ein sachlicher Unterschied zwischen »Geist der Heiligkeit« und »heiliger Geist« ist nicht zu erkennen. Der Ausdruck *pneuma hagiōsynēs* ist noch in TestLev 18,11 belegt und auf einem jüdischen Amulett. (Vgl. E. Peterson, Frühkirche, Judentum und Gnosis, 351f.) Er entspricht dem hebräischen rûaḥ haqqodæsch (Jes 63,10f; Ps 51,13 und öfter in den Qumranschriften); die LXX gibt die alttestamentlichen Belege von rûaḥ haqqodæsch mit »heiliger Geist« *(pneuma hagion)* wieder, obwohl sie genausogut – da ihr der Begriff »Heiligkeit« *(hagiōsynē)* geläufig ist – hätte übersetzen können: »Geist der Heiligkeit«. Schon die LXX sah also zwischen »Geist der Heiligkeit« und »heiliger Geist« offenbar keinen sachlichen Unterschied. Und im Urchristentum konnte – so zeigt die Formel Röm 1,3f – der heilige Geist ohne Bedeutungsunterschied auch einmal »Geist der Heiligkeit« genannt werden.

Wie soll man die Präposition *kata* (nach) verstehen, die zu *pneuma hagiōsynēs* gehört? E. Käsemann plädiert für instrumentalen Gebrauch: »Der Geist der Heiligung ist die Macht, kraft deren Jesus als Gottessohn eingesetzt wurde.« (An die Römer, 10.) Bei dieser Interpretation taucht allerdings folgende Schwierigkeit auf: Die Präposition *kata* steht in der Glaubensformel auch noch bei »Fleisch«, und hier kann sie auf keinen Fall instrumentale Bedeutung haben. Doch Käsemann meint, diesem Sachverhalt folgendermaßen beikommen zu können: »Daß die gleiche Präposition in zwei einander folgenden Zeilen bei rhetorischem Parallelismus sachlich anders nüanciert wird, zeigt sich in 4,25 und noch häufiger.« (Ebd., 10.) Käsemann empfindet mit Recht, daß eine instrumental verstandene Wendung *kata pneuma hagiōsynēs* im Kontext der paulinischen Theologie unerhört wäre, »weil dort der Geist von Christus ausgeht oder ihn repräsentiert, aber nicht ihm gegenüber tätig wird. Die Aussage kann schlechterdings nur vorpaulinisch sein.« (Ebd., 9.)

Falls die instrumentale Interpretation von *kata pneuma hagiōsynēs* die richtige ist, bestätigt die vorpaulinische Formel Röm 1,3f die Vermutung, daß in der allerersten Phase der Konstruktion der Christologie mit dem Konzept »Geist« viel stärker gearbeitet wurde, als es selbst die doch recht frühe Theologie des Paulus ausweist. Verwunderlich ist diese Rolle des Geistes eigentlich nicht. Man folgerte, daß der Geist, den man auf Raum-Zeit-Koordinaten als lebenspendende, neuschaffende Macht erfuhr, auch bei der Inthronisation Jesu am Werk gewesen war; vermutlich wurde auch die Auferstehung Jesu mit dem Geist in Verbindung gebracht und als ein zutiefst pneumatisches Geschehen aufgefaßt.

Nun wird gegen ein instrumentales Verständnis von *kata pneuma hagiōsynēs* allerdings Einspruch erhoben. So schreibt E. Schweizer: »Κατά ist ... sicher nicht instrumental zu übersetzen ›kraft des Heiligen Geistes‹, weil dies im ersten Glied unmöglich wäre.« (Röm. 1,3f., 187.) Die Möglichkeit, das *kata* jeweils anders zu verstehen (wie Käsemann es tut), sieht Schweizer also nicht. Und er interpretiert *kata pneuma hagiōsynēs* so: »In der Sphäre des heiligen Gottesgeistes.« (Ebd., 187.)

Eine definitive Entscheidung zwischen beiden Verstehensmöglichkeiten von *kata pneuma hagiōsynēs* zu fällen ist unmöglich. Auch die zweite Verstehensmöglichkeit ergibt einen guten Sinn. Und auch sie bringt Jesus und den Geist in eine ganz enge Beziehung zueinander: der Geist ist die himmlische Existenzweise Jesu. So wie Jesus sich vorher im Bereich des Fleisches befand und Fleisch war, so befindet er sich nun im Bereich des Geistes und ist Geist. Und die Glaubenden leben im Vorgriff auf eben diese entschränkte Geist-Existenzweise ihres Herrn. Für sie hat die Geisterfahrung demnach proleptischen Charakter, und sie ist zugleich Plausibilitätsgrundlage ihrer zentralen christologischen Behauptungen.

Vielleicht muß zwischen den beiden Verstehensmöglichkeiten von *kata pneuma hagiōsynēs* gar nicht streng unterschieden werden. Sie könnten folgendermaßen zusammengeführt werden: Der Geist erweist sich Jesus gegenüber als neuschaffende Macht und holt ihn damit zugleich in seine Sphäre, in seinen Existenzbereich hinein, macht ihn zu einem Pneuma-Wesen. Die Glaubensformel von Röm 1,3f könnte bewußt die mehrschichtige Wendung *kata pneuma hagiōsynēs* herangezogen haben, damit das Handeln des Geistes an Jesus möglichst vollständig zum Ausdruck gebracht wird trotz sprachlicher Kürze, die für eine Glaubensformel nötig ist.

Das Verhältnis Geist – Herr nach 2Kor 3

In 2Kor 3 kommt Paulus in V.16 auf die Bekehrung zum Herrn (zu Jesus) zu sprechen; den Erkenntnisprozeß, der dabei stattfindet, vergleicht er mit dem Wegnehmen einer (verhüllenden) Decke. (Vgl. dazu, daß in

2Kor 3,16 mit »Herr« tatsächlich Jesus und nicht Gott gemeint ist, I. Hermann, Kyrios und Pneuma, 38ff.) Der neue Erkenntnis- und Seinszusammenhang, in den der Glaubende durch die Bekehrung eintritt, ist nach V.6 ein Bereich, der vom *Geist* bestimmt ist (von dessen lebendig machender Kraft).

Von Paulus müssen nun zwei Aussagen koordiniert werden: 1. daß man als Glaubender den *Geist* als lebendig machende Kraft erfährt; 2. daß man sich jedoch zum *Herrn* (d.h. zu Jesus) bekehrt hat. Die Verhältnisbestimmung zwischen Geist und Herrn nimmt Paulus in V.17a vor: »Aber der Herr ist der Geist.« Man könnte meinen, daß Paulus hier Jesus und den Geist miteinander identifiziert, aber der Nachsatz V.17b lehrt, daß Paulus die Formulierung von V.17a so nicht verstanden wissen will, unterscheidet er doch in V.17b sehr deutlich zwischen Jesus und dem Geist: »Wo aber der Geist des Herrn ist, ist Freiheit.«

Wenn nun die Formulierung »Aber der Herr ist der Geist« nicht im Sinne einer Identifizierung verstanden werden darf, wie dann? – Paulus will sagen (worauf auch der anaphorische Artikel bei »Geist« hindeutet), daß jener Geist, von dem er eben zu den Korinthern gesprochen hat (in den VV.6.8), nichts anderes ist als der Herr – in seiner den Glaubenden zugewandten und erfahrbaren Seite; Paulus hat zu den Korinthern nicht von *irgendeinem* Geist gesprochen, nicht von einer freischwebenden Kraft, sondern vom Geist des *Herrn,* der so eng mit diesem verbunden ist, daß man pointiert sagen kann: Der Herr *ist* der Geist. Und wo der »Herr als Geist« ist, oder nicht so zugespitzt ausgedrückt: wo der »Geist des Herrn« ist, ist der Lebensraum der Freiheit eröffnet, der ein entschränktes Leben ermöglicht jenseits der Anklage und des Todesurteils des Gesetzes.

Es ist also die Bekehrung zum Herrn, die in jenes Leben hineinführt, das ganz und gar vom Geist bestimmt ist und nicht mehr vom »Buchstaben« (vgl. V.6). Wer sich zum Herrn bekehrt, wird sofort die Erfahrung machen, daß er in den Bereich des Geistes eintritt, in den Bereich der Freiheit, des überquellenden Lebens. Insofern *ist* der Herr »Geist«; als solcher teilt er sich den Glaubenden mit, ihnen ein neues Leben ermöglichend.

Ziehen wir eine andere Paulus-Stelle heran: »Für mich ist das Leben Christus« (Phil 1,21). Man kann sich das, was hier gemeint ist, mit dem verdeutlichen, was man an einem geliebten Menschen erfährt. Auch in einem geliebten Menschen, in dem seelisch-geistigen Feld seiner Persönlichkeit, bieten sich für uns u.U. derart identitätsstiftende Erlebnismöglichkeiten an, daß wir sagen können: Dieser Mensch ist mein Leben.

Und so ist Jesus, der ja nicht mehr als Person da ist, aber durch den Geist vergegenwärtigt wird, für den Glaubenden ein durch den Geist zugänglicher Raum des Heils, in dem Erfahrungen neuen Lebens gemacht werden können, in dem sich die eigene Person konstituiert und findet. Insofern ist zwischen Jesus und dem Geist durchaus eine Identität da, aber keine seinshafte, sondern eine, die man als dynamische Identität oder Wirkidentität bezeichnen kann, und zwar in folgendem Sinne: Jene Kraft, die die Glaubenden als Geist erfahren, ist letztlich Jesus selber in seinem lebenermöglichenden Wirken; Jesus ist nicht anders erfahrbar denn als Geist, als lebenspendender Geist. Noch einmal anders gesagt: Das, was man als Geist erfährt und was sich äußert in einer inneren Neuwerdung und in einer freiheitlichen Lebenspraxis, ist letztlich nichts anderes als Jesus selbst. Jesus ist eine vom Glaubenden geschiedene Person – und ist zugleich jene Art von Leben, das man als Glaubender ergriffen hat und das man mit »Geist« bezeichnen kann. Paulus zeigt also in V.17a mit Hilfe des Geistbegriffs Jesus als Lebensmöglichkeit des Glaubenden auf – um dann in V.17b sofort wieder die christologische Differenz ins Spiel zu bringen, die Jesus eine vom Geist und vom Glaubenden geschiedene Größe sein läßt und das extra nos des Heils gewährleistet.

Der Apostel stand vor folgendem Problem: Er mußte die vitalisierende Kraft des Geistes christologisch interpretieren, um diese Kraft nicht zu etwas »Freischwebendem« werden zu lassen; diese Interpretation leistet er mit der pointierten Formel »Der Herr ist der Geist.« Sie besagt: Der Geist, den wir als Glaubende erfahren, ist letztlich der Herr; umgekehrt: Der Herr begegnet uns als Geist. Was Paulus hier sagt, ist jedoch nicht ungefährlich. Der Glaubende eignet sich den Geist (und damit Jesus) so an, daß (obwohl der Geist im Prinzip eine vom Glaubenden durchaus geschiedene Größe ist) sich über den Geist die eigene neue Identität definieren läßt (man empfindet sich als *pneumatikos,* als Geistmensch). Dabei droht das extra nos des Heils verlorenzugehen. Paulus macht deshalb in V.17b auf die christologische Differenz aufmerksam, er hält die neue pneumatische Lebensmöglichkeit und Jesus als *Spender* dieser Lebensmöglichkeit wieder auseinander. Jesus ist *im Geist* selbst die neue Lebensmöglichkeit des Glaubenden – und doch muß er als eine vom Glaubenden unterscheidbare Größe festgehalten werden; deshalb muß Paulus so paradox und widersprüchlich formulieren, wie er es in V.17a.b tut.

V.18 geht näher darauf ein, was mit jenen geschieht, die sich zum Herrn bekehrt haben und nun vom lebendig machenden Geist bestimmt sind: Sie befinden sich in einem Wandlungsprozeß, sie werden, indem sie mit unverhülltem Angesicht die Herrlichkeit des Herrn im Spiegel sehen, in dieses Bild hineinverwandelt »von Herrlichkeit zu Herrlichkeit«. Im Hintergrund dieser Aussage steht das antike Motiv der Verwandlung durch Schau; der Adept in den Mysterienreligionen wird, wenn er die Gottheit in ihrem Glanz erblickt, verwandelt, er wird selber göttlich, unsterblich. Und Paulus will sagen, daß auch der Christusgläubige in einen Prozeß vollständiger Umwandlung hineingenommen ist; sein bisheriges Leben in engen Grenzen, mit der Versklavung unter dem Gesetz, mit vielfältigen Sorgen und Nöten, mit Erfahrungen der Nichtigkeit, löst sich auf – und in Erscheinung tritt ein Herrlichkeits-Leben, das vom Glanz einer anderen Welt bestimmt ist.

Was Paulus in V.18 schreibt, mag auf den ersten Blick traumhaft-unwirklich scheinen. Aber wir müssen immer in Rechnung stellen, daß das Urchristentum eine mächtige Geistbewegung war und daß es in einem solchen Lebensrahmen zu Selbst- und Wirklichkeitserfahrungen kommen kann, die ein normales Fassungsvermögen übersteigen. Und es sind in der Tat *ekstatische pneumatische Erfahrungen,* die die Plausibilitätsgrundlage von V.18 bilden; Paulus führt ja am Ende dieses Verses den »Herrn, welcher *Geist* ist« an, auf den der Verwandlungsprozeß, der hier beschrieben wird, zurückzuführen ist.

Die Sendung des Sohnes und die Sendung des Geistes nach Gal 4,4-7

Eine seiner wichtigsten Geist-Aussagen macht Paulus in Gal 4,4-7. In 4,4f kommt der Apostel auf das entscheidende Ereignis zu sprechen, das die Befreiung vom Gesetz bewirkt hat: Die Sendung des Sohnes Gottes und sein Heilswerk. In V.4 wird die Sendung als solche beschrieben, in V.5 dann das Heilswerk, und zwar mit dem Bild »Loskauf vom Gesetz«; bewirkt wird durch den Loskauf vom Gesetz »Annahme an Sohnes Statt« *(hyiothesia).* Die Glaubenden sind also zu Söhnen Gottes geworden, und als solchen wurde ihnen – so heißt es dann weiter in V.6 – von Gott der Geist seines Sohnes in die Herzen gesandt, »der ruft: Abba, Vater!«

Das soteriologische Geschehen hat nach Gal 4,4-6 zwei Dimensionen: eine heilsgeschichtliche und eine existentielle. Die heilsgeschichtliche Dimension besteht in der Sendung des Sohnes, im Loskauf vom Gesetz und in der Annahme an Sohnes Statt. Die Annahme an Sohnes Statt muß aber in den Glaubenden vergegenwärtigt und realisiert werden; das geschieht durch den Geist und ist die existentielle Dimension des soteriologischen Geschehens. Daß die Glaubenden objektiv in das Sohn-Sein versetzt wurden, reicht nicht aus; *in ihnen selbst* muß diese neue Existenzweise erschlossen werden – andernfalls lebten sie an ihrer Bestimmung und ihren neuen Möglichkeiten vorbei. Und die Aufgabe der Erschließung der – faktisch gegebenen – neuen Lebensmöglichkeiten übernimmt der Geist.

Keine der beiden Dimensionen des soteriologischen Geschehens ist verzichtbar. Ohne die heilsgeschichtliche Dimension entstände eine autistische Geist-Religion; abgehoben würde dann nur auf innerseelische Prozesse. Und ohne die existentielle Dimension des eschatologischen Geschehens bliebe dieses ohne Erlebnisgehalte, die Glaubenden wären von ihnen innerlich gar nicht betroffen.

Die neue Seinsmöglichkeit der Glaubenden besteht darin, jenseits der Versklavung durch das Gesetz als Söhne und Erben Gottes zu leben (vgl. V.7). Erschlossen wird diese Seinsmöglichkeit, wie gesagt, durch den Geist. Dabei findet folgende innerseelische Dynamik statt: Der Geist übernimmt im Glaubenden die Rolle des handelnden Subjekts und schiebt das Ich zur Seite. *Er selber* ruft ja aus: »Abba, Vater!« Nicht aus dem eigenen Ich heraus wird dieser Gebetsruf hervorgebracht, sondern der Geist als überpersönliche Macht artikuliert ihn. Das Ich steht sozusagen staunend daneben; es wundert sich, was passiert. Und doch sind es natürlich die eigenen Sprechorgane, die den Gebetsruf formulieren – »irgendwie« ist man es also selber, der »Abba, Vater!« ruft. Wir stoßen hier auf eine eigentümliche Doppelheit im Ich-Erleben, die für Geisterfahrungen typisch ist. Im Geist meldet sich eine größere Instanz zu Wort als man selber – und doch ist man mit dieser Instanz »irgendwie« identisch, immerhin ist sie ja »im« Menschen drin. (Heißt es doch ausdrücklich in V.6, der Geist sei »in die Herzen gesandt«, und das Herz bezeichnet im neutestamentlichen Sprachgebrauch das Innere des Menschen.) Zum Geist, der in einem selber am Werk ist, kann man »ich« sagen, und man erlebt dabei, daß man in einer gesteigerten, entschränkten Weise existiert. Und dabei geht das Empfinden nicht verloren (bzw. sollte nicht verlorengehen!), wie begrenzt und klein man *ohne den Geist* ist. Auf diese Weise begleitet die neugewonnene Identität, die Geist-Identität, ein bescheidenes Staunen. Die neue Identität ist *dauerhaft* etwas Fremdes-Überraschendes und etwas Ur-Eigenes zugleich.

Die neue, gesteigerte Identität der Glaubenden, die durch den Geist zustande kommt, ist nicht einfach ein pneumatisches Hochgefühl als solches. Der Geist stiftet eine inhaltlich konkret gefüllte Identität, er ruft ja »Abba, Vater!« und setzt die Glaubenden dadurch als Söhne Gottes ein (genauer: hebt ihr Sohn-Sein, das ihnen heilsgeschichtlich-objektiv vermittelt wurde, in den Rang einer Erlebnisqualität). Indem nun die Glaubenden Söhne Gottes sind – und das nicht nur wissen, sondern im Existenzvollzug *erleben* –, partizipieren sie an der Fülle Gottes, an einer überquellenden Fülle von Leben. Durch das Wort »Erbe« *(klēronomos)* in V.7 wird allerdings ein eschatologischer Vorbehalt angemeldet: Noch können die Glaubenden über die Fülle Gottes nicht völlig unbeschränkt verfügen, das wird erst im Eschaton der Fall sein, wenn sie ihr Erbe auch wirklich antreten.

»Ein Geist« mit dem Herrn sein

Wir schauen nun mit der Fragestellung unseres Kapitels in den ersten Korintherbrief hinein, in 1Kor 6,12–20. Es geht hier um Unzuchtsünden der Korinther. Das Gefährliche am Geschlechtsverkehr mit der Dirne ist, so sagt Paulus, daß man »ein Leib« mit ihr wird (V.16). Demgegenüber ist der, der dem Herrn anhängt, mit ihm »ein Geist« (V.17). Was Paulus hier meint, ist dies: Die Zugehörigkeit zur Dirne und die Zugehörigkeit zu Christus schließen einander aus. Unzuchtsünden gehen tiefer als andere Sünden, sie berühren den Menschen in seinem Personkern und ziehen diesen in eine verhängnisvolle Bindung hinein; dabei soll doch der Personkern mit *Christus* verbunden sein.

Es geht in den VV.16f nicht etwa um den Gegensatz »Leib – Geist«; verglichen werden vielmehr zwei enge Bindungen miteinander. Freilich: Die eine Bindung ist eine Bindung auf der Ebene des Leibes, die andere Bindung eine auf der Ebene des Geistes. Indirekt macht Paulus damit eine wichtige Aussage über die Art der Beziehung des Glaubenden zu Christus und über den »Aggregatzustand«, in dem Christus und der Glaubende sich befinden: Ihre Beziehung findet – wie gesagt – auf der Ebene des Geistes statt, und beide (Christus und der Glaubende) sind Geist, und zwar *ein* Geist. Christus begegnet dem Glaubenden als Geist, und der Glaubende begegnet Christus als Geist. Der Geist ist das Medium der Begegnung zwischen beiden und zugleich der »Aggregatzustand«, in dem sie sich befinden.

Für Paulus ist klar, daß »Geistexistenz« volle personhafte Wirklichkeit bedeutet und nicht reduzierte oder verflüchtigte Personwirklichkeit. Und das Geheimnis der (vollen personalen) Geistexistenz bezieht sich nicht nur auf Christus, sondern auch auf den Glaubenden: Nicht nur

Christus ist dem Glaubenden in seiner Geistexistenz ein Geheimnis, sondern der Glaubende ist sich auch selber, wenn er Christus begegnet, in seiner eigenen Geistexistenz ein Geheimnis. Er wächst über sich hinaus, er ist sich selber nicht mehr faßbar; in der Begegnung mit Christus entgleitet er sich, seiner eigenen Verfügungsgewalt, entgleitet er der stabilen Definition, die er bisher von sich hatte, um sich in einem völlig anderen Seinszusammenhang und in einem anderen Zustand seiner selbst wiederzufinden. Deshalb ist Begegnung mit Christus Vorwegnahme des Eschatons, ist Begegnung mit Christus eschatologische Existenz, ist Begegnung mit Christus ein in umfassender Weise erneuertes und ein gesteigertes Leben. Dieses Leben ist nicht ungefährlich: Es ist latent mythisch (d.h. durch seine ihm eigene Wirklichkeit »unwirklich« im Vergleich mit der raum-zeitlichen Wirklichkeit, mit dieser nur noch schwer vermittelbar), und es birgt ekstatische, rauschhafte Züge in sich, die immer wieder koordiniert werden müssen mit dem »normalen« Leben in den vorfindlichen Weltbezügen. Und die Pneumatologie des Paulus ist über weite Strecken ein Versuch, diese Koordinierung zu leisten, indem er nämlich den Geist als eine Größe reklamiert, die auch und gerade das Leben in den vorfindlichen Weltbezügen gestalten will.

In Christus miteingebaut zu einer Wohnung Gottes im Geist

Auf den ersten Blick scheint uns auch eine Stelle aus dem Epheserbrief bei der Problematik, mit der wir uns im vorliegenden Kapitel beschäftigen, weiterhelfen zu können. In 2,22 heißt es, die Glaubenden werden »in Christus miteingebaut zu einer Wohnung Gottes im Geist«. Hier sind Christus, der Geist und Gott zueinander in Beziehung gesetzt. Läßt sich die Art der Beziehung genauer angeben, läßt sich vor allem aus dieser Aussage eine Verhältnisbestimmung zwischen Christus und Geist gewinnen?

Wohl kaum. Man kann sich dieser Epheser-Aussage nicht mit theologisch-diskursivem Denken nähern. Die liturgische, feierliche Sprache des Epheserbriefs ist nicht primär auf Informationsvermittlung aus (über Gott, Christus, den Geist und die Beziehung der drei zueinander). Auf der Ebene der Informationsvermittlung werden, bezieht man 2,18 in die Überlegungen mit ein, heillose Widersprüche geboten. In 2,18 wird gesagt, daß durch Christus die »Fernen und die Nahen« (wahrscheinlich: Heiden und Juden) in einem Geist den Zugang zum Vater haben. Zu Gott ist also ein *Zugang* nötig – er ist von uns entfernt gedacht; zugleich sind wir seine Wohnung. Der Geist vermittelt den Zugang zu Gott; im Geist existiert aber auch eine Wohnung Gottes, die aus Christus besteht und zugleich aus uns.

Dieses Metapherngefüge ist irrational, es entzieht sich jeder begrifflichen Klärung. Es will offenbar auch gar nicht kognitiv erfaßt werden, es will Wirklichkeit erzeugen. Es will im Menschen einen Wirklichkeitsentwurf aufbauen, der von Gott, Christus und dem Geist bestimmt ist. Dieser Wirklichkeitsentwurf liegt jenseits diskursiver Aussagemöglichkeiten, wohl ist er *lebbar*. Freilich darf und muß es begriffliche *Annäherungen* an diesen Wirklichkeitsentwurf geben (ist doch dieser Wirklichkeitsentwurf nicht schlechthin *unlogisch*). Diese Annäherungen zu leisten ist Aufgabe der Theologie, und der Epheserbrief betreibt durchaus Theologie (und gibt uns damit das Recht, das ebenfalls zu tun). Aber der Epheserbrief scheut sich nicht, an den Grenzen theologischer Aussagemöglichkeiten, dort, wo unsere diskursive Denk- und Sprachkraft an ihr Ende gelangt, in eine Sprache überzuwechseln, die stark emotional eingefärbt ist und dem Überwältigtsein vom Mysterium Ausdruck verleiht. Zusammenfassend läßt sich sagen, daß der Epheserbrief, zu dessen Sprachrepertoire auch ein irrationales Metaphernsystem gehört, dem dynamischen Charakter der Gott-Christus-Geist-Wirklichkeit weitaus besser gerecht wird als eine Theologie, deren Sprache auf logisch-begriffliche Artikulation beschränkt ist; eine solche restringierte Sprache macht nämlich die Gott-Christus-Geist-Wirklichkeit statisch und schränkt damit auch die Lebensmöglichkeiten des Glaubenden ein.

Jesus – gerechtfertigt im Geist

Auf eine wichtige Verhältnisbestimmung zwischen Jesus und Geist stoßen wir in 1Tim 3,16. In einem Christushymnus wird hier ausgesagt, Jesus sei offenbart worden im Fleisch und gerechtfertigt im Geist.

Wie ist diese Aussage in ihrer gedrängten Kürze zu verstehen? *Sarx* und *pneuma* sind als Sphären aufzufassen, wobei *sarx* die irdische Sphäre ist, *pneuma* die himmlische. (Vgl. J. Roloff, Der erste Brief an Timotheus, 203.) Den Begriff »rechtfertigen« *(dikaioō)* hat man nicht im paulinischen Sinn zu verstehen, sondern im allgemeinen Sinn: jemandem Recht geben. (K. Kertelge, δικαιόω, 798.) Daraus folgt für die Interpretation der Aussage, Jesus sei offenbart worden im Fleisch und gerechtfertigt im Geist, daß Jesus nach seinem Niedrigkeitsleben im irdischen Bereich, das mit einem schmählichen Kreuzestod seinen Abschluß fand, von Gott in die himmlische Sphäre aufgenommen wurde. Gott ließ damit Jesus »Recht« zuteil werden; er hob jenes menschliche Urteil auf, das Jesus ans Kreuz gebracht hatte.

1Tim 3,16 bringt also Geist und Erhöhung bzw. Auferweckung Jesu in einen engen Zusammenhang: Geist ist der Seinsbereich, in den Jesus durch seine Auferweckung eingegangen ist.

1Petr 3,18: Christus – zwar dem Fleisch nach getötet, aber lebendig gemacht dem Geist nach

Auf geprägtes Glaubensgut, das sich für unsere Fragestellung auswerten läßt, stoßen wir auch in 1Petr 3,18. Gemeint ist hier: »Jesus wurde getötet, sofern er ›dem Fleisch‹, dem sterblichen Menschsein, zugehörte; er wurde ›lebendig gemacht‹, auferweckt, sofern er dem Geist ... zugehörte; nach 1,11 hat sein Geist ja bereits durch die Propheten geredet. Der Geist war nicht etwa eine unsterbliche Seele in ihm, sondern seine Verbundenheit mit Gott: Er wurde auferweckt, sofern, noch mehr: weil er Geist war.« (L. Goppelt, Der Erste Petrusbrief, 245.) Noch interessanter wird die Aussage von 1Petr 3,18, wenn es stimmt, was Goppelt weiter schreibt: »Der Dat. πνεύματι nimmt über den modalen Sinn hinaus instrumentalen an.« (Ebd., 245 Anm. 28.)

Der Geist bezeugt die Christologie

Gemäß Apg 5,32 sind die Apostel und der heilige Geist Zeugen für christologische Aussagen (diese werden in den VV.30f gemacht). Das christologische Symbolsystem bedarf nicht nur menschlicher Bezeugung, sondern muß auch durch den Geist einsichtig gemacht werden.

Als Bedingung für das Beschenktwerden mit Geist wird in V.32 Gehorsam gegenüber Gott genannt. Nur bei Gehorsam gegenüber Gott stellt sich der Geist ein, um das Zeugnis, das man vom Christusglauben gibt, durchschlagend zu machen (und auch, um den *Zeugen selbst* im Glauben zu vergewissern). Wer gemäß seinen eigenen Vorstellungen lebt, wer sein eigener Herr ist, muß auf die pneumatische, übernatürliche Absicherung seines Glaubens verzichten.

Falls Lukas hier mit Gehorsam gegenüber Gott ein gläubiges Sich-Einlassen auf das Heilshandeln Gottes in Christus meint, baut er einen Zirkelschluß auf: Der Gehorsam, den der Mensch aufbringen muß, um den Geist zu empfangen (als vergewissernde Kraft), setzt bereits Evidenzerfahrungen voraus, die eigentlich der Geist erst bewirkt. Lukas rührt hier an das Geheimnis der Glaubensentstehung, an die Frage, wie einem Menschen der Christusglaube plausibel wird. Eigene Aktivität ist dabei nötig, und doch ist diese *eigene* Aktivität immer schon *Fremd*aktivität: geheimnisvolles, verborgenes Wirken des Geistes.

Um den Geist als Zeugen für die Christologie geht es auch in einer Stelle des ersten Johannesbriefs, in 5,6–8. In V.6 wird gesagt, der Geist bezeuge das Gekommensein Jesu Christi »im Wasser und Blut«. In den VV.7f wird die Zeugenfunktion des Geistes wiederholt, und als zusätzliche Zeugen werden ihm hier das Wasser und das Blut zur Seite gestellt.

Außer acht lassen können wir das sog. Comma Johanneum, eine eindeutig sekundäre Erweiterung des Textes, die eine dogmatische Ergänzung im Sinne der späteren Trinitätslehre bietet.

Was ist mit »Wasser und Blut« gemeint? Die frühen Kirchenväter sahen hier eine Anspielung auf die Taufe und das Herrenmahl, aber diese Auslegung kann nicht stimmen, und zwar wegen des christologischen Kontextes nicht: »Wasser und Blut« sagen das Wie des Gekommenseins Jesu aus, er ist »im Wasser und Blut« gekommen. Man hat deshalb »Wasser und Blut« wohl auf die Taufe und den Tod Jesu zu deuten. Diese Auslegung ergibt einen guten Sinn im Hinblick auf die Gegnerproblematik des ersten Johannesbriefs: Nach Meinung der Gegner verband sich »Christus« bei Jesu Taufe mit Jesus, verließ ihn aber vor dem Tod. Der Briefschreiber dagegen betont, daß Jesus Christus auch »im Blut« gekommen ist, d.h., daß das Todesschicksal voll zu Jesus als *dem Christus* gehört.

Daß in den VV.7f die Anzahl der Zeugen auf drei erweitert wird, dürfte mit dem jüdischen Prozeßrecht zusammenhängen, das zwei oder drei Zeugen vorsieht.

Der Geist verifiziert also das Symbolsystem der Christologie. Die Christen können als tiefste Grundlage ihrer Glaubenssicherheit letztlich nichts anderes angeben als den Geist. »Wasser und Blut« reichen als Zeugen nicht aus, erst zusammen mit dem Geist – von ihm auf ihre eigentliche Bedeutung hin durchsichtig gemacht – vermögen sie Zeugnisfunktion auszuüben. Anders gesagt: Nur »Heilstatsachen« wie Jesu Taufe oder Tod anzuführen weckt keinen Glauben; hinzutreten muß der Geist, dann verbinden sich Geist und »Heilstatsachen« zu einem geschlossenen, überzeugungswirksamen Gesamtsystem.

4. Geist und literarische Struktur im Johannesevangelium

Wir fragen in diesem Kapitel nach dem Verhältnis von Geist und literarischer Struktur im Johannesevangelium. Im Johannesevangelium wird der Geist nicht nur explizit angesprochen, sondern er ist sozusagen auch hineinverschlüsselt in eine spezifische literarische Struktur. Wir stoßen hier auf eine johanneische Eigentümlichkeit; in keiner anderen Schrift des Neuen Testaments ist etwas Ähnliches zu finden.

Man hat in der alten Kirche das Johannesevangelium das *geistliche* (pneumatische) Evangelium genannt. (Clemens von Alexandrien, bei Euseb, H.e. VI,14,7.) Dahinter steckt das Empfinden, daß das Johannesevangelium in besonderem Maße – stärker als die synoptischen Evangelien – mit dem Geist und seinem Wirken verbunden ist. Schon ein flüchtiger Blick auf den wortstatistischen Befund verifiziert dieses Empfinden: Der Geist wird im Johannesevangelium sehr viel häufiger erwähnt als in den synoptischen Evangelien; in den synoptischen Evangelien ist der Geist nur ein marginales Thema, das Johannesevangelium hingegen bietet eine reich ausgestaltete Pneumatologie. Zieht man zudem bei der Untersuchung der Geist-Aussagen des Johannesevangeliums diejenigen des ersten Johannesbriefs (der mit dem Johannesevangelium eng verwandt ist) mit heran, weist die johanneische Pneumatologie ein noch volleres Bild auf. (Der zweite und dritte Johannesbrief fügen allerdings diesem Bild nichts hinzu, sie machen keinerlei Geist-Aussagen.)

Man könnte meinen, daß eine Untersuchung der johanneischen Pneumatologie darin zu bestehen hat, die expliziten Pneuma-Aussagen (im Evangelium und im ersten Johannesbrief) sorgfältig zu exegesieren. Eine solche Vorgehensweise dürfte jedoch zu kurz greifen; will man der johanneischen Pneumatologie auf die Spur kommen, muß zusätzlich die *literarische Struktur* des Johannesevangeliums berücksichtigt werden. Das Johannesevangelium entfaltet seine Botschaft in eigentümlich geschlossenen, selbstreferentiellen Denkbewegungen, insbesondere in den Reden und Dialogen. Der Leser stößt hier auf ein gedankliches System, das mit Außenstehenden eine Art von Sprachspiel spielt, dessen Regeln sie nicht verstehen. Das Evangelium erwartet, daß die Außenstehenden alle Wirklichkeitsentwürfe, die sie haben, aufgeben, um im semantischen Universum des Textes einen neuen Wirklichkeitsentwurf – eben den pneumatischen – zu erfahren. »Geist« ist für das Johannesevangelium nicht zuletzt ein bestimmter Referenzrahmen, um die Wirklichkeit und sich selber zu verstehen, und dieser Referenzrahmen ist codiert in den semiotischen Strukturen des Textes, die eine bestimmte Welt, eine bestimmte Wirklichkeit aufbauen.

Wenn wir nicht an der Oberfläche bleiben wollen und uns nicht mit allgemeinen Feststellungen begnügen wollen, muß nun an johanneischen Texten zumindest exemplarisch aufgezeigt werden, wie das Verhältnis von Geist und literarischer Struktur aussieht. Beginnen wir mit Joh 2,23-3,21. (Ich stütze mich in den folgenden Ausführungen stark auf mein Buch »Gemeinde als Gegenwelt«.)

Geist und literarische Struktur in der Nikodemus-Perikope (Joh 2,23-3,21)

Die Nikodemus-Perikope (Joh 2,23-3,21) enthält explizite Geist-Aussagen, und zwar in den VV.5.6.8; aber in ihr ist Geist auch in der literarischen Struktur codiert. Um das zu zeigen, bedarf es eines längeren Anmarschweges.

Verdeutlichen wir uns zunächst den Aufbau der Perikope: In 2,23-25 wird ein Glaube kritisiert, der sich nur auf die Zeichen Jesu stützt und damit insuffizient ist. Aus der Menge der namenlosen Zeichengläubigen wird dann in 3,1 eine Figur herausgegriffen, nämlich Nikodemus; aus einer Massenszene wird damit gleichsam eine Einzeleinstellung. (Daß Nikodemus zu den Zeichengläubigen gehört, ergibt sich aus 3,2, wo er die göttliche Sendung Jesu erwiesen sieht durch die von Jesus gewirkten Zeichen.)

Daß der Zeichenglaube defizitär ist, macht bereits folgender Zug der Darstellung deutlich: Die Entstehungssituation des Zeichenglaubens ist – gemäß 2,23 – das Wirken Jesu bei einem Passafest in Jerusalem, nicht etwa sein *Leiden und Sterben,* das ja auch bei einem Passafest in Jerusalem stattgefunden hat; der Zeichenglaube ist also zentriert um Jesus als den Wundertäter, nicht um Jesus als den am Kreuz Erhöhten.

Das nach dem Auftakt von 2,23-25 in 3,1 beginnende Nikodemus-Gespräch expliziert die Kritik am Zeichenglauben, indem es ihn mit dem authentischen Glauben konfrontiert, dessen Zentrum der am Kreuz erhöhte Jesus ist. Dabei ist es so, daß die Entfaltung des authentischen Glaubens durch eine fortschreitende Wiederholung und Ausweitung des Themas geschieht, bis hin zu einem »Evangelium en miniature« in den VV.10-21. Der Abschnitt 2,23-3,21 weist also eine eindrucksvolle Geschlossenheit auf und eine straffe Komposition; literarkritische Operationen sind hier nicht nötig (obwohl sie gelegentlich versucht wurden).

Nikodemus gibt sich in 3,2 – das klang bereits an – als Zeichengläubiger im Sinne von 2,23 zu erkennen. Der Vers 3,2 ist eigentümlich in sich geschlossen, was sich in dem beherrschenden *oidamen* (wir wissen) und in der Stilisierung als Aussagesatz (und nicht etwa als Fragesatz) zeigt. Nikodemus gibt sich hier als »Wissender« zu erkennen, und was er »weiß«, ist eine Christologie: Jesus sei ein »von Gott gekommener Lehrer«. Der Geschlossenheit dieses Statements entspricht im folgenden die Geschlossenheit der Aussagen Jesu. Jesus entlarvt in seinen Redebeiträgen den angeblich »wissenden« Nikodemus als Unwissenden und korrigiert seine Christologie.

Der erste Redebeitrag Jesu findet sich in V.3 und handelt von der Wiedergeburt als Einlaßbedingung für das Reich Gottes. Auf das, was Nikodemus inhaltlich gesagt hat, geht Jesus nicht ein. Sein Statement ist selbstreferentiell, es hat als Bezugsrahmen nur sich selber. Diese Vorgehensweise wirkt um so schroffer, als »das Bekenntnis des Nikodemus äußerlich eine Art captatio benevolentiae« darstellt. (J. Becker, Das Evangelium nach Johannes. Kapitel 1–10, 132.)

Es stoßen in V.2 und V.3 »Welten« aufeinander, die nicht miteinander in Einklang zu bringen sind. Das harmonistische Modell, das Nikodemus hat, wird zerstört: Während er davon ausgeht, daß das, was Jesus zu bieten hat, sich mit dem verrechnen läßt, was er (Nikodemus) schon besitzt, entlarvt Jesus eine solche Vorstellung als Irrtum. K. Barth beschreibt in einer Predigt diesen Irrtum des Nikodemus folgendermaßen: »Er hat es so gemeint, wie wir alle es zunächst meinen: daß in der Begegnung mit Jesus noch etwas hinzukommt zu dem, was wir ohnehin sind und haben.« (Predigt über Joh. 2,23–3,21, 8.) Aber es gilt: Es gibt keinen fließenden Übergang vom authentischen Glauben zum Glauben des Nikodemus.

V.4 zeigt das Bemühen des Nikodemus, die Aussage Jesu von V.3 in den eigenen Verstehenskreis hineinzuziehen. Aber gerade dadurch beweist er seine Verschlossenheit der Offenbarung gegenüber. Die diastatische Grundstruktur der Perikope setzt sich damit weiter fort.

In den VV.5–8 folgt Jesu zweiter Redebeitrag. Dieser ist ausführlicher als sein erster; denn das Mißverständnis des Nikodemus (sein kreatürliches Verständnis der geistlichen Wiedergeburt) in V.4 hat die Gedankenbewegung der Perikope tiefer geschraubt. In diesem zweiten Redebeitrag Jesu kommt nun der Geist ins Spiel. Schauen wir uns diesen Abschnitt genauer an:

V.5: Jesus antwortete: »Wahrlich, wahrlich, ich sage dir: Wenn jemand nicht aus Wasser und Geist geboren wird, kann er nicht in das Reich Gottes hineingehen.
V.6: Das aus dem Fleisch Geborene ist Fleisch, und das aus dem Geist Geborene ist Geist.
V.7: Wundere dich nicht, daß ich zu dir sagte: Es ist nötig, daß ihr von oben geboren werdet.
V.8: Der Wind weht, wo er will, und du hörst sein Brausen, aber du weißt nicht, woher er kommt und wohin er geht; so verhält es sich mit jedem, der aus dem Geist geboren ist.«

Auch dieses Statement Jesu ist selbstreferentiell, ein Eingehen auf den Redebeitrag des Nikodemus von V.4 findet nicht statt. Der mißverstehende Unglaube ist nach johanneischer Auffassung nicht durch schrittweise Erklärungen belehrbar, sondern er kann nur durch den Glauben und nachfolgendes Verstehen aufgrund der Geburt von oben ersetzt werden. (Vgl. J. Becker, Das Evangelium nach Johannes. Kapitel 1–10, 137.)

In V.6 werden die beiden Wirklichkeitsbereiche, die in der Nikodemus-Perikope zusammenstoßen, mit »Fleisch« und »Geist« benannt und eindrücklich in ihrer jeweiligen Geschlossenheit dargestellt: sie können sich nur aus sich selbst heraus rekrutieren. Der Hiatus zwischen ihnen wird durch eine antithetische Parallelkonstruktion hervorgehoben:

to gegennēmenon ek tēs sarkos sarx estin,
kai to gegennēmenon ek tou pneumatos pneuma estin.

Und nicht nur in V.6 selbst ist dieser Hiatus festzustellen, sondern im ganzen bisher dargestellten Verlauf des Nikodemus-Gesprächs (und auch im weiteren Verlauf ab V.9; vgl. dazu unten). Die literarische Struktur des Gesprächs mit ihrem diastatischen Grundcharakter und den selbstreferentiellen Redebeiträgen Jesu illustriert also die Aussage von V.6, daß Fleisch und Geist nicht zueinanderfinden können, sondern streng getrennte Bereiche darstellen. »Geist« ist also offenbar dem johanneischen Verständnis gemäß eine Lebensmöglichkeit sui generis, die der Lebensmöglichkeit »Fleisch« diametral entgegengesetzt ist. (»Fleisch« ist bei Johannes – anders als bei Paulus – das Leben des Menschen, insofern es sich in natürlichen, innerweltlichen Zusammenhängen bewegt.) Alle Anfragen und Verstehensversuche, die vom Bereich des Fleisches aus an den Bereich des Geistes gerichtet werden, gehen ins Leere.

Diese Interpretation wird bestätigt durch die Bildrede von V.8. Hier wird ein Bildwort vom Wind, von dem man nicht weiß, woher er kommt und wohin er geht, gebraucht, um einen Vergleich mit dem Geist-Geborenen auszudrücken. Die Sprache dieses Vergleichs ist um so reizvoller, als für »Wind« und »Geist« in diesem Vers dasselbe Wort steht, nämlich *pneuma*.

Die einzigen Stellen im Neuen Testament, an denen *pneuma* im Sinne von »Wind« vorkommt, sind Hebr 1,7 und unsere Stelle, Joh 3,8a. Dabei ist »Wind« die ursprüngliche Bedeutung von *pneuma*, nicht etwa »Geist«. Der griechische Begriff *pneuma* hat also jene Doppelbedeutung, die auch dem hebräischen Begriff *ruach* eignet, nämlich Wind/Geist. – Man hat in der Auslegungsgeschichte freilich gemeint, auch in Joh 3,8a sei *pneuma* mit »Geist« zu übersetzen. (Vgl. z.B. W. Kölling, Pneumatologie, 213ff.) Aber bei dieser Übersetzung käme ein Vergleich gar nicht zustande, und vom Vergleich – eben nämlich zwischen Geist und Wind – lebt ja gerade unser Bildwort. – Durch die Doppelverwendung von *pneuma* in V.8 im Sinne von Wind einerseits und Geist andererseits werden die Konnotationen besonders gut deutlich, die dem neutestamentlichen Geistbegriff eignen: in *pneuma* im Sinne von Geist schwingt eine starke sinnliche Bedeutung mit. »Geist« ist nicht etwas Abstraktes, sondern etwas Dynamisch-Bewegtes. Geist bewirkt etwas, wie der wehende Wind. Im Geist zeigt sich die unverfügbare Schöpfermacht Gottes.

Was will nun die Bildrede von V.8 zum Ausdruck bringen? Offenbar dies: Der Geist-Geborene ist weltimmanenten Verstehensmöglichkeiten entzogen.

Wie ist in V.5 die Wendung »aus Wasser und Geist geboren« zu interpretieren? Besondere Schwierigkeiten sah man in der Auslegungsgeschichte darin, daß hier das Wasser ins Spiel gebracht wird, und man versuchte gelegentlich, es aus dem ursprünglichen Text herauszunehmen. Textkritisch ist das zwar nicht möglich (vgl. R. Schnackenburg, Das Johannesevangelium. I. Teil, 383), aber vielleicht literarkritisch? R. Bultmann jedenfalls scheidet den Hinweis auf das Wasser aus dem ursprünglichen Text aus, er sei ein sakramentalistischer Einschub der kirchlichen Redaktion. (Das Evangelium des Johannes, 98 Anm. 2.) Doch literarkritische Entscheidungen sind oft willkürlich, so auch hier. Bultmanns Vorentscheidung ist die, daß der Johannes-Evangelist Sakramentalismus ablehnt und erst die spätere Redaktion Sakramentalismus ins Evangelium einträgt. Ein zwingender Grund, den Hinweis auf das Wasser aus dem ursprünglichen Text auszuscheiden, liegt also nicht vor; zusammen mit S. Schulz (Das Evangelium nach Johannes, 56) und vielen anderen Auslegern lassen wir ihn stehen.

Wenn man den Hinweis auf das Wasser als sakramentalistisch wertet, ist klar, daß man hier eine Anspielung auf die Taufe sieht; so klar ist das jedoch nicht für alle Ausleger – die Diskussion hierzu ist kontrovers.

(Vgl. W. Rebell, Gemeinde als Gegenwelt, 154f; vgl. auch das Übersichtsreferat von L. Belleville [»Born of Water and Spirit«], wo u.a. dargestellt wird, worauf das Wasser sich beziehen kann, wenn es nicht als Anspielung auf die Taufe genommen wird.)

Doch der weitere Kontext lehrt, daß das Thema Taufe in Joh 3,5 sehr wohl eine Rolle spielen könnte: Die Abschnitte 1,19-34 und 3,22-4,3 bieten Diskussionen über die Taufe.

Die Syntax von V.5 läßt keine Schlüsse darüber zu, wie Wasser (= Taufe) und Geist bei der Wiedergeburt einander zugeordnet sind (die Begriffe sind parataktisch angeordnet). Der Interpretationsspielraum des Exegeten ist dementsprechend groß, man sollte ihn aber nicht zu spekulativen Überlegungen nutzen. Es genügt, zu sagen, daß das Johannesevangelium die Wiedergeburt mit der Taufe in Zusammenhang bringt, aber keineswegs ohne Geist geschehen läßt. (Auch gemäß Ez 36,25-27 werden im übrigen für die Erneuerung des Menschen Wasser [zur rituellen Besprengung] und Geist als notwendig angesehen.)

Der Geist wird nach johanneischer Auffassung bei der Neugeburt als das wichtigere der beiden Elemente angesehen, ist doch in den VV.6.8 nur noch der *Geist* genannt, nicht mehr das Taufwasser. Ferner macht V.8 die Unverfügbarkeit des Geistes deutlich, der sich also nach johanneischer Auffassung niemals in das Taufwasser hineinzwingen läßt. Einem rein instrumentalen Gebrauch der Wassertaufe zur Wiedergeburt ist damit gewehrt. Allerdings ist hiermit eine Abwertung der Taufe nicht vorgenommen, ihre positive Erwähnung in Joh 3,22-4,3 belehrt uns eines Besseren. Aber für die johanneische Gemeinde war offenbar nicht die Taufe als solche der entscheidende Eintritt in den Bereich des Glaubens, sondern die göttliche Geburt durch den Geist. Und die Taufe diente wohl dazu, diesen Akt zu symbolisieren.

Eine Meinung zu Joh 3,5, die von der hier vorgetragenen abweicht, vertritt M. Barth (Die Taufe, 434-453) und ihm folgend K. Barth (Die Kirchliche Dogmatik IV/4, 131ff). Das *kai* zwischen »Wasser« und »Geist« wird von Barth und Barth epexegetisch verstanden, im Sinne eines »und zwar«. Das führt zu der Auslegung: »Gezeugt aus Wasser, und zwar aus Geist.« Das Gefälle des Textes sei so, daß der Geist aufgefaßt sei als das rechte Wasser. – Jedes sakramentalistische Verständnis der Wiedergeburt ist bei dieser Auslegung abgewehrt, aber um welchen Preis? Um den Preis einer Verkünstelung des Textes.

Wie geht das Nikodemus-Gespräch nach dem Redebeitrag Jesu in den VV.5-8 weiter? Nach der Frage des Nikodemus in V.9 »Wie kann das geschehen?« folgt der dritte und letzte Redebeitrag Jesu. Er ist der längste (VV.10-21) und bietet eine umfassende Explikation des Glaubens, ein »Evangelium en miniature«. Aufgezeigt wird in diesem kerygmatisch gesättigten Abschnitt »die lange erwartete Begründung für das Wunder der Wiedergeburt aus Wasser und Geist: es ist die Herabkunft des Menschensohnes und seine Erhöhung ans Kreuz, die zugleich seine Erhöhung in die himmlische Herrlichkeit ist.« (S. Schulz, Das Evangelium nach Johannes, 57.) Damit werden der Geist und sein Wirken an eine objektive Basis gebunden, die der eschatologischen Heilstat Gottes in Jesus Christus. Ein ungebundener Enthusiasmus ist damit nicht möglich; würde das Nikodemus-Gespräch mit V.8 enden, könnten der Geist und sein Wirken den Glaubenden in der Tat in diese Richtung führen.

Der Redebeitrag Jesu in den VV.10-21 ist wiederum ein in sich geschlossener Verstehenskreis, der sich nur innerhalb seiner selbst expliziert und als evident erweist. Das *martyroumen* (wir bezeugen) in V.11 macht deutlich, daß das Wissen der Glaubenden nicht einsichtig dargestellt, sondern nur zeugnishaft vermittelt werden kann.

Im dritten Redebeitrag Jesu wird der Zeichenglaube von 2,23 und 3,2 endgültig als unzureichend bloßgestellt: ihm fehlt das Kreuz. Dem Glauben aufgrund von Zeichen wird als eigentliches Zeichen das Kreuz gegenübergestellt; nicht diejenigen Zeichen, die Jesus wirkt, sind letztlich entscheidend; maßgeblich ist dasjenige, das er als am Kreuz Erhöhter selber darstellt.

Zur Wieder- oder Neugeburt: Wir haben weiter oben gesagt, »Geist« sei bei Johannes eine Lebensmöglichkeit sui generis, streng geschieden von der Lebensmöglichkeit »Fleisch«. Zugang zu dieser Lebensmöglichkeit kann es nur durch eine neue Geburt geben, durch eine Geburt, die der Geist selber bewirkt. Man hat in diesem Zusammenhang vom »Mutteramt« des heiligen Geistes gesprochen. (Vgl. J. Moltmann, Die Gemeinschaft des heiligen Geistes, 710f.) Menschen werden durch den Geist in den Pneuma-Bereich hineingeboren, in einen völlig neuen Seinszusammenhang. Drückt doch die Wiedergeburtsvorstellung *Diskontinuität* aus: Gegenüber dem alten Lebenszusammenhang muß einem ein neuer evident werden, der ein in sich geschlossener Verstehenskreis ist, in dem alle Elemente strukturell aufeinander bezogen sind.

Die Geschiedenheit des pneumatischen Lebensbereichs vom sarkischen wird in der Nikodemus-Perikope durch die diastatische literarische Struktur eindrucksvoll illustriert. Die Textwelt mit ihren semiotischen Strukturen bildet also die Lebenswirklichkeit ab, richtiger: sie *ist* die Lebenswirklichkeit (in ihrem diastatischen Charakter) – sind doch bestimmte Texte »Weltentwürfe«. (Man kann sozusagen »in Texten« leben, beispielsweise in modernen Kultbüchern wie Romanen von M. Ende, aber eben auch in religiösen Texten. Die entsprechenden Texte strukturieren dann mit ihrem semiotischen Potential das Welt- und Selbsterleben des betreffenden Menschen.)

Das Leben, in das der Geist-Geborene hineingelangt, kann mit R. Bultmann als »Eigentlichkeit« bezeichnet werden: Durch *pneuma* ist »das Wunder einer Seinsweise bezeichnet, in der der Mensch in seiner Eigentlichkeit ist, sich versteht und sich nicht mehr von der Nichtigkeit bedrängt weiß.« (Das Evangelium des Johannes, 100.)

Allgemeine Überlegungen

Verallgemeinern und erweitern wir unsere Überlegungen nun ein wenig. – In den Reden und Dialogen Jesu im vierten Evangelium fällt auf, daß der Gedankenverlauf nicht logisch ausgefeilt ist, sondern mühsam und langatmig. Dieser Gedankenverlauf bringt verschiedene Aspekte eines Themas, dem er sich kreisend nähert, zum Aufleuchten, läßt aber auch vieles ungesagt oder deutet es bloß an. Man könnte hier von einer »Akkuratesse im Approximativen« sprechen, gemäß S. Kracauer, der geschrieben hat: »Akkuratesse im Approximativen vermag statische Elaborate an Präzision zu übertreffen.« (Geschichte, 242.)

Stets aufs neue wird im johanneischen Redestoff der Leser genau dann alleine gelassen, wenn er meint, daß eine präzise Erklärung dringend not tut. Sehr schön ist diese Auffälligkeit der johanneischen Gedankenführung von R. Guardini erkannt worden, der hierzu schreibt: »Bei Johannes . . . wird der Lesende immer wieder – fast möchte man sagen, grundsätzlich – aufgehalten. Er kommt aus dem einen Satz nicht einfachhin in den anderen hinüber. Er wundert sich, wieso gerade dieses an dieser Stelle gesagt werde. Der Gedanke scheint mit dem voraufgehenden und folgenden nicht richtig zusammenzuhängen.« (Jesus Christus, 106.)

Und dennoch, trotz der Schwierigkeiten, die die Lektüre bereitet, fühlt sich der Leser vom Johannesevangelium merkwürdig angezogen, was nicht zuletzt mit der »Akkuratesse im Approximativen« zusammenhängt, die diese Schrift eigentümlich suggestiv macht.

Die suggestive Kraft des Johannesevangeliums läßt sich anhand seiner Wirkungsgeschichte leicht verifizieren. Hier einige diesbezügliche

4. Geist und literarische Struktur im Johannesevangelium

Äußerungen: J.G. Herder, Von Gottes Sohn, 222: »Unternähme es jemand, das Evangelium Johannes ... als ein ... Gemählde darzustellen[,] vielleicht würde man sagen: die Hand eines Engels hat es gemahlet.« M. Luther, Die Deutsche Bibel. 6. Band, 10: »... ist Johannis Euangelion das eynige zartte recht hewbt Euangelion vnd den andern dreyen weyt weyt fur zu zihen vnd hoher zu heben.« H. Zwingli, Amica Exegesis, 564: »Tolle ... Ioannis euangelion – solem mundo abstulisti.« (»Nimm das Johannesevangelium fort, und du hast der Welt die Sonne genommen.«) Vgl. auch E. Käsemann, Jesu letzter Wille, 153f: »Kaum eine andere Schrift des Neuen Testamentes hat gleichmäßig in der Kirche und außerhalb von ihr durch alle Jahrhunderte so viel Faszination ausgestrahlt wie das 4. Evangelium.«

Und nun noch ein Statement, bei dem mit Händen zu greifen ist, daß es genau die johanneische »Akkuratesse im Approximativen« ist, die den Rezipienten in ihren Bann zieht: »So etwas Schwermütiges und Hohes und Ahndungsvolles, daß mans nicht satt werden kann ... Ich verstehe lang nicht alles was ich lese, aber oft ists doch, als schwebt' es fern vor mir, was Johannes meinte, und auch da, wo ich in einen ganz dunklen Ort hinein sehe, hab ich doch eine Vorempfindung von einem großen herrlichen Sinn den ich 'nmal verstehen werde.« (M. Claudius, in: J. Hemleben, Johannes der Evangelist, 148.)

Charakteristisch für das Johannesevangelium ist, daß es sich einem rein rationalen Zugang verschließt. Diese Schrift setzt bei ihren Lesern vielschichtige innere Prozesse in Gang, Prozesse, die nur zu einem Teil das Bewußtsein betreffen, zu einem anderen – größeren – Teil das *Unbewußte*. Ja, es ist bezeichnend für die johanneische Textwelt, daß sie in einem großen Maße Erneuerungsprozesse *im Unbewußten* auslöst. Und gerade dadurch entfaltet das Johannesevangelium seine psychagogische Kraft, daß es nicht durch und durch logisch aufgebaut ist. Gerade eine Textwelt, die das *nicht* ist, kann Tiefendimensionen in sich bergen, die den Rezipienten mit unwiderstehlicher Macht verstricken.

Eine Schrift, die den Anspruch erhebt, konsequent logisch durchgestaltet zu sein, ist L. Wittgensteins Tractatus logico-philosophicus. Schon der Aufbau macht diesen Anspruch deutlich: der Tractatus ist in jeweils ganz kurze Paragraphen und Unterparagraphen mit knappen, prägnanten Formulierungen eingeteilt und verzichtet auf jedes schriftstellerische Beiwerk wie z.B. Überleitungen von einem Gedanken zum anderen. Im Vorwort schreibt Wittgenstein: »Was sich überhaupt sagen läßt, läßt sich klar sagen.« (9; vgl. § 4.116.) Wohl kaum eine andere Schrift in der Philosophiegeschichte ist nach derart rationalen Gesichtspunkten aufgebaut, um nicht zu sagen konstruiert, wie der Tractatus. – Bezeichnenderweise weist Wittgenstein im Tractatus selbst darauf hin, wie de-

Allgemeine Überlegungen 57

fizitär dieser Entwurf letztlich ist. Zum einen gesteht Wittgenstein zu, daß es »Unaussprechliches« gibt: »Dies *zeigt* sich, es ist das Mystische.« (§ 6.522.) Zum anderen schreibt er: »Meine Sätze erläutern dadurch, daß sie der, welcher mich versteht, am Ende als unsinnig erkennt, wenn er durch sie – auf ihnen – über sie hinausgestiegen ist.« (§ 6.54.) Wie immer dieser Satz zu verstehen sein mag, aus ihm ist die Sehnsucht herauszulesen, den eigenen Entwurf zu transzendieren.

Wer sich auf das Johannesevangelium einläßt, braucht – anders als bei der Lektüre des Tractatus – nicht nur seinen Verstand (den freilich auch!), sondern zusätzlich die Bereitschaft, durch den Text an sich handeln zu lassen, durch den Text dramatische innere Prozesse auslösen zu lassen, Veränderungsprozesse. Verstehen und sich verändern fallen in eins.

Wenn es stimmt, daß das Johannesevangelium nicht auf rein kognitive Verständlichkeit hin angelegt ist, besteht ein Risiko: der Leser könnte sich am Text reiben und sich abwenden. Dieses »Scheitern am Text« geschieht immer wieder. So schreibt Y. Spiegel zu Joh 5,24–29: »Für mich ist dieser Text ein sehr fremder, widerständiger, widerlicher Text; er ruft massive, fast körperliche Abwehrreaktionen in mir hervor. Er ist belastet und belastend, durch mancherlei: Das ist schon meine Abneigung gegen das Johannes-Evangelium überhaupt, ... dieses monomane Abspulen von Formeln, ... wichtigtuerisches Gesums von Leerformeln ... Johannes, der mit seiner sanften, dahinfließenden Sprache doch ein autoritärer Klerikaler ist, der einem hintenrum eins auswischt.« (Gedenktag der Entschlafenen, 202.)

Insbesondere die johanneischen Reden und Dialoge sind es, die allen Wünschen an einen Text nach Logik und Verständlichkeit stracks zuwiderlaufen. Sie stecken voller Wiederholungen, ihr Gedankenfortschritt ist mühsam, ihr Informationsgehalt gering. Läßt sich der Leser jedoch auf ihre kreisförmige Bewegung ein, gibt er seinen vermeintlich sicheren Standpunkt auf, erweist sich die johanneische Denkbewegung als didaktische Spirale, die überraschende Einsichten eröffnen und dramatische innere Prozesse auslösen kann. Das Johannesevangelium zieht den Leser in eine neue Lebenswelt hinein, es erschließt neue, qualitativ andere Möglichkeiten des Seins. Freilich übt es auch eine *destruktive* Wirkung aus: es zerschlägt bisherige Sinnentwürfe, es zerstört die Logik der »Welt«. Insofern hat Y. Spiegel durchaus recht, wenn er den Evangelisten als autoritär empfindet: Dieser geht keine Kompromisse ein, er will Licht und Finsternis streng geschieden wissen, das neue Leben darf nicht durchsetzt sein vom alten.

4. Geist und literarische Struktur im Johannesevangelium

An dieser Stelle müssen wir kurz innehalten und – um den nächsten Gedankengang vorzubereiten – einen Blick auf Joh 6,63 werfen. Jesus sagt hier:

Der Geist ist es, der lebendig macht, das Fleisch nützt nichts. Die Worte, die ich zu euch geredet habe, sind Geist und sind Leben.

Auf eine vollständige Auslegung dieses Wortes kommt es uns hier nicht an; nur ein bestimmter Aspekt von V.63b soll uns interessieren, daß hier nämlich ein Anspruch des Evangelisten verschlüsselt ist.

Das Johannesevangelium besteht zu einem großen Teil aus Reden Jesu. In diesen Reden bietet der Evangelist nicht weniger an als Geist und Leben – nämlich Worte Jesu, die so zu charakterisieren sind (die Worte Jesu sind ja nach V.63b eben dies: Geist und Leben). Aufgebaut wird mit den Worten Jesu bei Johannes – nicht bei den Synoptikern – eine wirkliche *Textwelt*. Durch das Medium der semiotischen Strukturen einer Textwelt wird also der Rezipient des Johannesevangeliums von den Worten Jesu, die Geist und Leben sind, erreicht. Damit ist diese Textwelt *selbst* Träger von Geist und Leben, sie ist eine Welt des Geistes und des Lebens.

Wir müssen den Evangelisten sehr ernst nehmen, wenn er in 6,63b den Anspruch anmeldet, daß die Textwelt, die er aufbaut, Geist und Leben ist. Daß der Evangelist hier nicht übertreibt, zeigt die Wirkungsweise des Johannes-Textes: Er bringt Menschen dazu, sichere Ausgangspunkte zu verlassen (angezogen von einer eigentümlich suggestiven Kraft) und einzuschwingen in eine Bewegung, deren Charakter und Verlauf man vorerst noch gar nicht übersieht. Und genau das bei Menschen auszulösen ist charakteristisch für den Geist! K. Berger schreibt: »Wenn wir ... um den heiligen Geist bitten, dann sind wir bereit, uns auf eine abenteuerliche und riskante Freundschaft einzulassen.« (Wie ein Vogel ist das Wort, 94.) Durch den Geist wird der Mensch davon entmächtigt, Herr über sich selber zu sein. Und genau in diese Position manövriert der Johannes-Text seine Rezipienten – der Text ist gewissermaßen »semiotisch codierter Geist« und beweist dies durch die Wirkungen, die er zeitigt. Und »Leben« ist der Text auch, denn nur Leben kann Leben erzeugen. Der Rezipient, der sich auf den Johannes-Text einläßt, wird hingeführt zu einem neuen, faszinierend erweiterten Leben.

Die Samariterin-Perikope (Joh 4,1–42)

Der zuletzt vorgetragene Gedankengang über die Wirkungsweise des Johannes-Textes war sehr thetisch und nicht exegetisch abgesichert. Diese exegetische Absicherung soll nunmehr nachgereicht werden, und zwar exemplarisch anhand von Joh 4,1–42 (Samariterin-Perikope).

Joh 4,1–42 stellt sich als ein Gefüge von »Kräften« dar, hier läuft – für den empfindsamen Leser ohne weiteres spürbar – ein verwickeltes Geschehen ab, in dem er, der Leser, nicht unbeteiligt bleiben soll. Dabei wäre es noch zu wenig gesagt, wollte man in diesem Zusammenhang auf die Identifikation des Lesers mit im Text vorkommenden Personen und Personengruppen hinweisen. Der Text funktioniert im Zusammenspiel seiner Elemente in sehr viel subtilerer Weise, Identifikationsmöglichkeiten bietend und wieder entziehend, lockend und blockierend, folgerichtig weiterschreitend und verblüffend. H. Boers hat daher recht, wenn er die Perikope einen »kultischen Mythos« nennt, ein narratives Symbol, das beim Leser eine bestimmte Erfahrung von Realität erzeugen soll. (Discourse Structure, 179.174.)

Zu Beginn des Gesprächs zwischen Jesus und der Samariterin baut sich beim Leser – offenbar durch den Text gewollt – ein Gefühl der Überlegenheit gegenüber der Frau auf. Ihre unverständigen Antworten (VV.11f.15) sind nicht die seinen, er weiß um die Bedeutung von Jesus, in der irrealen Satzkonstruktion »Wenn du die Gabe Gottes kennen würdest..., hättest du ihn (Jesus) gebeten, und er hätte dir lebendiges Wasser gegeben« (V.10) bräuchte Jesus zu ihm nicht zu sprechen. Aber die Überlegenheit des Lesers steht auf tönernen Füßen. In den VV.16–18 scheint er seine Überlegenheit zwar noch steigern zu können, denn derart moralisch verwerflich wie die Samariterin lebt er ja wohl nicht; in subtiler Weise wird jedoch gerade hier das Überlegenheitsgefühl des Lesers ausgehöhlt; noch meinend, es gehe um die Krise der Frau, befindet sich der Leser bereits in seiner eigenen Krise. Durch das, was an der Frau geschieht, wird nicht nur sein Überlegenheitsgefühl vergrößert, sondern auch zugleich die menschliche Sehnsucht angerührt, daß das Leben heil, erneuert, wahr werden möge. Wie die Frau hat es auch der Leser nötig, daß ihm jemand sein Leben zutiefst offenbar macht und ihn dabei nicht verwirft, sondern annimmt; und dieser Jemand kann nur der sein, in dem »Gnade und Wahrheit« ist (vgl. Joh 1,14). Behaftet bei dem Wunsch nach einer derartigen Erneuerung des Lebens, schwindet das Überlegenheitsgefühl, und der Leser muß sich fragen lassen, ob er das liebende Erkanntwerden durch Jesus, das die Frau am Ende der Perikope noch einmal bezeugt (V.39), kennt, oder ob das Geschehen in den VV.16-18 Defizite in seinem Glaubensleben aufdeckt.

Im weiteren Gesprächsverlauf (VV.19-26) sind folglich die Positionen anders verteilt. Der Leser ist nicht mehr der Samariterin überlegen, eher ist sie – welcher die wahre Anbetung Gottes offenbart wird – *ihm* überlegen. Die Anfrage trifft den Leser, ob er – wahr geworden in der Begegnung mit Jesus – am wahren Gottesdienst teilnimmt. Gewissermaßen als Prüfstein dafür wird ihm in V.26 die Selbstoffenbarung Jesu vorgelegt. Nicht mehr die Samariterin hat hier zu antworten – sie hat ihren Platz für den Leser geräumt; er ist es, der auf die Selbstoffenbarung Jesu mit sich selbst preisgebendem Glauben zu reagieren hat.

Der Übergang von V.26 zu V.27 ist ein bemerkenswertes Beispiel für das dramaturgische Gestaltungsvermögen des Evangelisten. Auf dem Höhepunkt bricht das Gespräch ab, eine Antwort der Frau auf die Selbstoffenbarung Jesu wird nicht berichtet. Als retardierendes Element wird die Rückkehr der Jünger eingeschoben (sie kommen vom Einkauf zurück), und erst in den VV.28-30 wird wieder von der Frau gesprochen. Wir haben damit beim Übergang von V.26 zu V.27 einen jener typischen Fälle vorliegen, wo der johanneische Gedankengang stockt, und der Grund, *warum* er stockt, ist der: Der Leser soll in das Geschehen verwickelt werden, er soll die Stelle der ausgeblendeten Frau einnehmen.

Ihren besonderen Reiz hat die Perikope Joh 4,1-42 darin, daß sie *narrative* christologische Verkündigung bietet und nicht diskursive. Die Perikope baut eine faszinierende Bilderwelt auf (mit den Elementen Brunnen, durstiger Wanderer, lebendiges Wasser usw.). Diese Bilderwelt mit ihren sinnträchtigen Symbolen richtet sich stark an das Unbewußte; umgekehrt würde sich eine diskursive theologische Erörterung stärker an das Bewußtsein wenden.

Vieles in Joh 4,1-42 bleibt ungesagt, bleibt in der Schwebe, die Perikope hat – vgl. oben – »Akkuratesse im Approximativen«, sie nähert sich ihren theologischen Aussagen nur bis zu einem bestimmten Punkt. So wird z.B. nicht gesagt, was mit dem Symbol »lebendiges Wasser« eigentlich gemeint ist. Ist es der Geist? Gerade durch ihren etwas unbestimmten, schwebenden Charakter übt die Perikope Joh 4,1-42 eine Sogwirkung aus. Der Leser versteht zunächst die Begebenheit nur halb, erahnt aber ihren tiefen Sinn und ist von dem berichteten Geschehen eigentümlich angezogen. Er kommt von der Perikope nicht los, und zwar vor allem deshalb nicht, weil sie nicht nur seinen Verstand gebunden hält, sondern auch die projektive Tätigkeit seines Unbewußten anregt.

Allmählich gewinnt der Leser Klarheit; das semiotische System dieser Perikope arbeitet in ihm und drängt ihn in eine bestimmte Richtung. Und der Leser begreift plötzlich – geahnt hatte er es bereits –, daß es keineswegs nur darum geht, die Perikope zu »verstehen«. Nein, in ihm, im Leser, muß sich etwas *verändern,* und erst dann hat er *verstanden –* die Perikope will *Erneuerungsprozesse auslösen,* will zu einem neuen, entschränkten Leben hinführen.

Man könnte diese rasch hingeworfene exegetische Skizze weiter absichern, und man könnte auch anderswo im johanneischen Redestoff solche Bewegungen des Textes ausmachen, die den Leser einfangen und mitnehmen wollen. Aber lassen wir es hiermit bewenden. Der Anspruch des Evangelisten, mit seinem Werk ein semiotisches System geschaffen zu haben, das Geist und Leben ist und den Leser in eine neue Art von Wirklichkeit einweist, dürfte voll und ganz berechtigt sein. Es ist dem Evangelisten in einmaliger Weise gelungen, Geist in literarischen Strukturen zu codieren. Nicht zu Unrecht nennt man sein Evangelium das *geistliche* (pneumatische) Evangelium.

5. Die johanneische Paraklet-Pneumatologie

Wir verbleiben noch eine Weile im Johannesevangelium und fragen nun nach der johanneischen *Paraklet-Pneumatologie*. In den johanneischen Abschiedsreden (Joh 13,31–16,33) findet sich eine Gruppe von Geist-Aussagen, in denen dem Geist der Titel »Paraklet« gegeben wird; man spricht daher von einer »Paraklet-Pneumatologie«. Das Wort *paraklētos* ist ein passives Verbaladjektiv zu *parakalein* (herbeirufen, mahnen, trösten) und wird gewöhnlich mit »Helfer, Fürsprecher« oder auch »Beistand, Anwalt« übersetzt, wobei allerdings keine der möglichen Übersetzungen – was die johanneische Verwendung von *paraklētos* angeht – voll befriedigt. Wir werden auf diese Problematik noch im einzelnen eingehen. Hier zunächst ein Überblick über die Texte (der Begriff *paraklētos* wird nicht übersetzt):

1. Paraklet-Spruch: Joh 14,16f
V.16: Und ich werde den Vater bitten, und er wird euch einen anderen Parakleten geben, damit er in Ewigkeit bei euch sei,
V.17: den Geist der Wahrheit, den die Welt nicht empfangen kann, weil sie ihn nicht sieht und nicht erkennt. Ihr erkennt ihn, weil er bei euch bleibt und in euch sein wird.

2. Paraklet-Spruch: Joh 14,26
Aber der Paraklet, der heilige Geist, den der Vater in meinem Namen senden wird, der wird euch alles lehren und euch an alles erinnern, was ich euch gesagt habe.

3. Paraklet-Spruch: Joh 15,26
Wenn der Paraklet kommt, den ich euch senden werde vom Vater, der Geist der Wahrheit, der vom Vater ausgeht, der wird über mich Zeugnis ablegen.

4. Paraklet-Spruch: Joh 16,7–11
V. 7: Aber ich sage euch die Wahrheit: Es ist gut für euch, daß ich weggehe. Denn wenn ich nicht weggehe, wird der Paraklet nicht zu euch kommen; wenn ich aber gehe, werde ich ihn zu euch senden.
V. 8: Und wenn er kommt, wird er die Welt bezüglich Sünde überführen und bezüglich Gerechtigkeit und bezüglich Gericht.
V. 9: Bezüglich Sünde, weil sie nicht an mich glauben.
V.10: Bezüglich Gerechtigkeit, weil ich zum Vater gehe und ihr mich nicht mehr seht.
V.11: Bezüglich Gericht, weil der Herrscher dieser Welt gerichtet ist.

5. Paraklet-Spruch: Joh 16,13–15
V.13: Wenn aber jener kommt, der Geist der Wahrheit, wird er euch in die ganze Wahrheit führen. Denn er wird nicht aus sich selbst reden, sondern al-

les, was er hören wird, wird er reden, und er wird euch das Kommende verkündigen.
V.14: Er wird mich verherrlichen, weil er aus dem Meinigen nehmen wird und euch verkündigen wird.
V.15: Alles, was der Vater hat, ist mein; deswegen habe ich gesagt, daß er aus dem Meinigen nimmt und euch verkündigen wird.

In der Forschungsgeschichte ist des öfteren die Meinung vertreten worden (so z.B. von H. Windisch, Parakletsprüche), diese fünf Sprüche hätten schon vor der Abfassung des Johannesevangeliums existiert und seien vom Evangelisten in den Kontext eingebaut worden (wenngleich interpretiert und damit abgeändert): »Man kann sie aus dem Zusammenhang herausnehmen, ohne daß eine Lücke entsteht, ja durch die Herausnahme wird der Zusammenhang sogar verbessert.« (Ebd., 111.) Diese literarkritische Lösung hat sich jedoch nicht durchgesetzt. R. Schnackenburg z.B. meint: »Gegenüber der verbreiteten Auffassung, daß diese Sprüche wie fertige, zugeschliffene Steine in das Gefüge der Abschiedsreden eingelassen wurden, sei hier . . . festgestellt, daß sie je an ihrer Stelle eine besondere, nicht austauschbare Funktion ausüben.« (Das Johannesevangelium. III. Teil, 84; vgl. 163.) Die Meinung, die Sprüche seien im Kontext Fremdkörper, und die Meinung, sie seien mit dem Kontext verknüpft, stehen einander diametral gegenüber. Man kann deshalb zu solch unterschiedlichen Auffassungen gelangen, weil es in das Belieben des Exegeten gestellt ist, was er als eine Verknüpfung ansieht und was nicht. Angesichts dieser Interpretationsoffenheit muß folgende Regel gelten: Mit der Literarkritik ist äußerst sparsam umzugehen; sie kann nur Ultima ratio sein.

In der Methodendiskussion der Exegese ist die Literarkritik ins Kreuzfeuer der Kritik geraten. Dieses Instrumentarium entwickelt eine Art von Selbstmächtigkeit, wie etwa die Arbeiten von W. Schmithals zeigen. Biblische Texte werden zerstückelt, gemäß unserer Logik in einzelne Teile auseinanderdividiert. Aber man sollte stärker von der Kohärenz der Texte ausgehen, sie auf der synchronischen Ebene auslegen. Der Text ist vielleicht sinnvoll, wie er da steht, und hat seine eigene Logik. Die Einzelelemente eines biblischen Textes sind strukturell aufeinander bezogen. Sogenannte Brüche im Text können sich als semantische Signale erweisen, die uns tiefer in den Text und seine Sinnstruktur hineinziehen wollen. Und solange sich ein Text gerade noch als kohärent begreifen läßt, muß er so begriffen werden. Speziell im Johannesevangelium kann überzogene Literarkritik verheerende Folgen haben: Die vom Verfasser intendierte »Akkuratesse im Approximativen« (vgl. dazu oben) würde dadurch hoffnungslos zerstört.

Es ist also nicht nötig und sogar gefährlich, sich dem Paraklet-Problem literarkritisch zu nähern. Wohl könnte man – zusammen mit R. Schnakkenburg – von einer Paraklet-*Tradition* sprechen, »die der Evangelist (und seine Schule) vorfand und zu Worten über den Parakleten artikulierte.« (Das Johannesevangelium. III. Teil, 84.)

Ein weiteres Problem der johanneischen Paraklet-Pneumatologie ist die Frage, wovon sich die Paraklet-Gestalt religionsgeschichtlich ableiten läßt. (Diese Frage taucht unabhängig davon auf, ob man sich den Paraklet-Sprüchen literarkritisch nähert oder lieber von einer Paraklet-*Tradition* spricht.) Man hat in der Forschungsgeschichte hierzu die verschiedensten Lösungsmöglichkeiten angeboten; hier ein Überblick über die wichtigsten: Es wurde die Gnosis ins Spiel gebracht, vor allem von R. Bultmann (Das Evangelium des Johannes, 437–440). Die Gnosis kennt zahlreiche Helfer-Gestalten, die den Menschen auf ihrem Erkenntnisweg beistehen, und dieser Vorstellungskreis stehe im Hintergrund der johanneischen Paraklet-Vorstellung. Andere Forscher nennen die alttestamentlich-jüdische Fürsprecher-Vorstellung. (Vor allem S. Mowinckel, Vorstellungen; N. Johansson, Parakletoi.) Die alttestamentlich-jüdische Fürsprecher-Vorstellung ist vielgestaltig, so treten Gottesmänner und Propheten als Fürbitter auf, Engel erscheinen als Fürsprecher, ferner einzelne hervorragende Menschen; auch der Geist übernimmt die Funktion des Fürsprechers. – In Zusammenhang mit der Menschensohn-Thematik stellt S. Schulz die johanneische Paraklet-Vorstellung. (Untersuchungen, 153f; Das Evangelium nach Johannes, 188f.) Von O. Betz schließlich wurden die Qumran-Schriften in die Debatte eingebracht. (Der Paraklet.)

Gerade das Buch von Betz ist ein gutes Beispiel für das – man darf schon fast sagen »tragische« – Scheitern der religionsgeschichtlichen Ableitungsversuche. Das Buch ist aus einer umfassenden Kenntnis der Materie heraus geschrieben, zeugt von einer immensen Gelehrsamkeit, versteigt sich aber letztlich zu einer unhaltbaren Hypothese (der Erzengel Michael stehe im Hintergrund der johanneischen Paraklet-Gestalt). Diese Hypothese hat zu Recht keine Zustimmung gefunden. (Vgl. etwa die Ablehnung bei U.B. Müller, Parakletenvorstellung, 32ff).

Die religionsgeschichtlichen Ableitungsversuche der johanneischen Paraklet-Gestalt sind alle sehr wacklige Theoriegebäude. Man kann zwar mit Sicherheit sagen, *daß* auf die johanneische Paraklet-Vorstellung religionsgeschichtliche Einflüsse eingewirkt haben (zeigt doch das johanneische Denken auch sonst viele Abhängigkeiten von seiner religiösen Umwelt), aber *welche* Einflüsse es waren, läßt sich nicht mehr bestimmen. Wahrscheinlich waren es mehrere verschiedene, und der Evangelist hat sie so amalgamiert und umgeprägt, daß sie im nachhinein nicht mehr voneinander zu trennen und zu identifizieren sind.

Eine einlinige religionsgeschichtliche Ableitung der johanneischen Paraklet-Gestalt wird in der Forschung immer mehr abgelehnt. Vgl. z.B. E. Franck, dessen Absicht bei der Untersuchung des Parakleten ist, »to avoid a one-sided approach which is dominant in much previous research, i.e., the location of the Paraclete's background in *one* specific area from which its function and meaning is determined.« (Revelation Taught, 4.) Vgl. auch S. Schulz, Das Evangelium nach Johannes, 189; G. Klein, Paraklet, 102.

Die genaue Kenntnis des religionsgeschichtlichen Hintergrunds ist für die Auslegung der Paraklet-Sprüche im übrigen nicht so wichtig, wie man vielleicht meinen könnte. Gewiß, wenn wir wüßten, wo die johanneische Paraklet-Gestalt ursprünglich angesiedelt war und welche Bedeutung sie dort hatte, wären wir einen Schritt weiter. Aber wir könnten von jenen religionsgeschichtlichen Vorstellungskreisen aus keine geraden Linien in die johanneische Gedankenwelt ausziehen! Johannes hat den Parakleten ganz in den Dienst seiner eigenen Aussageabsichten gestellt, und *diese Aussageabsichten* gilt es herauszuarbeiten – die Kenntnis des religionsgeschichtlichen Hintergrunds wäre dabei nur eine marginale Hilfe. Man könnte zugespitzt – in Anlehnung an E. Franck (Revelation Taught, 4) – so formulieren: Herauszuarbeiten ist, was der Paraklet *tut*, d.h., seine *Funktion* (im Gefüge der johanneischen Theologie), nicht seine *Herkunft* ist von entscheidender Bedeutung.

Der Funktion des johanneischen Parakleten nähern wir uns, wenn wir den Makrokontext beachten, in dem er erscheint, nämlich die johanneischen Abschiedsreden (Joh 13,31–16,33). Gattungsmäßig gehören die johanneischen Abschiedsreden zum Genre des literarischen Testaments, das in der Umwelt des Urchristentums weit verbreitet war. Dieses Genre ist greifbar in der hellenistisch-römischen Antike, mehr Bedeutung hat es allerdings im alttestamentlich-jüdischen Traditionsbereich erlangt (vgl. z.B. Dtn 31–34; 1Makk 2,49–70; AssMos; 4Esr 14).

Es geht im literarischen Testament um die letzten Worte Sterbender, die für die Zurückbleibenden naturgemäß sehr wichtig sind. Im literarischen Testament werden solche Äußerungen durch eine Reihe von Stilmitteln zu großen, bedeutungsvollen Reden ausgebaut. So kann z.B. die Abschiedsrede des Sterbenden während einer letzten Mahlzeit stattfinden, die die Lebensgemeinschaft abbildet oder auch kultischen Sinn hat; die letzten Worte des Sterbenden bekommen dadurch einen besonders würdevollen Charakter. Fast immer zielt ein literarisches Testament auf das Wohlergehen der zurückbleibenden Gemeinschaft. Die Zuhörer werden durch Gebete, Segenshandlungen und Paränesen des Sterbenden ausgerüstet, Zukunftsperspektiven zu erkennen, die für die Prosperität der Gemeinschaft von Bedeutung sind. Sie werden verpflichtet, sich so zu verhalten, daß das, was der Sterbende in seinen Lebzeiten zum Wohle der Gemeinschaft getan hat, nicht umsonst war, sondern sich auszahlt für die Zukunft.

In den johanneischen Abschiedsreden wird die johanneische Gemeinde vom Evangelisten eingewiesen in die heilsgeschichtliche Situation nach dem Tode Jesu. Wenn nun bei Johannes der Geist nur in den Abschiedsreden »Paraklet« genannt wird, liegt es nahe, zu vermuten, daß diese Bezeichnung etwas mit der in den Abschiedsreden vorausgesetzten Situation zu tun hat. In der Tat: Durch den Titel »Paraklet« wird der Geist ein Stück weit personalisiert und dadurch zu einer Nachfolger-Gestalt Jesu gemacht, und genau eine Nachfolger-Gestalt des Scheidenden ergibt in den Abschiedsreden einen guten Sinn – durch den Nachfolger wird das Werk des Abschiednehmenden fortgesetzt, wird für Kontinuität gesorgt. In der heilsgeschichtlichen Situation nach dem Tode Jesu übernimmt sozusagen der Paraklet Aufgaben Jesu – in der Tat sind gewisse Aufgaben Jesu und gewisse Aufgaben des Parakleten im vierten Evangelium dieselben, hier einige Beispiele: Der Paraklet lehrt (14,26) / Jesus lehrt (7,14ff; 8,20; 18,19); der Paraklet legt Zeugnis ab (15,26) / Jesus legt Zeugnis ab (5,31ff; 7,7; 8,13ff); der Paraklet führt in die Wahrheit (16,13) / Jesus führt in die Wahrheit bzw. legt von ihr Zeugnis ab (18,37; vgl. 1,17; 14,6). – Kontinuität zwischen Jesus und dem Parakleten (zwischen dem Scheidenden und seinem Nachfolger) wird in den johanneischen Abschiedsreden ferner dadurch hergestellt, daß Jesus in 14,16 indirekt *selber* Paraklet genannt wird, wird doch der Geist-Paraklet hier als *anderer* Paraklet bezeichnet.

Die Gemeinde ist also nach dem Tode Jesu nicht alleine gelassen – in ihr wirkt der Paraklet, der Jesus ersetzt. Nun wirkt allerdings auch Jesus selbst in seiner Gemeinde und in den einzelnen Gläubigen (vgl. Joh 14,18.23; 17,23 u.ö.); dieser Aussagenkomplex steht in starkem Kontrast zu jener Aussage, daß Jesus »weggeht« (16,7). Jesus ist also weg und ist doch da, er hat einen »Nachfolger« und dieser ist eigentlich überflüssig. Es ist zwecklos, diese Aussagen systematisch-theologisch ausgleichen zu wollen. Der Evangelist bietet keine durchreflektierte Lehre über die »göttlichen Personen«, ihr Verhältnis zueinander und ihre Funktionen, sondern er reflektiert mit seiner Theologie *Erfahrungen* – die Erfahrung, daß Jesus fort ist und man sich schmerzlich nach ihm zurücksehnt, die Erfahrung (die immer wieder mächtig durchbricht), daß Jesus doch »irgendwie« weiter gegenwärtig ist, die Erfahrung, daß der Geist sich unter den Christen zu einer gewaltigen Wirksamkeit erhoben hat und das Werk Jesu fortsetzt (und zwar in derart gesteigerter Weise, daß man sich geradezu darüber freuen muß, daß der irdische Jesus dem Geist Platz gemacht hat – wäre es doch andernfalls zu den jetzigen überschäumenden Heilserfahrungen nicht gekommen, vgl. 16,7).

Man könnte, um das Verhältnis zwischen Jesus und dem Parakleten logisch auszugleichen, sagen: Jesus ist *im Parakleten* anwesend. Wahrscheinlich ist diese Folgerung richtig, viele Ausleger haben sie vorgenommen, z.T. mit ausgezeichneten exegetischen Begründungen. (Vgl. z.B. F. Porsch, Pneuma und Wort, 240–242.247ff.381ff.) Aber man muß sehen, daß der Evangelist selbst diese Folgerung nicht ausdrücklich vornimmt. Ihm liegt an einem glatten Aussagensystem offenbar viel weniger als uns, er kann Spannungen viel besser aushalten. Das ist das wichtigste Indiz dafür, daß seine Theologie *Erfahrungen* reflektiert und damit einen sehr elementaren Charakter hat. Menschliche Erfahrungen und vor allem religiöse Erfahrungen sind stets spannungsreich, sie liegen komplex ineinander. Ein Begriffssystem, das sich auf Erfahrungen legt (und nichts anderes ist Theologie), neigt dazu, komplexe und widersprüchliche Erfahrungen zu glätten. An sich ist eine Theologie um so reicher, je mehr Spannungen sie in sich aushalten kann (freilich ohne dabei auseinanderzubrechen). Die johanneische Theologie jedenfalls ist – das kann man an vielen Stellen zeigen – sehr spannungsreich, aber gerade dadurch bietet sie eine Fülle von Identifikationsmöglichkeiten für heutige Glaubenserfahrungen. Auch dadurch übt das Johannesevangelium eine solch große Faszination aus (vgl. dazu oben), daß es seelische Erfahrungsmuster anrührt und ihnen Ausdruck verleiht.

Wenn wir bisher eher die Kontinuität zwischen dem Wirken Jesu und dem Wirken des Parakleten herausgestellt haben, so muß nun ergänzend hinzugefügt werden, daß es hier auch Diskontinuität gibt, und zwar dergestalt, daß das Wirken des Parakleten das Wirken Jesu überbietet: Erst der Paraklet wird die Glaubenden in die *ganze* Wahrheit führen (16,13).

Über diese Aussage ist viel gerätselt worden. Sinn ergibt sie eigentlich nur dann, wenn man sie zusammen mit H. Conzelmann so auslegt: »Was inhaltlich über Jesu Lehre hinausgeht, ist nur dies Eine, daß jetzt sein Tod und seine Auferstehung in die Lehre einbezogen sind.« (Grundriß, 389.)

Man kann die Erkenntnis, die Johannes in 16,13 verschlüsselt hat, auch so ausdrücken: Ohne den Geist wäre es nicht zur Entfaltung der Christologie gekommen; die Ausformulierung des christologischen Aussagensystems ist ein zutiefst pneumatisches Geschehen, erst unter dem Einfluß des Geistes wurde Jesus zum Christus »gemacht«, und da dies unter dem Einfluß des Geistes geschah, war es ein legitimes Geschehen. Insofern fällt auch auf 16,7 noch ein weiteres Licht: Das Weggehen Jesu war gut für die Jünger, weil erst dadurch der Geist kam und aus Jesus den Christus machte. Auch 15,26 könnte auf die nachösterliche Christologie hin ausgelegt werden. – Man muß sich immer wieder klarmachen, daß alle diese Stellen aus der nachösterlichen Perspektive formuliert wurden und den gewaltigen Erkenntniszuwachs gegenüber der Jesuszeit ventilieren, jenen Zugewinn der Christologie, der die Gemeinde überhaupt erst konstituiert.

Die Gabe des Geistes war im Urchristentum zugleich die Geburtsstunde der Christologie. Erst unter dem Einfluß des Geistes wurde jenes Aussagensystem möglich, das Jesus zu mehr erklärt als zu einer menschlichen Person, nämlich zum Christus. Dabei war man sich dessen bewußt – und damit schließt sich ein Erkenntniskreis –, daß der Geist, unter dessen Einfluß man diese Aussagen machte, ja vom erhöhten Christus selber ausgegangen war, vgl. 15,26; 16,7. Der Evangelist gerät hier in eine schwindelerregende Zirkularität, und derjenige, der ihm folgt, verliert den Boden unter den Füßen. Dieses System ist von außen nicht verifizierbar, es ist selbstreferentiell und verifiziert sich zirkulär, im immer neuen Durchlaufen der im Evangelium vorgezeichneten Selbstvergewisserungsschleifen.

In 16,13 meldet der Evangelist zugleich einen enormen Anspruch an, nämlich selber durch den Parakleten in die ganze Wahrheit geführt worden zu sein. Die Paraklet-Pneumatologie dient damit nicht zuletzt auch dem Zweck, den theologischen Gesamtentwurf des vierten Evangeliums zu rechtfertigen und gegen Kritiker oder Irrlehrer abzusichern. Der Evangelist – als jemand, der vom Geist in die ganze Wahrheit geführt worden ist – führt seinerseits seine Leser mit seinem Evangelium in die ganze Wahrheit. Er bietet eine gläubige Durchdringung des Traditionsstoffes auf seine Tiefendimension hin. Überall tut der Evangelist zur Jesus-Überlieferung ein »Mehr« hinzu, eben die »ganze Wahrheit«: er trägt, wo es nur eben geht, in die Jesus-Überlieferung die Christologie ein. Der Evangelist wird z.B. bei der Gestaltung der Offenbarungsreden genau gewußt haben, was er hier macht: daß er nicht einfach den irdischen Jesus sprechen läßt. Und wieder schließt sich ein Kreis: Auch

Die johanneische Paraklet-Pneumatologie 69

die Abschiedsreden selbst mit ihrer Ankündigung des Parakleten im Munde Jesu sind ein »Mehr« gegenüber der historischen Wirklichkeit. Wieder schwindelt einem vor der Zirkularität, in der sich der Evangelist bewegt, und man kann ihn nur verstehen und ihm nur folgen, wenn man in Rechnung stellt, daß er mitgerissen ist vom Geist und selber den Boden unter den Füßen verloren hat, daß er sich an eine Kraft preisgegeben hat, die größer ist als er selber. So gesehen, ist der Evangelist wahrlich ein Inspirierter!

Man muß also sehen, daß die Pneuma-Aussagen der johanneischen Abschiedsreden mit dem gesamten Evangelium eng verklammert sind. In gewisser Weise könnte man sagen (und wird so dem Anspruch des Evangelisten wohl überhaupt erst gerecht), daß das vierte Evangelium vom Parakleten selbst verfaßt ist, daß es das Evangelium des Geistes ist. Vgl. auch H. Sasse (Der Paraklet, 273f): »Vielleicht ist das Johannesevangelium selbst die Botschaft des Parakleten«, diese ist »nichts anderes als das vierte Evangelium.«

Der Evangelist weiß, daß jene Hochgestimmtheit, die die überschäumenden pneumatischen Erfahrungen mit sich bringen, nicht ungefährlich ist. Er wurde offenbar mit einer Gefahr konfrontiert, die dann im Laufe der Kirchengeschichte immer wieder aufbrach, und zwar in charismatischen Bewegungen: daß nämlich Geisterfahrungen eine Eigendynamik entwickeln, daß die Geist-Frömmigkeit vom irdischen Jesus und seinem Heilswerk wegdriftet und sich zunehmend auf Sonderoffenbarungen beruft. Es kann dabei zur Loslösung von der Geschichte und zu einem rauschhaften, wahnhaften Existenzentwurf kommen, der die eschatologische Vollendung enthusiastisch vorwegzunehmen versucht. Eines der Themen der johanneischen Paraklet-Pneumatologie ist deshalb das Verhältnis Geist/Geschichte. Es wird so bestimmt, daß der Geist, obwohl er über die Jesus-Zeit und ihre Lehren hinausführt, doch fest mit dieser Zeit verkoppelt wird, vgl. 14,26 und vor allem 16,14f (der Geist wird aus dem nehmen, was »Jesu ist«, er produziert nichts aus sich selbst heraus).

Die Rückbindung des Geistes an Jesus unterscheidet die johanneische Theologie von jeder Form der Gnosis, auch jeder Form heutiger Gnosis. Und auf christlich-gnostische Entwürfe stoßen wir auch heute allenthalben. Ein Beispiel dafür ist das Buch von H. Wöller, »Ein Traum von Christus. In der Seele geboren, im Geist erkannt«. Hier wird die geschichtliche Christus-Offenbarung radikal aufgelöst zugunsten einer Christus-Offenbarung in der Seele des einzelnen. An die Stelle des Christusglaubens wird eine archetypische Religion des eigenen Selbst und der Selbstwerdung gesetzt; Jesus wird zur Chiffre für Selbsterfahrungen. – In seiner Paraklet-Pneumatologie ringt Johannes jedoch darum, beides zusammenzuhalten: die geschichtliche Christus-Offenbarung und die späteren Pneuma-Erfahrungen der Gläubigen (wobei wir in moderner Ausdrucksweise anstatt »Pneuma-Erfahrungen« auch »Selbst-Erfahrungen« sagen könnten). Und zusammen mit Johannes muß immer wieder betont werden: Christus ist für den Glaubenden nicht nur ein erfahrbares Prinzip, nicht nur Chiffre für die pneumatische Steigerung der Existenz (das freilich auch!), sondern Christus ist auch Jesus von Nazareth. Der innere Christus ist mit diesem Jesus von Nazareth bleibend identisch – das ist das ewige Paradoxon des christlichen Glaubens, und die johanneische Paraklet-Pneumatologie ventiliert nicht zuletzt auch dieses Paradoxon.

Beschreiben wir dieses Paradoxon und den Umgang des Johannes mit ihm noch einmal anders. In der Paraklet-Pneumatologie der Abschiedsreden wird der Geist vornehmlich als *Redender* geschildert; der Paraklet ist *Wort* – lehrendes, erinnerndes, Zeugnis ablegendes, überführendes, verkündigendes Wort. Nicht mehr aus Jesus quillt jetzt das Wort, sondern aus dem Geist. Der »Wohnort« des göttlichen Wortes wird gleichsam entschränkt, nicht mehr die konkrete Person Jesus ist hier zu nennen, sondern der bei den Jüngern und *in den Jüngern* wohnende Geist (Joh 14,17). Und als Geistgeleitete und Geistträger treten die Jünger unmittelbar in den Offenbarungszusammenhang ein.

So faszinierend dieser Entwurf ist, so gefährlich ist er auch, und Johannes weiß das. Er ringt darum, das sich in den Glaubenden entfaltende und zu Wort meldende Pneuma-Offenbarungswissen rückzukoppeln an dasjenige Wort, das »Fleisch wurde«. Nur in dieser Anbindung erfüllt das Pneuma-Offenbarungswissen seinen konstruktiven Zweck. In der Auslegungsgeschichte des Johannesevangeliums wurde diese Anbindung freilich oft mißachtet – mit verheerenden Folgen für den Glauben: Immer wieder, anfangend mit der Gnosis des zweiten Jahrhunderts, wurde das Johannesevangelium mißbraucht für ein freies »Geistchristentum«.

Schauen wir uns nun die einzelnen Aufgaben des Parakleten etwas genauer an. Zunächst einmal: Die Paraklet-Sprüche bilden ein in sich vernetztes System von Aussagen, die die Gegenwart als Zeit des Geistes und damit als Heilszeit qualifizieren. Genau wie für Lukas ist für Johannes die Zeit der Kirche die Zeit des Geistes, und der Geist nimmt in der Kirche eine Fülle von Aufgaben wahr.

Die zuallererst genannte und möglicherweise wichtigste Aufgabe des

Geist-Parakleten ist einfach die, bei den Glaubenden zu sein, und zwar für immer (14,16). Der Hintergrund dieser Zusicherung sind das Verlassensein der Glaubenden nach dem Tode Jesu und die sich verzögernde Parusie des Herrn. Auch bei leiblicher Abwesenheit Jesu ist Glaubensexistenz keine Existenz in Einsamkeit – dank des Parakleten.

V.17a identifiziert zunächst den Parakleten mit dem »Geist der Wahrheit«, um dann den Besitz dieses Geistes als Merkmal ins Spiel zu bringen, das die Gläubigen von der Welt unterscheidet. »Wahrheit« dürfte hier der Inbegriff der Christusoffenbarung sein, für die die Welt unempfänglich ist. Und der »Geist der Wahrheit« ist jener Geist, der die Christusoffenbarung immer neu zur Geltung bringt und dadurch den Graben zur Welt immer neu aufreißt. »Geist« hat bei Johannes also etwas mit Geschiedenheit von der Welt zu tun, Geist ist – nicht nur, aber auch – ein Kampfbegriff, mit dem sich Johannes von der Welt absetzt und mit dessen Hilfe er die Welt diffamiert (nämlich indem er ihre Geist*losigkeit* anprangert).

V.17b enthält eine Erkenntnislehre, und zwar eine Erkenntnislehre, die mythische Strukturen aufweist. Der Geist wird vom Glaubenden erkannt und ist zugleich selber – da er im Glaubenden wohnt – das Prinzip des Erkennens; der Geist erkennt sich sozusagen selber. Zugleich zieht der Geist den Glaubenden unmittelbar in diesen Erkenntniszirkel hinein, indem er sich nämlich als das eigentliche Subjekt des Glaubenden erweist. Damit ist die Subjekt-Objekt-Trennung aufgehoben, die unser wissenschaftliches Erkennen ausmacht (d.h. die Trennung zwischen erkennendem Subjekt und erkanntem Objekt).

Diese Zirkularität des Erkennens ist typisch für jede Geisterfahrung und gibt dem Pneumatiker jene enorme Sicherheit, die auch heute in charismatischen Kreisen zu beobachten ist: Der Pneumatiker hat seinen Erkenntnisgegenstand unmittelbar bei sich selbst und bedarf keiner Absicherung von außen. In gewisser Weise ist dieser Erkenntniszirkel der Erkenntniszirkel des Glaubens überhaupt; der Glaube hat seinen Gegenstand nicht in objektivierbaren äußeren Dingen (Gott ist nicht objektivierbar), sondern Glaubenserkenntnis ist eine bestimmte Evidenz, die im glaubenden Subjekt zustande kommt und sich nur über diese Evidenz legitimieren kann. Man muß allerdings folgendes sehen: Ausgelöst wird Glaubensevidenz durch das Kerygma, das sich seinerseits auf Geschichte bzw. Heilsgeschichte bezieht. Der Glaube wird zwar nicht durch Geschichte bzw. Heilsgeschichte *begründet* – aber auch nicht ohne sie. Und er muß in seinen Selbstvergewisserungsschleifen die Geschichte bzw. Heilsgeschichte in ihrer Sperrigkeit und Anstößigkeit *bewältigen*, und genau das hält ihn auf Dauer auf dem Boden der Geschichte fest. In der pneumatischen Erfahrung hingegen verflüchtigt sich sozusagen die Geschichte – der Pneumatiker fühlt sich frei von ihrer Sperrigkeit. Die Glaubenserfahrung intensiviert sich dabei enorm – und das macht den Reiz pneumatischer Erfahrungen aus. Aber genau hier liegt auch die Gefahr: Die Geschichte kann ihre normierende, ausrichtende Funktion nicht mehr ausüben, der Pneumatiker fängt sozusagen an zu schweben. Eine der wichtigsten Aufgaben der Theologie besteht deshalb darin – und Johannes hat in seiner Paraklet-Pneumatologie diese Aufgabe meisterhaft gelöst –, Geisterfahrungen an die Geschichte zu binden, ohne diese Erfahrungen abzuwehren – im Gegenteil: sie müssen zugelassen und gefördert werden!

Noch eine Bemerkung zu dem oben verwendeten Begriff »mythisch«: Er wird hier einzig und allein als erkenntnistheoretischer Begriff gebraucht. In der mythischen Erkenntnis fallen Erkennendes und Erkanntes in eins, womit die Einheit der Wirklichkeit konstituiert wird. Die Struktur der Glaubenserkenntnis oder zumindest diejenige der pneumatischen Glaubenserkenntnis ist exakt dieselbe wie im Mythos und konstituiert ebenfalls die Einheit der Wirklichkeit (und genau dieses Erlebnis kann dem Pneumatiker das Gefühl geben, bereits den eschatologischen Vollendungszustand erreicht zu haben). – Wenn man den Mythos-Begriff in der Weise, wie wir es hier tun, funktional als erkenntnistheoretischen Begriff verwendet, darf man mit J. Fischer (Glaube als Erkenntnis, 43) sagen: »Der Heilige Geist ist, gemessen an der Weise, wie er erfahren wird, ein zutiefst mythisches Phänomen.«

Es ist nicht verwunderlich, daß derjenigen Aussage über den Geist, die ihn zum Prinzip des Erkennens macht und damit die Glaubenden in einen jenseits der Subjekt-Objekt-Trennung sich explizierenden faszinierend/gefährlichen pneumatischen Erkenntniszirkel einweist (14,17b), Aussagen folgen, die die pneumatische Erkenntnis an die Heilsgeschichte binden, an Jesus selbst (14,26; 15,26). Wieder stoßen wir auf eine Unschärfe in der johanneischen Theologie: In 14,26 ist es der Vater, der den Geist sendet (vgl. auch 14,16), in 15,26 Jesus (vgl. auch 16,7). Wieder gilt: Johannes bietet keine ausbalancierte Lehre über die »göttlichen Personen« und ihr Verhältnis zueinander; dem Evangelisten liegt daran, die Erfahrung des Geistes sowohl mit Gott selbst als auch mit Jesus zu verklammern. Nimmt man noch hinzu, daß er dem Geist mit der Gestalt des Parakleten personale Züge verleiht, muß man sagen, daß sich bei Johannes ausgeprägte Züge des trinitarischen Denkens finden.

Gehen wir nun zum vierten Paraklet-Spruch über, 16,7-11. Er gilt allgemein als derjenige, der am schwersten auszulegen ist; insbesondere über den Sinn der VV.8-11 ist keine letzte Klarheit zu gewinnen, drückt sich der Evangelist doch hier sehr knapp und sehr verschlüsselt aus.

Zu V.7 haben wir bereits zwei Bemerkungen gemacht: 1. Es war deshalb gut, daß der irdische Jesus fortging und dem Geist Platz machte, weil es andernfalls nicht zu den jetzigen überschäumenden Heilserfahrungen gekommen wäre. 2. Der Ersatz Jesu durch den Geist war auch deshalb gut, weil erst der Geist aus Jesus den Christus machte (die Entwicklung der Christologie war ein pneuma-geleiteter nachösterlicher Vorgang).

Der Evangelist bietet also in 16,7 eine heilsgeschichtliche Konstruktion, in der er zwischen der Zeit Jesu und der Zeit des Geistes unterscheidet, wobei für ihn die Zeit des Geistes die gefülltere, heilvollere Zeit ist. Man muß sehen, daß der Evangelist diese Konstruktion nicht arbiträr entworfen hat, sondern daß sie die Erfahrung der Glaubenden reflektiert. Inspiriert und mitgerissen von der pneumatischen Kraftfülle und vom Geist hineingeführt in das Symbolsystem der Christologie, kommt den Glaubenden ihre Zeit gegenüber der Jesus-Zeit durchaus als eine erfülltere Zeit vor. Auch wenn die Urchristenheit ihre Christologie und z.T. auch ihre Pneumatologie in die Jesus-Zeit zurückprojizierte und damit die Jesus-Zeit ihrer eigenen Zeit anglich, hielt sich dennoch die Erinnerung (und Joh 16,7 ist ein Beleg dafür), daß beide Zeiten voneinander abzugrenzen sind.

Über das Problem, warum eigentlich der Geist erst kommen konnte, nachdem Jesus fort war, denkt der Evangelist nicht nach. Er nimmt das einfach als Tatsache hin, er nimmt als Tatsache hin, daß die Jesus-Zeit derartige Geistphänomene, wie sie die Zeit der Kirche bietet, nicht aufwies, daß es sie erst nach Jesu Fortgehen (und Erhöhung) gab.

In 16,8-11 wendet sich die Tätigkeit des Parakleten ins Forensische. Der Paraklet ist für Johannes kein Geist der Harmonie! Der Paraklet greift jedes Daseinsverständnis, das außerhalb des Referenzrahmens des Christusglaubens liegt, erbarmungslos an, brandmarkt es als Sünde und führt das Gericht über ihm herauf. Damit befindet sich das johanneische Geistverständnis in starkem Kontrast zu jenem neuzeitlichen Geistverständnis, das harmonistisch geprägt ist. Zu denken ist dabei nicht nur an die idealistische Philosophie und ihr Geistverständnis, sondern auch an das New-Age-Geistverständnis. Nehmen wir Denker wie G. Bateson oder F. Capra. Sie gehen von einem sich selbstorganisierenden kosmischen Geist aus, der sozusagen die Innenseite des universalen

Weltgeschehens ist (die Außenseite ist die Materie). Dieser Geist, der die traditionelle Gottesvorstellung ablöst, trennt nicht, sondern verbindet; er vernetzt die verschiedenen Wirklichkeitsbereiche miteinander und bringt sie in Einklang. Nichts wird abgespalten, alles wird in das Gesamtsystem eingefügt. Und der Mensch, der sich in dieses System hineinbegibt, gerät in Harmonie mit dem Kosmos und sich selber.

Für Johannes befindet sich jedoch der Glaubende keineswegs in Harmonie mit der Gesamtwirklichkeit, sondern er steht im Kampf mit der feindlichen Welt, aber diesen Kampf führt er nicht allein, sondern der Geist hilft ihm dabei.

Besonders dunkel ist die Formulierung von V.10, daß der Paraklet die Welt bezüglich Gerechtigkeit überführt, weil Jesus zum Vater geht und die Glaubenden ihn nicht mehr sehen. F. Porsch (Anwalt der Glaubenden, 82) schreibt hierzu: »Die ›Gerechtigkeit‹, um die es sich hier handelt, ist sicher nicht im üblichen ethisch-moralischen Sinn zu verstehen, noch geht es um die paulinische Rechtfertigung des Sünders durch den Glauben. Es kann nur die Gerechtigkeit Jesu gemeint sein... Das Gehen zum Vater bedeutet für Jesus die Wiedererlangung der ihm ursprünglich eignenden Herrlichkeit beim Vater... Die Gerechtigkeit Jesu muß hier also als seine ›Gerechtigkeit in Herrlichkeit‹ verstanden werden... Jesus wird als ›der Gerechte‹ erkannt, insofern und weil er in der Herrlichkeit beim Vater ist. Indem der Paraklet Jesus – vor dem Gewissen der Glaubenden – als den zum Vater Heimgegangenen erweist, erbringt er einen neuen Nachweis dafür, daß die Welt im Unrecht ist.«

Der fünfte Paraklet-Spruch ist Relecture des zweiten. Die »ganze Wahrheit«, in die der Paraklet die Glaubenden führen wird, ist keine zusätzliche »Sonderoffenbarung« oder »Sonderlehre« (der Paraklet redet »nicht aus sich selbst«), sondern ein Durchsichtigmachen des Jesusgeschehens auf seine Tiefendimension hin, und das heißt: der Paraklet weist die Glaubenden in das christologische Symbolsystem ein, das es während der irdischen Wirksamkeit Jesu (in deren Rahmen die Abschiedsreden mit ihren Geistankündigungen [fiktiv] gehalten werden) ja noch nicht gab. Folgerichtig wird dann gesagt, daß der Paraklet auch das »Kommende« verkündigen wird, denn die eschatologische Perspektive (der Blick auf den wiederkommenden Herrn) gehört zur Christologie untrennbar hinzu. Auch die Eschatologie ist, genau wie die Christologie, ein nachösterlicher geistgewirkter Erkenntniszusammenhang; auch das eschatologische Wissen der frühen Christen ist geistgewirktes Offenbarungswissen, und den frühen Christen war durchaus bewußt, wie ihr christologisches und eschatologisches Wissen zustande gekommen war.

Die Christologie ist nichts anderes als die Apotheose des Gekreuzigten und damit die »Verherrlichung« Jesu (16,14). Wenn der Geist diese Verherrlichung vornimmt, tut er nichts Illegitimes, nichts Arbiträres. Er weiß nämlich, wer Jesus in Wirklichkeit ist, und macht dies lediglich offenbar. Er kann das, weil er unmittelbar am Offenbarungswissen teilhat, weil er dieses »hört« (V.13). Das, was er verkündigt, ist aus dem genommen, was »Jesu ist«, und das ist zugleich das, »was der Vater hat« (VV.14f). Der Geist schöpft also bei seiner Offenbarungstätigkeit aus der göttlichen Fülle.

Vielleicht kann man die Aussage, daß der Geist-Paraklet aus dem »nimmt«, »was Jesu ist«, auch noch so verstehen: Der Geist-Paraklet knüpft an das an, was Jesus ohnehin auszeichnete (seine Sendung, sein Hoheitsbewußtsein, seine besondere Beziehung zu Gott [man könnte hier das Stichwort »implizite Christologie« nennen]) und bringt all das in symbolisch-gesteigerter Form einzigartig zur Geltung – er macht aus der impliziten Christologie eine explizite.

Überblickt man die Tätigkeit des Parakleten insgesamt, so zeigt sich, daß sie sich einerseits auf den Innenbezirk der Gemeinde richtet und andererseits auf die Welt bzw. das Verhältnis der Gemeinde zur Welt. Der Paraklet übt also sowohl interne als auch externe Funktionen aus und bezieht sich mit seinem Wirken auf die gesamte Glaubensexistenz. *Eine* Funktion des Parakleten vermißt man jedoch: Der Paraklet entbindet in den Glaubenden keinerlei charismatische Phänomene, jedenfalls wird darüber nichts ausgesagt. War das johanneische Christentum ein Christentum ohne jene Geistesgaben, die uns aus den Paulusbriefen so vertraut sind? Das ist schwer vorstellbar. Man muß zumindest dies sehen, daß das Johannesevangelium über eine ausgeprägte Vollmachtstheologie verfügt, die den Glaubenden in vollmächtiges Handeln einweist, in Wundertätigkeit (14,12–14; 15,7.16; 16,23f). Allerdings wird diese Wundertätigkeit nicht ausdrücklich mit der Geistbegabung der Glaubenden in Verbindung gebracht, sondern kennzeichnend für die johanneische Vollmachtstheologie ist ihr christologischer Begründungszusammenhang. (Vgl. W. Rebell, Alles ist möglich, 67–84.) *Indirekt* ist damit allerdings auch der Geist im Spiel, denn der Geist ist es ja – wie wir gezeigt haben –, auf den die Ausbildung der Christologie zurückzuführen ist.

Nachdem wir die Aufgaben durchgesprochen haben, die der Paraklet wahrnimmt, können wir uns nun abschließend der Frage zuwenden, wie der Begriff »Paraklet« bei Johannes eigentlich zu übersetzen ist. Die Forschung sieht in dieser Frage ein großes Problem, weil – so sagte man

5. Die johanneische Paraklet-Pneumatologie

stets – der Titel »Paraklet« zu den Aufgaben, die diese Gestalt tatsächlich wahrnimmt, eigentlich nicht paßt. Schauen wir uns noch einmal die Übersetzungsmöglichkeiten von *paraklētos* an: »Helfer, Fürsprecher, Beistand, Anwalt«. In der Tat wären alle diese Übersetzungen für den johanneischen Parakleten unscharf. Im Grunde ist er eine Offenbarergestalt, die den Glaubenden die Tiefendimensionen des Jesusgeschehens ausleuchtet, wobei sie auch Tätigkeiten des Lehrens und Erinnerns ausübt. Freilich – der Paraklet ist auch der *Beistand* der Glaubenden, und zwar im Sinne eines Freundes, der sie aus ihrer Einsamkeit holt (die sie nach dem Weggang Jesu erleiden). Im vierten Paraklet-Spruch wendet sich die Tätigkeit des Parakleten ins Forensische, aber dieser erweist sich hier nicht als Anwalt der Gläubigen, sondern als Verkläger und Richter der Welt. Als Fürsprecher wird der Paraklet nirgendwo geschildert, eventuell könnte man jedoch sagen, daß er ein Helfer und Tröster ist.

Man sollte sich über die Diskrepanz zwischen Titel und Aufgabenfeld des Parakleten nicht allzusehr den Kopf zerbrechen. Johannes legt eine große Souveränität an den Tag, den überkommenen Paraklet-Begriff semantisch neu zu füllen. Was mit Paraklet gemeint ist, kann nicht so sehr diachronisch (über Etymologie und Wortgeschichte) erschlossen werden, sondern muß eher synchronisch erarbeitet werden (über die Analyse der Tätigkeiten des Parakleten). Und dabei ergibt sich ein etwas verwirrendes Bild. Man kann das, was der Paraklet ist und tut, nicht mit einem einzigen Begriff einfangen. Der Paraklet entzieht sich einer klaren begrifflichen Definition. Und vielleicht ist das von Johannes so gewollt, vielleicht steht hinter diesem Zug seiner Darstellung des Parakleten die theologische Aussage, daß der Geist ein letztlich unfaßbares und nicht klar zu definierendes Phänomen ist. Der Geist besitzt *uns*, nicht wir besitzen ihn (und eine klare Definition kann Ausdruck von Besitz und Verfügungsgewalt sein). Was der Geist letztlich ist, ist nicht faßbar, ist nicht dingfest zu machen. Wohl spüren wir seine *Wirkungen* (und in den Paraklet-Sprüchen werden lauter solche Wirkungen aufgezählt). Der Geist »ist« das, was er wirkt, in seinen Wirkungen »haben« wir ihn, aber nicht als Objekt unseres Zugriffs, sondern wir sind umgekehrt seine »Objekte«, er ist das Subjekt des Handelns und verfügt über uns, und zwar so weitgehend, daß er *in uns* Wohnung nimmt (14,17b) und von hier aus sein Werk betreibt – er ersetzt also unser Subjektsein durch seins. Er definiert *uns*, d.h., er bestimmt, wer wir sind, wie wir uns zu verstehen haben, wie unser Leben aussehen soll, nicht wir definieren ihn.

6. Der Geist als Spender von Gaben für eine kommunikative Gemeindepraxis

In Erscheinung trat im Urchristentum der Geist vor allen Dingen in einer höchst kommunikativen Gemeindepraxis, in der er das eigentlich handelnde Subjekt war: Er artikulierte sich durch alle Gemeindeglieder hindurch, er machte alle zu Gabenträgern und wies damit jedem einen speziellen Platz beim Aufbau der Gemeinde zu. Dieser Funktion des Geistes sollen unsere folgenden Überlegungen gelten. Wir beschäftigen uns dazu – und zwar sehr ausführlich – zunächst mit 1Kor 12-14.

Das Wirken des Geistes in der korinthischen Gemeindepraxis

In 1Kor 12-14 bemüht sich Paulus, in die korinthische Gemeindepraxis, die pneumatisch-ekstatisch bestimmt war, ordnend einzugreifen. Der Apostel ist mit den Korinthern darin einer Meinung, daß der Geist das eigentlich handelnde Subjekt der Gemeindepraxis sein muß, auch in seiner *Vorstellung* vom Geist stimmt er mit den Korinthern überein (daß dieser eine supranaturale Macht ist), aber anders als für die Korinther ist für Paulus der Geist eine Größe, die den Glaubenden auch in ethischer Hinsicht bestimmen will, und von dieser seiner Auffassung her muß Paulus an der pneumatisch-ekstatischen Gemeindepraxis der Korinther notwendigerweise Korrekturen anbringen, gestattet doch diese dem einzelnen Pneumatiker, sich ohne Rücksicht auf die Schwester und den Bruder zu exponieren, was zu Streit und zu chaotischen Verhältnissen führt.

Trotz ihres ethisch völlig insuffizienten Verhaltens erfahren die Korinther – das muß festgehalten werden – in ihrer Gemeindepraxis also durchaus den Geist, und zwar in einer durchschlagenden, wunderwirkenden Weise. Und Paulus scheint es für selbstverständlich zu halten, daß der Geist auch Menschen ergreift, die manifestes ethisches Fehlverhalten zeigen. Der Geist wirkt seinem Verständnis gemäß nicht erst in Menschen und durch Menschen, die in ethischer Hinsicht einen bestimmten Reifegrad erreicht haben. Geistbegabung, und zwar Geistbegabung, die sogar zu außerordentlichen Taten befähigt, hat als Vorbedingung nicht einen ethisch einwandfreien Lebenswandel – wohl aber drängt der Geist danach, sich auch und gerade im ethischen Bereich auswirken zu können, d.h. zu einem Wandel in Demut und Liebe anzuleiten.

Der Text 1Kor 12–14 ist in seiner grundsätzlichen Bedeutung für unsere Erfassung des urchristlichen Geist-Verständnisses kaum zu überschätzen. An 1Kor 12–14 wird deutlich, wie falsch die neutestamentliche Exegese des 19. Jahrhunderts lag, wenn sie – im Gefolge Hegels – den Geist idealistisch verstand, als ein geistiges Prinzip, das ein Bewußtsein der Unendlichkeit schafft und die »Seligkeit« an nichts Materielles gebunden sein läßt. (Vgl. F.C. Baur, Paulus. Zweiter Theil, 129 Anm. 1.137.) An 1Kor 12–14 wird ferner deutlich, daß jener Forschungsansatz, der mit H. Gunkel begann (Die Wirkungen des heiligen Geistes, 1. Aufl. 1888) und der im Geist eine vom natürlichen Menschen völlig verschiedene Macht sieht, die ihrerseits von ihm Besitz ergreift, um außergewöhnliche, staunenerregende Dinge zu tun, grundsätzlich im Recht ist. Und richtig erkannt worden ist in diesem Forschungs-Paradigma auch dies, daß speziell Paulus mit seiner Meinung vom Geist nicht in dieser allgemeinen urchristlichen Vorstellung vom Geist aufgeht, sondern sie auf ein höheres theologisches Niveau hebt (ohne sie etwa grundsätzlich abzulehnen). Paulus macht, so heißt es bei W. Bousset, »das Pneuma zu dem Element des gesamten neuen christlichen Lebens, nicht nur nach seiner speziell wunderbaren Seite hin, sondern in seiner gesamten ethischen und religiösen Haltung.« (Kyrios Christos, 112.) Und auch die pneumatisch-ekstatische Gemeindepraxis selbst, die Paulus im Prinzip vehement bejaht, nimmt, wenn der Apostel seine theologische Reflexion an sie heranträgt, eine deutlich andere Gestalt an als bei den Korinthern. Alles wird geordneter und geschieht nach dem Maßstab der Liebe (vgl. 1Kor 13). Das, was der Geist tut, tut er nach paulinischem Verständnis nicht außerhalb eines vernünftigen Rahmens, und sein Wirken läßt sich daran messen, ob es zum Aufbau der Gemeinde und jedes einzelnen dient. Geist und Ordnung widersprechen einander nicht, und das »Anwendungsprinzip« aller Fähigkeiten, die der Geist in die Gläubigen hineinlegt, ist die Liebe; alles geistgewirkte Tun muß auf den anderen und sein Wohl ausgerichtet sein, es darf kein egoistischer Genuß sein.

Schauen wir uns nach diesen Vorbemerkungen nun 1Kor 12–14 im einzelnen an. Paulus will die Korinther, so macht er in 12,1 deutlich, bezüglich der *pneumatikōn* belehren. Dieser Begriff (im Genitiv Plural) kann maskulinisch oder neutrisch aufgelöst werden, d.h., es kann entweder um Geistes*menschen* (Pneumatiker) oder aber um Geistes*gaben* gehen. Der Verlauf der paulinischen Ausführungen ab V.4 zeigt dann, daß die zweite Übersetzungsmöglichkeit gewählt werden muß; Paulus ist es um das zu tun, was der Geist an Gaben schenkt.

In V.3 macht Paulus eine grundlegende Aussage zum Verhältnis von Pneuma und Christologie. Er hat dabei einen dramatischen Sachverhalt vor Augen: eine in pneumatischer Ekstase ausgestoßene Verfluchung Jesu in der korinthischen Gemeinde. Es läßt sich nicht mehr aufklären, was der Hintergrund dieser Verfluchung ist. Vielleicht ist sie auch gar nicht faktisch geschehen, vielleicht ist die Fluchformel nur »die prägnante Zusammenfassung für eine Haltung, die den Kyrios Jesus verwirft oder verachtet.« (C. Wolff, Der erste Brief des Paulus an die Korinther. Zweiter Teil, 101.) Wie auch immer, für die Beziehung zwischen Pneuma und Christologie ist aus 1Kor 12,3 folgendes zu lernen: Der Geist kann niemals zu einer Haltung führen, die Jesus verwirft und damit das christologische Bekenntnis außer Kraft setzt; tut er das, ist er ein Irrgeist. Umgekehrt ist dort, wo das Bekenntnis zu Jesus als dem Herrn ausgesprochen wird, immer der Geist am Werk. Jeder, der dieses Bekenntnis spricht, ist gemäß Paulus bereits Pneumatiker! Das christologische Zeugnis setzt also das »testimonium spiritus sancti internum« voraus. Ohne den Geist gäbe es keine Christologie! Das Pneuma ist dem Christusbekenntnis logisch vorgeordnet. *Im Geist, durch den Geist*, wird erst erkannt und kann ausgesagt werden, wer Jesus ist. Am Pneuma vorbei gibt es keinen Zugang zu Jesus.

In V.4 wählt Paulus für das, was der Geist schenkt, nicht mehr (im Gegensatz zu V.1) den Begriff *pneumatika* (*Geistes*gaben), sondern den Begriff *charismata* (*Gnaden*gaben). Der erste Begriff war dem Apostel wohl durch die Korinther vorgegeben gewesen (V.1 ist so stilisiert, daß man annehmen kann, Paulus beantworte in seinen ganzen folgenden Ausführungen über das Wirken des Geistes in der Gemeindepraxis eine Anfrage der Korinther); in V.4 wechselt Paulus dann zu dem Begriff über, den er für angemessener hält: Wird statt des Begriffs *Geistes*gaben der Begriff *Gnaden*gaben gewählt, wird der Geschenkcharakter der Gaben betont.

In den VV.4-11 thematisiert Paulus die Verschiedenheit der Charismen (Gnadengaben) in der Einheit des Geistes, wobei er uns einen Einblick in die Fülle der in Korinth aufgetretenen charismatischen Erscheinungen gibt. Paulus selbst und seine Gemeinden dürften durch das Auftreten dieser Erscheinungen in höchstem Maße überrascht worden sein. Pneumatische Phänomene sind ja nicht »machbar«, die Glaubenden können sie nicht von sich aus »produzieren«; der Geist selber steht als handelndes Subjekt hinter den Charismen und teilt sie aus, »wie *er* will« (*kathōs bouletai*: V.11). Die Charismenliste in 1Kor 12,4–11 spiegelt eine Reflexionstätigkeit des Apostels wider, die der *Erfahrung* des Geistes nachgeordnet ist (zuerst wurde also der Geist *erfahren,* dann erst theologisch *reflektiert*).

Paulus versucht in 1Kor 12,4–11, die Fülle von wunderhaften, erstaunlichen Phänomenen, die der Geist in der Gemeinde entband, einigermaßen zu klassifizieren, und es bereitet ihm sichtlich Mühe, bestimmte Phänomene voneinander abzugrenzen und zu benennen. Was unterscheidet z.B. den *logos gnōseōs* (Wort der Erkenntnis, vgl. V.8) vom *logos sophias* (Wort der Weisheit, vgl. ebenfalls V.8)? Beide Begriffe bezeichnen geistgewirkte, enthüllende Rede. Unterschiede zwischen den beiden Redeformen anzugeben ist kaum möglich.

Aber gehen wir die Charismenliste 1Kor 12,4–11 der Reihe nach durch:

In den VV.4–6 werden die Gaben des Geistes nacheinander Gnadengaben *(charismata),* Dienstleistungen *(diakoniai)* und Kraftwirkungen *(energēmata)* genannt. Dadurch kommen sie jeweils unter einem anderen Aspekt in den Blick: Sie haben erstens Geschenkcharakter (vgl. oben), sie sind zweitens für den *Dienst* gegeben (nicht für den privaten Genuß), drittens sind sie kraftgeladen und richten machtvoll etwas aus. Am Anfang von V.4, V.5 und V.6 wird jeweils zunächst auf die *Unterschiede* in den Gaben aufmerksam gemacht *(diaireseis ... eisin)*; dann werden ihre Verwurzelung, ihr Zusammenhalt und ihre Einheit in *demselben Geist* (V.4), *demselben Herrn* (Jesus; V.5) und *demselben Gott* (V.6) betont. Also nicht nur auf den Geist als solchen werden in 1Kor 12,4–6 die ekstatischen Phänomene im korinthischen Gemeindeleben zurückgeführt, sondern auch auf Jesus und Gott. An dieser Paulus-Stelle findet sich damit ein Ansatz trinitarischen Denkens; »trinitarisches« Denken wird aber hier nicht aus spekulativen Gründen vorgetragen (um Aussagen über das Wesen Gottes zu machen), sondern es dient streng funktional dazu, die pneumatischen Phänomene nicht zu etwas »Freischwebendem« werden zu lassen: Sie sind als Äußerungen des *Geistes* zugleich etwas, was mit *Jesus,* ja, mit *Gott selbst* in Verbindung zu bringen ist; wer *Geist* sagt, muß sozusagen im selben Atemzug auch *Jesus* und *Gott* sagen. – Wenn Paulus in unserem Text bezüglich der Charismen auf die Spannung von *Unterschieden* und *Einheit* zu sprechen kommt, will er klarstellen: Die Charismen sind verwirrend vielfältig – aber sie sind als Äußerungen ein und desselben Geistes *einheitsstiftend.* Der Geist will keine Uniformität, sondern manifestiert sich in einer Pluralität von Lebens- und Glaubensäußerungen, die aber konstruktiv aufeinander bezogen sein müssen, die sich sinnvoll ergänzen müssen.

V.7 spricht von der Offenbarung des Geistes, die jedem gegeben wird zum (allgemeinen) Nutzen. »Offenbarung des Geistes« besteht in den Charismen, die ab V.8 aufgezählt werden. (Das wird deutlich durch den Anschluß von V.8 an V.7, der über ein erläuterndes *gar* [nämlich] vorgenommen wird; ab V.8 konkretisiert Paulus sozusagen, worin »Offenbarung des Geistes« im einzelnen besteht.) »Offenbarung des Geistes« ist folglich kein theoretisches Wissen, das dem Individuum geschenkt wird, sondern ein Ergriffenwerden, das sofort nach Betätigung drängt. »Offenbarung des Geistes« ist nicht etwas, was im Menschen unsichtbar verbleiben will, sondern etwas, was nach außen hin – und zwar für den allgemeinen Nutzen (vgl. V.7) – sichtbar umgesetzt werden will. Damit ist ein wichtiges Strukturmoment des paulinischen Geistverständnisses gewonnen: Der Geist eröffnet dem Glaubenden nicht einfach nur Offenbarungswissen (das freilich tut er auch, vgl. 1Kor 2,10b-16), sondern macht ihn vor allem zu einem *Werkzeug.* Und weiter: *Jeder* Glaubende soll ein solches Werkzeug sein; Paulus setzt ganz selbstverständlich voraus, daß sich die Offenbarung des Geistes in jedem Gemeindeglied ereignet (V.7). Dadurch entsteht eine geistgeleitete kommunikative Gemeindepraxis, in der jedes Gemeindeglied einen je spezifischen Beitrag zum Wohl des Ganzen einbringt.

In den VV.8–10 werden diese Beiträge (d.h. die Charismen) im einzelnen aufgeführt:
- Wort der Weisheit *(logos sophias)*;
- Wort der Erkenntnis *(logos gnōseōs)*;
- Glaube *(pistis)*;
- Charismen der Heilungen *(charismata iamatōn)*;
- Wunderkräfte für Machttaten *(energēmata dynameōn)*;
- Prophetie *(prophēteia)*;
- Unterscheidungen der Geister *(diakriseis pneumatōn)*;
- Arten von Zungenreden *(genē glōssōn)*;
- Auslegung von Zungenreden *(hermēneia glōssōn).*

Versuchen wir, diese Charismen ein wenig zu erläutern. Dabei tauchen enorme Schwierigkeiten auf. Die Charismen werden von Paulus bis auf eine Ausnahme, und zwar die Prophetie, nicht näher erklärt. Die Korinther wissen ja, um was es sich bei den einzelnen Phänomenen handelt, deshalb ist eine Näherbestimmung nicht nötig; nicht Wissen über die Charismen als solche will und muß Paulus vermitteln, es geht ihm vielmehr um Probleme bei der Praktizierung. Der Exeget ist deshalb bei seiner Deutung der Charismen größtenteils auf Vermutungen angewiesen, und lediglich bei der Prophetie kann er auf etwas ausführlichere paulinische Erläuterungen zurückgreifen. Nur bei der Strukturbestimmung dieses Charismas läßt sich daher einigermaßen saubere Exegese betreiben, bei der Strukturbestimmung der anderen Charismen nicht, und deshalb wird in unseren folgenden Ausführungen die Beschäftigung mit der Prophetie den größten Raum einnehmen.

– Wort der Weisheit
– Wort der Erkenntnis

Beide Begriffe bezeichnen, wie bereits gesagt, geistgewirkte, enthüllende Rede. Unterschiede zwischen den beiden Redeformen anzugeben ist kaum möglich. Was allerdings feststeht, ist dies, daß beide Gaben einen großen Beitrag zu einer kommunikativen Gemeindepraxis leisten. Jemand, der in der Gemeinde das Wort der Weisheit bzw. das Wort der Erkenntnis spricht, gibt der Kommunikation plötzlich Tiefgang. Durch den betreffenden Charismatiker meldet sich ja der Geist Gottes selbst zu Wort, er greift konstruktiv in das Gemeindegeschehen ein, er sagt Dinge, die man sich nicht selber sagen kann, um dadurch Klarheit zu schaffen, wo menschlicherseits nichts als Unklarheit und Verfahrenheit herrscht.

Die Charismen »Wort der Weisheit« und »Wort der Erkenntnis« sind also für schwierige und gefährliche Situationen da. Mit traumwandlerischer Sicherheit trifft der Charismatiker, dem das Wort der Weisheit oder das Wort der Erkenntnis gegeben wird, den Punkt und löst damit Verblüffung aus. Dabei ist der Charismatiker über das, was sich aus ihm heraus entbindet, genauso erstaunt wie seine Zuhörer. Er verfügt ja nicht über eine Dauerweisheit, die er beliebig abrufen kann, sondern der Geist Gottes gibt ihm das Wort der Weisheit bzw. das Wort der Erkenntnis je neu ein, abhängig von der jeweiligen Situation.

Wenn man zwischen dem »Wort der Weisheit« und dem »Wort der Erkenntnis« einen Unterschied angeben will, könnte man vielleicht folgendes sagen: Das Wort der Weisheit bezieht sich eher auf allgemeine Lebenssituationen, das Wort der Erkenntnis eher auf den Bereich des Glaubens (es bringt z.B. Irrlehrer, also Leute mit falscher Erkenntnis, zum Schweigen). Doch handelt es sich bei dieser Unterscheidung lediglich um eine Vermutung. Zu ihrer Stützung läßt sich anführen, daß »Weisheit« im Judentum in erster Linie eminent praktische Lebensweisheit ist. Wird nun von Paulus ein Charisma Wort der *Weisheit* genannt, darf angenommen werden, daß dieses Charisma der Bewältigung von allgemeinen Lebenssituationen dient. Als Wirkungsbereich für das Wort der Erkenntnis bleibt dann der Bereich des Glaubens übrig. Doch auch dann, wenn man in dieser Weise zwischen Wort der Weisheit und Wort der Erkenntnis unterscheidet, darf man die Unterschiede nicht übertreiben, lassen sich doch beide Bereiche, der Bereich des allgemeinen Lebens und der Bereich des Glaubens, gar nicht sauber trennen; im Urchristentum durchzog und bestimmte der Glaube das gesamte Leben.

– Glaube
Wenn Paulus im Kontext einer Charismenliste den Begriff »Glaube« nennt, kann er nicht jenen Glauben meinen, den alle Christen haben. Er macht ja auch in V.9 deutlich, daß der (charismatische) Glaube nur gewissen Leuten gegeben ist. Glaube und Glaube ist bei Paulus zweierlei! Glaube ist zunächst einmal Annahme der Heilsbotschaft (vgl. z.B. Röm 10,9), d.h. Kerygmaglaube, verbindlich für alle Christen, da er der Weg zur Erlangung des Heils ist (vgl. auch Röm 3,28). Aber in den paulinischen Briefen ist an einigen Stellen auch ein Glaube belegt, den man »Vertrauensglaube« oder »Wunderglaube« nennen könnte, ein Glaube, der Gott ein machtvolles Eingreifen in die Lebenswirklichkeit zutraut, das negative weltimmanente Kausalitätsketten, denen der Mensch anscheinend hilflos ausgeliefert ist, mit Wucht sprengt und neue Lebensmöglichkeiten eröffnet (vgl. an Belegstellen zum Vertrauensglauben bei Paulus neben 1Kor 12,9 noch Röm 4,18ff; 12,3; 1Kor 13,2). Über diesen Glauben verfügt nicht jeder und muß auch nicht jeder verfügen. Er ist als Charisma einzelnen verliehen, die ihn stellvertretend für die anderen praktizieren. In den Charismatikern, die mit der Gabe des Glaubens ausgestattet sind, ist eine übernatürliche Zuversicht vorhanden, die fest mit dem Eingreifen Gottes in Situationen rechnet, in denen menschlicherseits nichts mehr zu hoffen ist.

– Charismen der Heilungen
Zur Wirksamkeit Jesu gehörte auch Heilungstätigkeit. Diese Tätigkeit war eingebunden in Jesu Botschaft vom Reich Gottes und brachte dieses punktuell und zeichenhaft zur Geltung. Wortverkündigung und Heilungstätigkeit waren zwei Seiten einer Medaille. Das Angebot Gottes, das Jesus weiterzugeben hatte, erschöpfte sich nicht darin, daß Menschen *innerlich* neu werden konnten, sondern schloß ihre Leiblichkeit mit ein. (Die Heilungstätigkeit Jesu wird auch von der kritischen

Forschung nicht grundsätzlich in Frage gestellt; wohl wird – zu Recht – davon ausgegangen, daß die Berichte von der Heilungstätigkeit Jesu sekundäre, vom Kerygma her gestaltete Schichten enthalten.)

In der nachösterlichen Gemeinde wurde die Heilungstätigkeit fortgesetzt. Neben den einschlägigen Stellen bei Paulus (vgl. neben 1Kor 12,9 noch die VV.28.30) läßt sich dafür vor allem Jak 5,13–16 ins Feld führen. Die frühen Christen fanden sich nicht mit der Krankheit ab. Unter Berufung auf das Vorbild Jesu, seinem Beispiel folgend und mit Vollmacht ausgestattet, die vom Geist Gottes ausgeht, wurde in den Gemeinden geheilt. Die Grundhaltung, die zu der Heilungstätigkeit der frühen Christen führte, könnte man als »kontrafaktisch« bezeichnen. Man wagte es, außergewöhnliche göttliche Machterweise zu erwarten. Man wagte es, kontrafaktisch zu glauben, d.h. den Glauben als Machtfaktor einzusetzen gegen Fakten der Welt, die verhängnisvoll und lebenszerstörend sind. Es waren Menschen mit *dieser Grundhaltung*, denen vom Geist die Gabe der Krankenheilung verliehen wurde. Das Aufbrechen dieses Charismas ist wohl nur in Gruppen möglich, für die ein starker Vertrauensglaube kennzeichnend ist, die Erwartungshaltung Gott gegenüber, daß er sich tatsächlich bei Krankheit als Sieger erweisen wird.

Den Plural Charis*men* der Heilun*gen* wählt Paulus wohl deshalb, weil Krankenheilung für ihn keine uniforme Angelegenheit ist. Sie läuft in den paulinischen Gemeinden nicht nach einem festen Zeremoniell ab (vgl. dagegen Jak 5,13–16!).

– Wunderkräfte für Machttaten
Unter den Gaben des Geistes gibt es auch die Befähigung zum »Wundertun«. Eigentümlicherweise spricht Paulus von dieser Befähigung ebenfalls im Plural (Wunderkräft*e* für Machttat*en*). Er möchte dadurch wohl ausdrücken, daß sich das Wundertun in vielfältiger Weise äußern kann. Woran er dabei genau denkt, ist allerdings schwer zu sagen. Sicher versteht Paulus unter Wundertun auch die Krankenheilung; auch der Krankenheiler ist ein »Wundertäter«. Derjenige nun, dem »Wunderkräfte für Machttaten« verliehen waren, dürfte ebenfalls als Heiler in Erscheinung getreten sein, aber darüber hinaus vom Geist auch noch in anderer Weise gebraucht worden sein (vielleicht zu Dämonenaustreibungen und Naturwundern), so daß von Paulus neben dem enger gefaßten Begriff »Charismen der Heilungen« für das Wunder der Krankenheilung (das durchaus wichtigste Wunder) noch ein Begriff für die Ausrüstung mit Wunderkraft ganz allgemein gefunden werden mußte.

Zu Naturwundern im Urchristentum: Frühe Charismatikerkreise dürften mit einer Geschichte wie z.B. Mk 4,35–41 (Stillung des Sturms) sehr elementar umgegangen sein. Eine solche Geschichte dürfte als Modell für die Bewahrung in konkreter Not auf der Reise gedient haben; man konnte etwa mit Hilfe einer solchen Geschichte in ähnlicher Zuversicht eine Schiffskatastrophe überstehen wie Paulus nach der Darstellung des Lukas in Apg 27. Und mehr noch: Man wird durch die Sturmstillungsgeschichte dazu inspiriert worden sein, selber den Naturkräften, dem Wind und den Wellen, zu gebieten. Einen späten Reflex solcher Bemühungen finden wir in Jak 5,16–18. Mit Berufung auf das kraftvolle Gebet des Elia, auf das hin es längere Zeit nicht regnete bzw. später dann wieder regnete (vgl. 1Kön 17,1; 18,1.42ff), wird hier festgestellt, daß das Gebet des Gerechten viel ausrichten kann.

– Prophetie
Was hat man unter Prophetie zu verstehen? Anhaltspunkte für eine Strukturbestimmung dieser Geistesgabe finden wir in 1Kor 14, und hier wiederum liefert die wichtigste Information V.3: »Wer prophetisch redet, spricht den Menschen Erbauung, Ermahnung und Trost zu.« Dabei ist zu beachten, daß im Wort für »Ermahnung« im griechischen Text weit mehr mitschwingt als in unserem Begriff »Ermahnung«; *paraklēsis* heißt zugleich Ermunterung, Zuspruch. Am besten wird man das hier gemeinte »Ermahnen« auffassen als »Zusprechen neuer Verhaltensmöglichkeiten«, also als einen wegweisenden und befreienden Akt, bei dem nicht wie bei unserem Ermahnen das restriktive Moment im Vordergrund steht. Bei der inhaltlichen Bestimmung von »Ermahnen« muß zudem beachtet werden, daß das prophetische Reden ein Ausdruck der Liebe ist, eine – wenn nicht die wesentliche – Möglichkeit der Umsetzung der Liebe in konkretes Handeln für den anderen. (Im Hintergrund dieser Überlegung steht folgende Beobachtung am Text: 1Kor 14 wird in V.1 mit dem Stichwort »Liebe« eingeleitet: »Trachtet nach der Liebe!« Das Stichwort Liebe verknüpft 1Kor 14 mit dem vorangehenden Kapitel, also mit dem sog. Hohenlied der Liebe. Die exponierte Stellung des Themas »Liebe« am Anfang der paulinischen Ausführungen über den Gottesdienst [1Kor 14 ist *das* Kapitel im Neuen Testament über den urchristlichen Gottesdienst] will also offenbar anzeigen, daß Gottesdienst nichts anderes ist als Umsetzung der Liebe, die in 1Kor 13 doch ein wenig weltabgehoben besungen wurde, auf den Boden des konkreten Miteinander. Jeder Gottesdienst, der nicht eine Manifestation der Liebe ist, die sich in den verschiedenen

gottesdienstlichen Elementen widerspiegelt, ist verfehlter Gottesdienst.)

Kehren wir zur Prophetie zurück. Nur derjenige ist legitimiert, prophetisch zu reden, nur derjenige wird es überhaupt können, der zugleich und zuallererst »nach der Liebe trachtet«, um es mit V.1 zu sagen. Aus der Liebe heraus ist ein kurzschlüssiges Zurechtweisen des anderen nicht möglich; eher geht es darum, ihm bei der Grundorientierung seines Lebens behilflich zu sein. Um dieser Aufgabe gerecht werden zu können, ist gottgewirkte Vollmacht nötig, die sich u.a. darin erweist, dem anderen bis ins Herz schauen zu können.

Aber nicht nur um den einzelnen geht es bei der Prophetie, wie V.3 nahelegen könnte; aus den VV.4f.12 ist vielmehr zu entnehmen, daß auch die ganze Gemeinde Empfänger prophetischer Rede sein kann. Durch den Propheten wird ihr Erbauung zuteil. Von Gott unmittelbar inspiriert, gibt der prophetisch Redende der Gemeinde Weisungen für ihren Weg; ohne Prophetie gäbe es keine Orientierung. Prophetie hat Predigt-, aber auch Offenbarungscharakter. Sie ist, um es mit L. Goppelt zu sagen, »*die genuinste Äußerung des Geistes* in der Gemeindeversammlung.« (Theologie des Neuen Testaments, 449.) Der Prophet ist der Verkündiger des Wortes Gottes schlechthin. Durch Prophetie zeigt sich für die Gemeinde und die einzelnen Gläubigen, worin der Heilswille Gottes besteht. Vielleicht darf man sogar soweit gehen wie E. Käsemann und sagen: »In der Prophetie vollzieht sich göttliche Epiphanie auf Erden.« (Die Anfänge der christlichen Theologie, 100.)

Zu Recht weist W. Schrage auf den »konkret-aktuellen Charakter« prophetischer Rede hin; sie ist stets situationsbezogen. Ihr Spezifikum wird besonders deutlich, wenn man sie mit der Lehre vergleicht. In der Lehre geht es um »Bewahren, Weitergeben und Auslegen von Tradition.« Durch die prophetische Verkündigung hingegen spricht »Gott sein wegweisendes Wort in bestimmter Lage und zu bestimmter Stunde in die Gemeinde« hinein. (Die konkreten Einzelgebote in der paulinischen Paränese, 183.)

Aus alledem dürfte deutlich geworden sein, daß Prophetie nach paulinischem Verständnis keine Vorhersage der Zukunft ist. Freilich zeigt sie durchaus Zukunftsperspektiven auf. Sie will ja das Leben des einzelnen und den Weg der Gemeinde gelingen lassen. Sie will dazu Entscheidungen hervorrufen, die sich in der Zukunft als gut erweisen werden. Sie weiß, welche Entscheidungen Zukunft verbauen und welche Zukunft eröffnen.

Dem Charisma der Prophetie kommt also enorme Bedeutung zu.

Steht damit der Prophet nicht in der Gefahr, seine Begabung zu mißbrauchen, seinen eigenen statt Gottes Willen kundzutun? – Diese Möglichkeit besteht tatsächlich, aber Paulus schiebt ihr in V.29 einen Riegel vor. Der Prophet hat sich dem Urteil anderer, ihn kontrollierender Gemeindeglieder zu unterwerfen. Er kann sich also nicht nach Belieben selber exponieren, sondern muß sich immer wieder am Evangelium messen lassen.

Wer in der Gemeinde verfügt über die Gabe der Prophetie? Sind es alle Gemeindeglieder, die vom prophetischen Geist ergriffen werden können, oder ist dieses Charisma einem bestimmten Kreis vorbehalten, und haftet es vielleicht an diesen Leuten als bleibende Befähigung? Die Aussagen des Paulus hierzu sind nicht eindeutig. Einerseits scheint er die Gesamtgemeinde anzureden, wenn er in V.1 dazu aufruft, sich der Prophetengabe zu befleißigen (vgl. VV.5.24). Andererseits setzt er möglicherweise, etwa in V.29 oder 37, einen festumrissenen Trägerkreis dieser Gabe voraus. Am besten wird diesem exegetischen Befund H. Greeven gerecht, wenn er hier einen *Prozeß* postuliert: Einerseits »ist das Bewußtsein vom allgemeinen Prophetentum aller Gläubigen deutlich erkennbar«, andererseits beginnt »sich ein fest abgegrenzter Stand der Propheten abzuzeichnen.« Am Abschluß dieses Prozesses wird das Charisma der Prophetie endgültig auf einzelne Gemeindeglieder beschränkt sein. (Propheten, Lehrer, Vorsteher bei Paulus, 8.)

In besonderer Weise sind die Propheten der Gemeinde herausgefordert, wenn *Ungläubige* dem Gottesdienst beiwohnen; die prophetische Rede ist, so macht Paulus in 1Kor 14,24f deutlich, die geeignete Kommunikationsform, um bei Ungläubigen jenes Evidenzerlebnis hervorzurufen, daß Gott in der Gemeinde tatsächlich wirksam ist:

Wenn alle prophetisch reden und es kommt ein Ungläubiger oder Uneingeweihter herein, wird er von allen überführt, von allen erforscht. Die verborgenen Dinge seines Herzens werden offenbar, er sinkt auf sein Angesicht nieder, betet Gott an und verkündet: »Gott ist wirklich unter euch!«

Bei unserer Strukturbestimmung der Prophetie wurde deutlich, daß prophetisches Reden ein in Liebe geschehendes wegweisendes und befreiendes Reden ist, ein »Zusprechen neuer Verhaltensmöglichkeiten«. Modern ausgedrückt: Prophetisches Reden hilft dem anderen bei seiner Selbstfindung, beim Aufbau seiner Identität. Der prophetisch Redende ist durch und durch Menschenkenner, der die Verirrungen des menschlichen Herzens durchschaut und durchsichtig macht, um dann behutsam, mit viel Einfühlungsvermögen, den Weg aus den Verstrickungen zu zeigen. Wenn die Gemeinde aus Leuten besteht, die in dieser Weise mit Ungläubigen umgehen können, dann wird sie in der Tat erleben, daß diese sagen: »Gott ist wirklich unter euch!« Was gemäß 1Kor 14,24f durch das prophetische Reden am Ungläubigen geschieht, darf man sich also keineswegs als etwas Mirakelhaftes vorstellen, als ob der Prophet vielleicht die »Kunst des Gedankenlesens« einsetzt, um den Ungläubigen zu verblüffen und dadurch seine Bekehrung hervorzurufen (so etwas ist in der Auslegungsgeschichte tatsächlich behauptet worden). Nein, der Vorgang ist viel natürlicher: Der Prophet, als vom göttlichen Geist begnadeter Menschenkenner, konfrontiert (unbestechlich, aber liebevoll) den Menschen mit sich selber, mit seinen Schattenseiten, und leitet damit eine tiefgreifende Erneuerung ein. Und der Mensch, der in diese Erneuerung hineingeführt wird, erkennt, daß in diesem Prozeß Gott selbst am Werk ist, der ihn aus der Verlorenheit heraus zu einem neuen Leben beruft.

– Unterscheidungen der Geister
Um zu verdeutlichen, was mit »Unterscheidungen der Geister« gemeint ist, sei Kapitel 11 aus der Didache angeführt. Zwar kommt hier diese Gabe als solche nicht vor, wohl aber wird das Problem, das sie nötig machte, sehr deutlich thematisiert:

Wer nun kommt und euch all das vorher Mitgeteilte lehrt, den nehmt auf! Wenn aber der, der lehrt, sich selber abkehrt und eine andere Lehre lehrt, so daß er auflöst, dann hört nicht auf ihn; (wenn er) aber (lehrt), so daß er Gerechtigkeit und Erkenntnis des Herrn mehrt, dann nehmt ihn auf wie den Herrn! Betreffs der Apostel und Propheten: Verfahrt so, wie das Gebot des Evangeliums lautet! Jeder Apostel, der zu euch kommt, soll jedoch nur einen Tag bleiben; wenn es nötig ist, auch einen zweiten! Wenn er aber drei Tage bleibt, ist er ein Lügenprophet. Geht der Apostel weiter, soll er nichts bekommen außer Brot, bis er übernachtet! Wenn er aber Geld nimmt, ist er ein Lügenprophet ... Nicht jeder, der im Geist redet, ist ein Prophet, sondern nur, wenn seine Lebensweise sich am Herrn orientiert. An der Lebensweise also sollt ihr erkennen, ob einer ein echter Prophet ist ... Und jeder Prophet, der die Wahrheit lehrt – wenn er nicht tut, was er lehrt, ist er ein Lügenprophet. Jeder bewährte, echte Prophet, der so handelt, daß das irdische Geheimnis der Kirche entsteht, nicht aber zu tun lehrt, was er selber tut, soll vor euch nicht gerichtet werden! Denn er hat sein Gericht bei Gott. Ebenso haben nämlich auch die alten Propheten gehandelt. Wer aber im Geist sagt: Gib mir Geld oder etwas anderes, auf den sollt ihr nicht hören! Wenn er jedoch für einen anderen zu geben anordnet, soll ihn keiner richten!

Die urchristlichen Gemeinden wurden immer wieder von Falschpropheten und auch regelrechten Scharlatanen heimgesucht, die auf den ersten Blick von seriösen Verkündigern des Evangeliums nicht zu unterscheiden waren. In dem zitierten 11. Kapitel der Didache haben sich all die Erfahrungen niedergeschlagen, die die Gemeinden mit solchen Betrügern gemacht haben. Wie oft mag man übers Ohr gehauen worden sein, wie oft wird die Hilfsbereitschaft einer Gemeinde schamlos ausgenutzt worden sein! Um sich vor solchen Reinfällen zu schützen, stellte man bestimmte Kriterien auf, an denen fremde, zugereiste Verkündiger zu messen waren. Unser Text zeigt, daß ein solches Kriterium z.B. »Bindung an die Tradition« war; nur derjenige galt als rechter Verkündiger, der nicht etwas völlig anderes lehrte als das, was der Gemeinde als Glaubensgut überkommen war. Das Aufstellen von Kriterien dürfte aber eine erst spätere Stufe bei der Abwehr von Falschpropheten und Scharlatanen darstellen. Die Didache, die diese spätere Stufe bietet, entstand etwa ein halbes Jahrhundert nach den Paulusbriefen, und bei Paulus – d.h. in seinen Gemeinden – hat sich offenbar das Aufspüren von Falschpropheten und Scharlatanen auf ganz andere Weise vollzogen, nämlich über die Geistesgabe »Unterscheidungen der Geister«. Demnach liegt in Didache 11 ein sehr instruktives Beispiel dafür vor, daß schon sehr bald – bereits in der zweiten, dritten Generation von Christen – das Wissen um die Geistesgaben verlorengegangen ist, zumindest ein Stück weit. Anstatt durch die Inspiration des Geistes zur Klarheit über bestimmte Personen und ihr Wirken in der Gemeinde zu gelangen, bildete man sich nun sein Urteil über Kriterien, zu denen man durch vernünftige Überlegung gelangt war.

Wer in den paulinischen Gemeinden zur »Geisterunterscheidung« befähigt war, hatte ein übernatürliches »Witterungsvermögen« dafür, ob von jemandem für die Gemeinde Gefahr ausging (sei es von einem zugereisten Verkündiger, sei es von einem Gemeindeglied selbst), und er konnte der betreffenden Person diese Erkenntnis auf den Kopf zusagen und sie damit vor den anderen bloßstellen.

– Arten von Zungenreden
Bei der Behandlung des Charismas Zungenrede oder Glossolalie können wir wieder, wie bei der Behandlung des Charismas Prophetie, auf 1Kor 14 zurückgreifen. Paulus erörtert hier, in den VV.1–25, das Verhältnis dieser beiden Charismen zueinander. Allerdings läßt sich eine eigentliche *Strukturbestimmung* der Glossolalie diesem Abschnitt nicht entnehmen, es geht um Probleme bei ihrer *Praktizierung* (zur Strukturbestimmung der Prophetie hingegen gibt es in 1Kor 14,1–25 einschlägige Aussagen, die wir weiter oben ausgewertet haben). Trotzdem Paulus

also in 1Kor 14,1–25 auf die Glossolalie näher eingeht, wird für uns nicht klar genug, was Glossolalie eigentlich ist. Doch scheint es sich gerade bei der Näherbestimmung der Glossolalie anzubieten, auf religionsgeschichtliche Analogien zurückzugreifen, in der Hoffnung, daß sie zur Ausleuchtung dieses Phänomens etwas beitragen können.

Zunächst eine alttestamentliche Analogie: In Jes 28,7–13 wird von einem unverständlichen Lippengestammel berichtet. Diese Stelle ist schwer zu deuten. Paulus zitiert aus ihr (in sehr freier Weise) in 1Kor 14,21, weil er meint, daß in ihr die Glossolalie als göttliches Zeichen bereits geweissagt sei. Aber bezieht sich Jes 28,7–13 wirklich auf jenes Phänomen, das in den paulinischen Gemeinden auftrat? Auch wenn das so wäre: Eine Näherbestimmung der Art oder Struktur dieses Phänomens ließe sich auch aus den dunklen Andeutungen von Jes 28,7–13 nicht gewinnen.

Genauso unergiebig ist die Auswertung von Belegen über ekstatisch-stammelndes Reden aus dem Bereich der griechischen und hellenistischen Religiosität. (Vgl. als Materialsammlung z.B. J. Behm, γλῶσσα, 722f.) Auch wenn man sagen kann, daß es in mancherlei religiösem Kontext (z.B. bei orgiastischen Kulthandlungen oder bei der mystischen Vereinigung mit der Gottheit) ein unartikuliertes Reden gegeben hat, das in religionsphänomenologischer Hinsicht mit der Glossolalie in den paulinischen Gemeinden Ähnlichkeiten gehabt haben muß – was ist damit gewonnen? Was uns der religionsgeschichtliche Vergleich sagt, ist doch im wesentlichen dies: Das entsprechende Reden ist *unverständlich* (d.h. ohne semantische Sprachdimension), und zwar deshalb, weil es sich aufschwingt in einen Bereich, der jenseits der Aussagemöglichkeiten normalen menschlichen Redens liegt. Dies erfahren wir aber auch aus 1Kor 14 selbst, vgl. die VV.2.14 u.ö.

Glossolalie ist also offenbar eine Art Parasprache, in der die semantische Sprachdimension fortgefallen ist – erhalten sind die expressive und die appellative Sprachdimension; m.a.W.: Glossolalie ist ein Phonemstrom, der sowohl für den Hörer als auch für den Sprecher unverständlich ist (in dem Sinne, daß sich den phonetischen Elementen kein bestimmter Inhalt zuordnen läßt), der aber Ausdrucks- und Appellcharakter hat (wodurch Glossolalie durchaus als bedeutungsvoll empfunden wird). G. Theißen hat die These aufgestellt, daß Glossolalie »Sprache des Unbewußten« sei, und er hat diese These durch exegetische Beobachtungen und religionspsychologische Erwägungen gut begründet. (Psychologische Aspekte paulinischer Theologie, 269–340.) Glossolalie hat nach Theißen regressiven Charakter. Unter regressivem Verhalten versteht man in der Psychologie eine Rückkehr zu früheren, »primitiven« Verhaltensweisen. Zu einer Regression kann es beispielsweise in einem Krankheitsfall kommen: Der krank gewordene Erwachsene läßt sich trösten und bemuttern, er verhält sich wie ein Kind. Regression ist nicht unbedingt etwas Negatives; es gibt z.B. eine schöpferische, kreative Regressivität, die einem bestimmten Typ von Künstler eignet. Bezüglich der Glossolalie besteht die Regression darin, daß man zurückkehrt zu »primitiven« Sprachformen (das Wort »primitiv« ist hier nicht wertend gemeint); man spricht gewissermaßen wieder wie ein Kind in seinen Lallmonologen. An der Kontrollinstanz des Bewußtseins vorbei werden Dinge gesagt, die eigentlich nicht sagbar sind. Durch Glossolalie können solche Empfindungen zum Ausdruck gebracht werden (und zwar Gott gegenüber und auch den Mitmenschen gegenüber), die jenseits der normalen sprachlichen Artikulationsmöglichkeiten liegen, die in einer normalen Kommunikation nicht zu thematisieren sind. Eine Gemeinde, in der das Phänomen der Glossolalie auftritt, in der durch das Wirken des Geistes diese »Parasprache« geweckt worden ist, erfährt deshalb eine Erweiterung ihres sprachlichen Repertoires, ihrer kommunikativen Kompetenz, was eine große Bereicherung ist.

– Auslegung von Zungenreden
Welche Aufgabe fällt bei der Praktizierung der Glossolalie der Gabe der Auslegung zu? Der Ausleger übersetzt die Glossolalie in normales Sprechen. Eine Analogie zu diesem Vorgang ist die Traumdeutung. Tiefenpsychologischer Ansicht gemäß meldet sich im Traum das Unbewußte zu Wort, um sich in seiner Symbolsprache an der Kontrollinstanz des Bewußtseins vorbei zu artikulieren; der Traumdeuter (Psychotherapeut) macht diese Symbolsprache dann dem Bewußtsein verständlich. Und ähnlich geht es bei der Auslegung der Glossolalie zu.

Damit ist unsere Erläuterung der einzelnen Charismen, die in 1Kor 12,8-10 angeführt werden, abgeschlossen. In V.11 macht Paulus noch einmal deutlich, daß es ein und derselbe Geist ist, der alle Gaben hervorruft, und der Apostel betont ferner, daß der Geist – indem er, wie *er* will, die Gaben austeilt – das eigentlich handelnde Subjekt der Gemeindepraxis ist. Gemeindepraxis ist für Paulus also ein pneumatisch-kommunikatives Geschehen, das von einer Fülle geistgewirkter Impulse lebt, die sich gegenseitig ergänzen und verstärken. Eine solche Gemeindepraxis führt den einzelnen über sich hinaus; jeder sieht sich in einer Weise gebraucht, die ihn selber verblüfft. Den Geist zu erfahren bedeutet in der korinthischen Gemeindepraxis, die Erfahrung zu machen, daß man über sich selbst hinauswächst, daß einem Handlungen möglich werden, die einem vorher nicht möglich waren. Geist ist ein Seinszusammenhang, in dem Leben gelingt, ja, gesteigert wird, Geist ist ein Zuwachs an Leben, an Kraft, an Freude. Man kann es noch konkreter sagen: In Korinth wächst ein einfacher Handwerker über sich hinaus. Er findet sich vor in dieser lebendigen, pulsierenden Gemeinschaft, und er spürt plötzlich Kräfte und Fähigkeiten in sich, die er vorher nicht kannte. Er wagt es zum ersten Mal in seinem Leben, vor einer größeren Gruppe zu reden. Und er merkt: Man nimmt mich ernst. Seine Beiträge werden zunehmend profilierter. Schon bald hat er eine verantwortungsvolle Stellung in der Gemeinde inne.

Genau dieses Über-sich-Hinauswachsen ist Geist, und von diesem Über-sich-Hinauswachsen war das Miteinander in Korinth gekennzeichnet. Dieses gesteigerte, überschwengliche Leben brachte freilich auch Probleme mit sich. Und diesen Problemen wendet sich Paulus ab V.12 zu. Worin bestanden die Probleme? In mangelnder Einheit, Hochmut und Minderwertigkeitsgefühlen. Bereits in den VV.4-11 kann ausgemacht werden, daß die Einheit in Korinth gefährdet war – hätte doch Paulus sonst nicht so sehr die Einheit der Charismen in dem *einen Geist* betonen müssen, die dadurch auch selber auf *Einheit* hin angelegt sind. In den VV.12-30 wird Paulus dann deutlicher; er spricht vom Lebensraum, in dem die Charismen zu ihrer Wirkung gelangen, d.h. von der Kirche, und er faßt den Lebensraum Kirche als »Leib Christi« auf. Damit will der Apostel folgendes erreichen: aufzeigen, was die Einheit *möglich macht* (bloße Appelle, eins zu sein, wären zu schwach). Den Glaubenden wird die *Ermöglichungsgrundlage* für ein Leben in Einheit vorgestellt: Sie sind als Glieder des Leibes Christi existentiell aufeinander bezogen und können dadurch harmonisch zusammenwirken, wie die Glieder des natürlichen Leibes.

Die Praktizierung der Charismen hatte die Einheit der Gemeinde in zweifacher Weise in Frage gestellt:

1. Es gab Gemeindeglieder, die meinten, bei der Austeilung der Gaben zu kurz gekommen zu sein. Paulus ventiliert diese Minderwertigkeitsgefühle in den VV.15f, um dann in den VV.17-20 klarzumachen, wie unberechtigt solche Gefühle sind: »Das Schielen nach den Gaben des anderen verkennt völlig das Wesen des Leibes. Es ist ein kindisches, ichbezogenes Denken. Das Wesen des Leibes würde zerstört, wenn er nur aus Augen oder nur aus Ohren bestünde. In humorvoller Weise deutet Paulus an, was für ein groteskes Monstrum ein solcher ›Leib‹

wäre. Einen Leib, der nur aus einem Glied besteht, kann man sich nicht einmal vorstellen.« (A. Bittlinger, Im Kraftfeld des Heiligen Geistes, 77.)

2. Umgekehrt gab es in der Gemeinde Hochmütige, die auf Gemeindeglieder mit angeblich geringeren Gaben verächtlich herabblickten und zu ihnen sagten: »Wir brauchen euch nicht!« (Vgl. V.21.) Paulus gibt den Hochmütigen zunächst dieses zu bedenken: »Diejenigen Glieder des Leibes, die schwächer zu sein scheinen, sind (gerade) notwendig.« (V.22.) Wie das genauer zu verstehen ist, erläutert der erste Klemensbrief, geschrieben ebenfalls an die Gemeinde in Korinth, etwa 40 Jahre nach dem ersten Korintherbrief des Paulus: »Betrachten wir die Soldaten im Dienst unserer Obrigkeit, wie geordnet, wie willig, wie gehorsam sie die Anordnungen ausführen. Nicht alle sind Befehlshaber, Anführer von Tausendschaften, Hundertschaften, Fünfzigschaften und so weiter, sondern jeder führt auf seinem Posten die Anordnungen des Königs und der Obrigkeit aus. Die Großen können ohne die Kleinen nicht sein und die Kleinen nicht ohne die Großen. Bei allem gibt es eine gewisse Mischung, und darin liegt die Brauchbarkeit. Nehmen wir unsern Leib: der Kopf ist ohne die Füße nichts, ebenso sind die Füße ohne den Kopf nichts; selbst die geringsten Glieder unseres Leibes sind notwendig und nützlich für die Gesamtheit des Leibes; indes stimmen alle überein und wirken in einträchtiger Unterordnung an der Erhaltung des ganzen Leibes.« (37,2–5.) – Die Antwort des Paulus an die Hochmütigen ist mit 1Kor 12,22 noch nicht beendet. Er schreibt ihnen des weiteren ins Stammbuch, daß sie die Aufgabe haben, den Minderbemittelten zu dienen und ihnen Ehre zu erweisen (VV.23f). »Die verschiedenen Funktionen sind den einzelnen Gliedern nicht zu ihrer Selbstverherrlichung gegeben. Die Gaben sind nicht in erster Linie dem Gabenträger gegeben, sondern letztlich dem, dem dadurch gedient wird. So empfängt z.B. der Kranke, der gesund wird, die Heilung als ›Gabe‹ und nicht derjenige, der ihm die Hand auflegt und für seine Heilung betet.« (A. Bittlinger, Im Kraftfeld des Heiligen Geistes, 81.)

Zusammenfassend könnte man folgendes sagen: Paulus möchte den korinthischen Christen beibringen, daß alles Streiten um Ansehen innerhalb des Leibes Christi absurd ist. Der Leib Christi ist *einer,* und diejenigen, die ihn bilden, also die Gläubigen, sind *eins.* Alles Fragen nach größeren oder geringeren Gaben, nach Über- und Unterordnung erübrigt sich damit. Im Leib Christi sorgt einer für den anderen (V.25), die Glieder sind verbunden zu einer Schicksalsgemeinschaft im Leid wie in der Freude (V.26).

1 Kor 12 zeigt, wie eng für Paulus Geist und Gemeinde zusammengehören (und wie eng damit für den Apostel Pneumatologie und Ekklesiologie aufeinander bezogen sind). Die Gemeinde ist, so läßt sich zunächst sagen, das *Wirkungsfeld* des Geistes, auf dem er sich mit seinen Gaben entfaltet. Aber mehr noch: Wie V.13a lehrt, konstituiert der Geist überhaupt erst die Gemeinde (um dann auch ihre Glaubens- und Lebensvollzüge zu bestimmen). Es heißt in V.13a: »Denn in einem Geist sind wir alle zu einem Leib getauft worden.« Der Geist wird hier als eine Art Fluid aufgefaßt, das – analog dem Taufwasser – den Glaubenden umspült. Geistbegabung bzw. Geisttaufe ist Eintauchen in den Geist und sich seiner Wirkung völlig preisgeben, die auf die Errichtung einer bestimmten Art von Gemeinschaft zielt: Der Geist schließt diejenigen, die sich ihm überlassen, zum Leib Christi zusammen.

Ergänzt wird diese Vorstellung vom Wirken des Geistes in der zweiten Hälfte von V.13 durch das Bild des »Tränkens«: Die Glaubenden werden mit dem (einen) Geist auch *getränkt*, er ist also nicht nur von außerhalb her an ihnen tätig, sondern betreibt sein Werk auch *in ihnen*. Die Glaubenden sind demnach so umfassend, wie man es sich überhaupt nur vorstellen kann, vom Geist bestimmt. Und es ist ein und derselbe Geist, der an allen und in allen wirkt. Damit ist die menschliche Vereinzelung überwunden und die Sehnsucht nach Nähe gestillt. Mehr Nähe als »Einssein im Geist« kann es nicht geben; in jedem pulsiert dasselbe Geist-Leben, jeder ist mit dem anderen auf die intimste Art und Weise verwandt, man ist in ein schwesterlich-brüderliches Verhältnis versetzt. Nun hat man in der Regel vor Nähe aber auch Angst, weil Nähe Auflösung der eigenen Persönlichkeit bedeuten könnte, absorbiert werden vom anderen. Bei der Nähe, die der Geist stiftet, ist diese Angst unbegründet. Das Bild vom Leib und seinen Gliedern zeigt, daß jeder einzelne trotz größter Nähe, die er zum anderen hat, eine konturierte Persönlichkeit bleibt: Einssein im Geist ist kein uniformes Einssein, das Individuum wird hier nicht vom Kollektiv verschlungen. Der Ausgang von Kapitel 12 beweist, in den VV.28–30, noch einmal sehr schön, daß jeder einzelne gerade mit seiner besonderen, unverwechselbaren Begabung für die Gemeinschaft wichtig ist.

Die in den VV.28–30 genannten Begabungen werden nicht unmittelbar auf den Geist zurückgeführt und mit einem Begriff wie Geistesgaben oder Gnadengaben bezeichnet. Dennoch ist es von der Gedankenführung des ganzen Kapitels 12 her deutlich, daß natürlich auch die hier genannten Begabungen geistgewirkt sind.

Die VV.28–30 zählen folgende Begabungen auf (bzw. Gabenträger):
- Apostel *(apostoloi)*;
- Propheten *(prophētai)*;
- Lehrer *(didaskaloi)*;
- Wunderkräfte *(dynameis)*;
- Charismen der Heilungen *(charismata iamatōn)*;
- Hilfeleistungen *(antilēmpseis)*;
- Leitungsgaben *(kybernēseis)*;
- Arten von Zungenreden *(genē glōssōn)*;
- Auslegen (von Zungenreden) *(diermēneuein)*.

Diese Liste weist mit der Liste der VV.8–10 Übereinstimmungen auf, sie unterscheidet sich aber auch von ihr. In ein und demselben Kapitel bietet Paulus also zwei verschiedene Aufzählungen der charismatischen Befähigungen. Das bestätigt unseren bereits weiter oben notierten Befund: Paulus hat Mühe, die charismatischen Phänomene zu ordnen und zu klassifizieren. In der Gemeinde gab es eine Fülle von Äußerungen des Geistes, und wenn Paulus auf sie zu sprechen kommt, unternimmt er nicht den Versuch, diese Fülle von Äußerungen (die z.T. schwer voneinander abzugrenzen sind) begrifflich völlig zu bändigen, er zählt vielmehr auf, was ihm gerade in den Sinn kommt; ein umfassendes Klassifizierungsschema strebt er nicht an.

Zunächst werden drei Gruppen von *Gabenträgern* genannt (Apostel, Propheten, Lehrer). Wenn nicht *Begabungen als solche* genannt werden, sondern Gaben*träger*, heißt das wohl, daß die entsprechenden Gaben dauerhaft bei den entsprechenden Personen verbleiben. Auffallend ist, daß in der Liste der VV.8–10 von der Gabe *Prophetie* die Rede ist, in der Liste der VV.28–30 hingegen von den *Gabenträgern Propheten*; bei der Prophetie ist also offenbar ein Prozeß im Gange: sie ist Gabe, die je und je verliehen wird, sie beginnt aber, bei einzelnen Gabenträgern als dauernde Befähigung zu verbleiben (vgl. dazu auch oben).

Neu hinzugekommen sind in der Liste der VV.28–30 gegenüber der Liste der VV.8–10 die »Hilfeleistungen« und die »Leitungsgaben«. Zum ersten Begriff: Der Geist bewirkt nach paulinischer Auffassung nicht nur spektakuläre Phänomene, sondern befähigt die Gemeindeglieder auch, mit Phantasie und Geschick karitative und technisch-organisatorische Aufgaben in der Gemeinde zu bewältigen. Zum zweiten Begriff: Die paulinischen Gemeinden kannten keine festen Ämter, wohl verfügten sie über gewisse informelle Ordnungsstrukturen. Im Prinzip war das Miteinander in den paulinischen Gemeinden egalitär, aber auch in ihnen mußte es – um sie überhaupt funktionsfähig zu machen – ein Mindestmaß an Leitung geben, und die Fähigkeit, Leitungsakte vorzunehmen, versteht Paulus in der Liste der VV.28–30 als Gabe, die je und je verliehen wird. (Vgl. zum paulinischen Amts- und Ordnungsverständnis W. Rebell, Zum neuen Leben berufen, 134–145.)

Mit der Liste 1Kor 12,28–30 hat Paulus den ersten Teil seiner Ausführungen über pneumatisch-kommunikative Gemeindepraxis zu Ende gebracht. Er schaltet nun mit 1Kor 13 einen Abschnitt über die Liebe ein, um dann in 1Kor 14 mit seinen Ausführungen über pneumatisch-kommunikative Gemeindepraxis fortzufahren.

Das Kapitel 1Kor 13, das in 12,31 vorbereitet wird, braucht im Rahmen unserer Fragestellung nicht ausführlich ausgelegt zu werden; zu offensichtlich ist, daß die Liebe, die in Kapitel 13 in dichterischer Weise – man muß schon sagen – »besungen« wird, allem Miteinander in der Gemeinde zugrunde liegen muß. Hingewiesen sei nur auf folgenden Sachverhalt: Die Liebe selbst ist nicht etwa ein Charisma. So wird sie von Paulus nirgendwo genannt; damit wäre sie in eine Reihe mit der Glossolalie, Prophetie und den anderen Charismen gestellt. Die Liebe ist jedoch *mehr* als ein Charisma, sie ist so etwas wie das »Anwendungsprinzip der Charismen«. (A. Bittlinger, Im Kraftfeld des Heiligen Geistes, 88; zur Sonderstellung der Liebe vgl. auch R. Bultmann, Theologie, 345f.) Zugleich ist sie auch das »Kontrollorgan aller Charismen«. (Bittlinger, 89.) So heißt es bei E. Käsemann: »Sie ist ... die kritische Instanz gegenüber allen Charismen, welche immer in der Gefahr stehen, die eigene Begabung zu überschätzen und zu mißbrauchen, die eigene Autorität mit derjenigen des Herrn ... zu verwechseln.« (Amt und Gemeinde im Neuen Testament, 126.)

Indem Paulus in seine Ausführungen über das Wirken des Geistes in der korinthischen Gemeindepraxis das Hohelied der Liebe einschiebt, bringt er Geist und Liebe in eine enge Beziehung zueinander. Pneumatisch-kommunikative Gemeindepraxis muß eine Liebeswelt aufbauen. Das »Einssein im Geist«, von dem 1Kor 12 handelt (vgl. oben), ist keine theoretische, rein kognitive Angelegenheit, sondern muß auch emotionale Qualitäten aufweisen und muß von allen Beteiligten als Liebe empfunden werden.

In 1Kor 14 geht es zunächst, in den VV.1–25, um das Verhältnis der beiden Charismen Prophetie und Glossolalie zueinander. Beide Charismen als solche haben wir oben bereits besprochen, so daß wir uns hier kurz fassen können. Prophetie ist für Paulus das wichtigere Charisma, obwohl er Glossolalie keineswegs geringachtet:

Ich will aber, daß ihr alle in Zungen redet, mehr jedoch, daß ihr prophetisch redet. Der prophetisch Redende steht über dem Zungenredner, es sei denn, dieser gibt die Auslegung, damit die Gemeinde erbaut wird. (V.5.)

Wenn Paulus die Glossolalie auf diese Weise in die Schranken weist, muß sie in Korinth, dieser in einem pneumatischen Fieber befindlichen Gemeinde, außer Kontrolle geraten sein. Dafür spricht auch V.27; diese Stelle läßt darauf schließen, daß sich in den Gemeindeversammlungen mehrere Zungenredner gleichzeitig betätigten, was zu chaotischen Verhältnissen geführt haben muß. Paulus versucht nun gegenzusteuern; seine Aussage ist: Um ihrer konstruktiven Aufgabe gerecht werden zu können, muß die Glossolalie sparsamer und mit äußerster Disziplin praktiziert werden – sonst ist sie das Einfallstor für das Chaos, sonst wird aus einer im Prinzip konstruktiven Art des Kommunizierens eine destruktive.

Auch in dem Abschnitt 1Kor 14,1–25 findet sich eine Liste von Charismen, nämlich in V.6. Aufgezählt werden hier vier Gaben: Offenbarung *(apokalypsis)*, Erkenntnis *(gnōsis)*, Prophetie *(prophēteia)* und Lehre *(didachē)*. Es wird nicht ausdrücklich gesagt, daß diese Gaben *Geistes*gaben sind, aber der Kontext weist darauf hin. (Der Begriff Geistesgaben fällt in V.1, und in dem ganzen Abschnitt geht es ja um das Wirken des Geistes in der Gemeinde, insbesondere durch die Prophetie und Glossolalie.)

Unter »Offenbarung« und »Erkenntnis« versteht Paulus sicherlich spontane Eingebungen durch den Geist, aber worauf sie sich beziehen und wie (und ob überhaupt) »Offenbarung« und »Erkenntnis« sich voneinander unterscheiden, verrät der Apostel nicht. Man muß sich damit begnügen zu konstatieren, daß bei Paulus und in seinen Gemeinden die gesamten Lebens- und Glaubensvollzüge vom Geist begleitet und gestaltet wurden, wobei der Geist selber diese Lebens- und Glaubensvollzüge auf Tiefendimensionen hin ausleuchtete, innere Zusammenhänge sichtbar machte und durchschlagende Erkenntnisprozesse auslöste, die dazu dienten, die Glaubensexistenz und das gesamte Leben echter und wahrer zu machen. Wir leiden bei unseren eigenen Lebens- und Glaubensvollzügen oft daran, uns zu sehr an der Oberfläche zu befinden, nicht jene Tiefe zu erreichen, wo Leben »eigentlich« wird. Das hängt mit einem Mangel an Geist zusammen. Der Geist zeichnet sich dadurch aus, daß er Oberflächlichkeit nicht hinnimmt. Er will stets »Offenbarung« und »Erkenntnis« vermitteln. Wir ahnen zwar um die Tiefe, um innere Zusammenhänge, um tiefsitzende Verknotungen, und wir sehnen uns nach Wahrheit und Echtheit. Und vielleicht sind wir sogar bereit, uns auf dem Weg in eigentliches Leben mit unseren Sünden und Lebenslügen konfrontieren zu lassen (an denen vorbei es Erneuerung nicht geben kann). Aber wir können den Weg in eigentliches Leben nicht *alleine* gehen, wir können uns hier nur *führen lassen* – durch den Geist. Es bedarf geistgewirkter »Offenbarung« und »Erkenntnis«, um aus einem oberflächlichen Wirklichkeitsentwurf in jenen Seinszusammenhang zu gelangen, in dem ein volles Leben möglich ist. Es bedarf geistgewirkter »Offenbarung« und »Erkenntnis«, damit das Gespinst von Lebenslügen, in dem wir verstrickt sind, zerstört wird und Freiheit beginnen kann.

Der Charismatiker, den »Offenbarung« und »Erkenntnis« überkommt, spricht Worte der Macht, Worte, die Menschen aus dem Tod ins Leben führen können. Durch das Charisma »Lehre« wird der Erkenntniszusammenhang, den die Charismen »Offenbarung« und »Erkenntnis« herstellen, dann befestigt und ausgebaut. »Lehre« ist also nicht Vermittlung von trockenem und langweiligem Lehrstoff. Nein, Lehre ist geistgewirkte Reflexion und Systematisierung von Erkenntniswissen.

Nachdem Paulus in 1Kor 14,1–25 das Verhältnis zwischen Prophetie und Glossolalie geklärt hat, ist es ihm im abschließenden Teil des Kapitels (VV.26–40) um die rechte Ordnung im Gottesdienst zu tun. Dabei ist es nicht etwa so, daß der Apostel eine bestimmte Liturgie oder Agende kritisiert und in seinem Sinne beeinflussen möchte. Wir müssen, wenn wir im Zusammenhang mit der korinthischen Gemeinde von »Gottesdienst« sprechen, fast alle Assoziationen, die für uns mit diesem Begriff verknüpft sind, beiseite lassen. Auch Worte wie »Liturgie« oder »Agende« sollten wir auf den korinthischen Gottesdienst besser nicht anwenden; diese Worte lassen nämlich an ein festgefügtes Geschehen denken, und gerade *das* gab es in Korinth nicht; ganz im Gegenteil: der korinthische Gottesdienst zeichnete sich durch große Spontaneität aus. V.26 zeigt, in einer erneuten Auflistung von Charismen, daß sich jeder Gottesdienstteilnehmer mit seiner spezifischen Gabe in das gottesdienstliche Geschehen einbrachte, was zu einer unglaublichen Lebendigkeit geführt haben muß:

Was folgt nun daraus, Brüder? Wenn ihr zusammenkommt, hat jeder einen Psalm *(psalmos)*, eine Lehre *(didachē)*, eine Offenbarung *(apokalypsis)*, eine Zungenrede *(glōssa)*, eine Auslegung *(hermēneia)*; alles soll zur Erbauung geschehen.

Noch einmal wird also deutlich, daß Gemeindepraxis in Korinth ein pneumatisch-kommunikatives Geschehen war. Allerdings tauchte das

Problem der Unordnung, des Überbordens auf. Die Ausführungen des Paulus in den VV.27-33a.37-40 sind ein einziger Appell, die Ordnung beizubehalten; in den korinthischen Gottesdiensten ist es also offenbar drunter und drüber zugegangen. Und der Apostel stand vor der heiklen Aufgabe, Ordnung herzustellen, ohne die im Prinzip bejahenswerte Dynamik des gottesdienstlichen Geschehens durch starre Reglementierungen zu ersticken. Er versucht, die unbändigen Lebensäußerungen der jungen Gemeinde dadurch in die richtigen Bahnen zu lenken, daß er den Begriff des *Friedens* einführt: »Gott ist kein Gott der Unordnung, sondern des *Friedens*.« (V.33.) Alle hektische Betriebsamkeit hat aus dem Gottesdienst zu weichen, alles Sich-nach-vorne-Drängeln mit seiner Gabe; statt dessen soll der Friede Gottes einkehren. Und in diesem Frieden soll und wird es dann zu einem harmonischen Zusammenspiel der verschiedenen Begabungen kommen: »Alles soll anständig und gemäß der Ordnung stattfinden.« (V.40.)

Eine wichtige Bemerkung zur Glossolalie findet sich in V.28; hier wird gesagt, daß dann, wenn kein Ausleger anwesend ist, der Zungenredner in der Gemeindeversammlung schweigen soll; er möge in diesem Fall für sich und zu Gott reden. Paulus unterscheidet also zwischen öffentlichem und privatem, persönlichem Zungenreden. Öffentliches Zungenreden muß sehr diszipliniert stattfinden (vgl. oben), dem persönlichen Gebrauch dieser Geistesgabe wird jedoch kein Riegel vorgeschoben. Paulus weiß: »Der Zungenredner erbaut sich selbst« (V.4a), und von der Möglichkeit, sich durch privates Zungenreden zu erbauen, soll der Glaubende ungehindert Gebrauch machen. Der Begriff »erbauen« *(oikodomein)* dürfte hier den konstruktiven Aufbau der Persönlichkeit bezeichnen. Auch aus der heutigen Praktizierung der Glossolalie in charismatischen Kreisen und vor allem aus ihrer Verwendung in der Psychotherapie wissen wir, daß sie psychohygienische Funktionen erfüllt, daß sie befreiende Wirkungen auf seelische Tiefenschichten hat. Paulus dürfte diese Zusammenhänge gekannt haben, und deshalb hütet er sich, den privaten Gebrauch der Glossolalie in irgendeiner Weise einzuschränken. Auch er selber hat (allein für sich) oft und ausführlich die Gabe der Glossolalie praktiziert, wie aus V.18 hervorgeht. (Daß in V.18 der private Gebrauch der Glossolalie gemeint ist, macht der Vergleich mit V.19 deutlich. In V.19 wird ein Kontrast zu der in V.18 vorausgesetzten Situation hergestellt und von der *Gemeindeversammlung* gesprochen, in der die Glossolalie zurückstehen soll; in V.18 ist demnach die Situation vorausgesetzt, daß Paulus für sich alleine ist und die Glossolalie ungehindert praktizieren kann.)

Die Charismen von Röm 12,3-8

In Röm 12,3-8 findet sich eine Liste von Gaben, die mit der Liste in 1Kor 12,4-11 vergleichbar ist. Obwohl die Gaben von Röm 12,3-8 nicht ausdrücklich auf den Geist zurückgeführt werden (die Begriffe *pneuma* und *pneumatika* [Geistesgaben] tauchen in diesem Abschnitt nicht auf), ist klar, daß auch die Gaben von Röm 12,3-8, die ausdrücklich *charismata* genannt werden, *geistgewirkte* Gaben sind (der Begriff *charismata* ist von 1Kor 12,4-11 her eindeutig definiert und bezeichnet pneumatische Phänomene).

Im einzelnen werden in Röm 12,3-8 folgende Charismen aufgezählt:
- Prophetie *(prophēteia)*;
- Dienstleistung *(diakonia)*;
- Lehre *(didaskalia)*;
- Ermahnung *(paraklēsis)*.

Bei drei Gaben werden nur die *Gabenträger* genannt:
- der Mitteilende *(metadidous)*;
- der Vorsteher *(proistamenos)*;
- der sich Erbarmende *(eleōn)*.

Einer näheren Erläuterung bedarf die Gabe der Dienstleistung; ferner ist zu fragen, was unter der Tätigkeit des »Mitteilenden« und der des »sich Erbarmenden« zu verstehen ist.

Mit Dienstleistung ist wohl praktische Hilfeleistung jeder Art gemeint. »Das Wort kann zwar auch den ›Dienst‹ der Verkündigung bezeichnen...; doch steht dann durchweg eine Genitivbestimmung. Es kann auch in einem weiteren Sinn jegliche verantwortliche Tätigkeit im ›Dienst‹ Gottes in der Gemeinde meinen...; doch in dieser Bedeutung hätte das Wort neben den umstehenden keine konturierte Funktion. Eine solche ergibt sich nur, wenn man es in der speziellen Bedeutung der Wahrnehmung von allerlei organisatorischen und karitativen Aufgaben in der Gemeinde auffaßt.« (U. Wilckens, Der Brief an die Römer. 3. Teilband, 14f.)

Unter dem »Mitteilenden« dürfte ein begüterter Christ zu verstehen sein, der von seinem Wohlstand an Bedürftige austeilt (vgl. Eph 4,28); freilich könnte man sich auch vorstellen, daß der »Mitteilende« Mittel der *Gemeinde* verwaltet und weitergibt.

Der »sich Erbarmende« ist wohl jemand, »der Barmherzigkeit aller Art übt, etwa als Krankenpfleger, Gefangenenfürsorger, Totengräber u.ä.« (H. Schlier, Der Römerbrief, 372.)

Die Charismen, die Paulus in Röm 12,3-8 aufzählt, haben nicht jenen dramatischen Charakter, den die Charismen von 1Kor 12,4-11 aufweisen; sie liegen dichter am Repertoire des alltäglichen Verhaltens. Für das Geistverständnis des Paulus folgt daraus: Der Geist artikuliert sich nicht nur in aufsehenerregenden Phänomenen, sondern auch in eher unscheinbaren Verhaltensweisen. Nicht nur der ist Charismatiker, der Wunder tun oder in Zungen reden kann, sondern auch der, der sich vom Geist beauftragen läßt, »ganz normale« Aufgaben in der Gemeinde zu übernehmen.

Geistesgaben in Thessalonich?

Über außergewöhnliche Manifestationen des Geistes in den paulinischen Gemeinden informiert uns insbesondere der erste Korintherbrief. Aber auch der erste Thessalonicherbrief gibt hierzu Hinweise, die allerdings leider sehr knapp sind. In 5,19f heißt es: »Löscht den Geist nicht aus, verachtet prophetisches Reden nicht!« Das prophetische Reden wird Paulus später, im ersten Korintherbrief, ausdrücklich als Geistesgabe bezeichnen, und zwar ist es ihm die *wichtigste* Geistesgabe (1Kor 14,1). Diese Einschätzung der Prophetie deutet sich in 1Thess 5,19f bereits an: Prophetie wird offenbar auf den Geist zurückgeführt, und der Geist wird – als Oberbegriff – zuerst genannt, dann wird (so darf man wohl interpretieren) als wichtigste Äußerung des Geistes exemplarisch die Prophetie angeführt.

Bemerkenswert ist, daß bei Paulus der Geist als »auslöschbar« gedacht wird. Das bedeutet für die Gläubigen eine hohe Verantwortung: Ob der Geist auflodert oder in sich zusammensinkt, hängt entscheidend von *ihnen* ab – der Geist setzt sich nicht automatisch durch, nicht gegen jeden Widerstand. Im Umgang mit dem Geist ist daher eine große Sensibilität gefordert, die Bereitschaft, für sein Wirken sehr empfindsam zu sein. Und sicher ist, daß schon ganz früh im Urchristentum dem Geist und seinem Wirken (vor allem dem prophetischen Reden) widerstrebt wurde, sonst wäre eine Mahnung wie die in 1Thess 5,19f nicht nötig gewesen.

In einer philologisch sehr umsichtigen Studie (mit Verweisen u.a. auf Plutarch) meint W.C. van Unnik (»Der Geist löschet nicht aus«), daß an unserer Stelle folgende psychologische Dynamik thematisiert werde: Einsicht und Scheu (als Prozesse des Bewußtseins) neigen dazu, die Äußerungen des Geistes (die in den Augen der Menschen u.U. als etwas Verrücktes erscheinen können) zu behindern. Diese Hemmschwellen gegenüber dem Geist müssen, so meint Paulus, überwunden werden.

Geist und rationale Logik – damit ist ein ganz problematisches Verhältnis angesprochen! Man wird zwar einerseits sagen dürfen (in Anlehnung an 1Thess 5,19), daß der Geist eine »überrationale« Logik hat, die durch die rationale Logik nicht behindert werden darf. Aber andererseits müssen die Artikulationen des Geistes rational nachvollziehbar sein, überprüfbar sein (vgl. V.21). Diese Spannung zwischen Geist und Ratio durchzieht das Urchristentum und die Kirchengeschichte. Immer wieder traten »Geistbegabte« auf, die sich für berufen erklärten, bisher Gültiges außer Kraft setzen zu dürfen. Waren sie wirklich dazu legitimiert? Das war jeweils schwer zu entscheiden. Es durfte dem Geist nicht widerstanden werden (und einzuräumen ist ja, daß er durchaus »Verrücktes« anstellen kann), aber man durfte auch nicht auf Narren und auf Torheiten hereinfallen. Was aber war (ist) Geist und was war (ist) Torheit? Hier Entscheidungen zu treffen ist nicht einfach und ist eine je neue Herausforderung.

Geistbegabung bewirkt Mündigkeit

In den Paulus-Gemeinden ist dank des Geistes jeder einzelne ein mündiger Mitarbeiter. Und auch für den Bereich des johanneischen Denkens gilt, daß durch den Geist jeder einzelne in der Gemeinde in einen Zustand der Mündigkeit versetzt wird. Der Belegtext dafür ist 1Joh 2,20.27:

V.20: Und ihr habt Salböl von dem Heiligen, und ihr seid alle Wissende.
V.27: Und ihr: Das Salböl, das ihr von ihm empfangen habt, bleibt in euch. Und ihr habt es nicht nötig, daß euch jemand belehrt, sondern wie sein Salböl euch über alles belehrt, ist es auch wahr und keine Lüge. Und wie es euch belehrt hat, bleibt in ihm.

In V.20 steckt ein textkritisches Problem. Anstatt »ihr seid alle Wissende« kann man auch lesen »ihr wißt alles«. Von der handschriftlichen Bezeugung her ist eine Entscheidung zwischen beiden Lesarten schwer zu treffen, sind doch beide gut bezeugt. Man zieht im allgemeinen die erste Lesart vor, da sie die schwierigere ist, deren Abänderung in die zweite eher verständlich ist. (Die erste Lesart lautet wörtlich übersetzt »ihr wißt alle«, und das liest sich in der Tat [wegen des fehlenden Objekts] schwerer als »ihr wißt alles«.)

V.27 ist syntaktisch hoffnungslos verunglückt; der Verfasser wollte zu viel auf einmal sagen, und dabei zerriß ihm das sprachliche Netz.

Das Wort *chrisma* (Salböl, Salbung) findet sich nur hier im Neuen Testament. Der Verfasser setzt offenbar voraus, daß seine Leser wissen, was er mit diesem Begriff meint, uns aber ist der Begriff nicht ohne weiteres verständlich. Wahrscheinlich ist er auf den heiligen Geist zu deuten, wird doch schon im Alten Testament die Geistverleihung als Salbung bezeichnet (Jes 61,1 [aufgenommen in Lk 4,18]; vgl. auch 1Sam 10,1ff). Man hat unter *chrisma* allerdings gelegentlich auch Gottes *Wort* verstanden, denn gemäß 1Joh 2,27 übt das *chrisma* Wort-Funktion aus (es belehrt). Doch wenn man sieht, daß auch der johanneische Geist-Paraklet »lehrt« (Joh 14,26), braucht man von der zuerst vorgeschlagenen Deutung nicht abzurücken, man wird aber vielleicht spezifizieren: »Salböl« bezeichnet in 1Joh 2,20.27 den Geist in seiner verkündigenden, belehrenden Funktion.

Als Spender des Salböls wird in V.20 der »Heilige« genannt. Ist damit Gott oder Jesus gemeint? Für beide Lösungen lassen sich gute Gründe anführen, eine definitive Entscheidung kann nicht getroffen werden. Wichtig ist aber folgendes: Wenn der Geber des Geistes (ob nun Gott oder Jesus) *heilig* ist, hat das für die Empfänger Konsequenzen: sie sind zur Heiligkeit berufen. Und ferner gilt (wie der Vergleich mit 3,9 zeigt): Der Geist *bewirkt* in ihnen Heiligkeit.

Der Verfasser des ersten Johannesbriefs zieht in 2,20.27 wohl deshalb den *chrisma*-Begriff heran und benutzt nicht das übliche Wort für Geist, nämlich *pneuma*, weil seine Gegner den *chrisma*-Begriff für sich reklamierten: sie kamen sich als Geist-Gesalbte vor.

Konkrete Salbungshandlungen, bei denen rituell der Geist vermittelt wurde, fanden wohl weder in der Gemeinde des ersten Johannesbriefs noch bei den Gegnern statt. Eindeutige Belege für derartige Handlungen gibt es erst aus späterer Zeit (vgl. ActThom 27).

Der Verfasser des ersten Johannesbriefs geht in 2,20.27 davon aus, daß alle Gläubigen den Geist empfangen haben, und er betont nachdrücklich, daß alle (durch den Geist vermitteltes) Wissen haben. Der Verfasser muß das wohl deshalb sagen, weil den schlichten Gläubigen seiner Gemeinde von den gnostischen Gegnern – die von überschwenglichen pneumatischen Erlebnissen herkamen – der Geistbesitz abgesprochen wurde.

Wir stoßen hier auf ein ganz wichtiges Moment der urchristlichen Pneumatologie: Den Geist hat nicht nur eine Gruppe von besonders

Eingeweihten, sondern den Geist haben alle Gläubigen bis auf das letzte Gemeindemitglied. Weiter: Der Geist führt die Gläubigen nicht – jedenfalls nicht primär – in besondere pneumatische Erlebnisse hinein und zu besonderen spirituellen Einsichten, sondern vermittelt bodenständiges christliches Lehrwissen, er befestigt die Gläubigen in den fundamentalen Glaubenswahrheiten. (Eine ganze Reihe dieser fundamentalen Glaubenswahrheiten ist zwischen die beiden Geist-Aussagen VV.20.27 eingeschoben; diese Komposition soll offenbar anzeigen: Der Geist lehrt diese Wahrheiten.)

Das Zutrauen des Briefschreibers in das Wirken des Geistes im einzelnen Gläubigen und damit in die Mündigkeit und Selbständigkeit des einzelnen Gläubigen ist enorm. Der Glaubende wird durch das Wirken des Geistes an ihm und in ihm glaubensmäßig derart autark, daß er es nicht mehr nötig hat, von außen belehrt zu werden (vgl. V.27). Der Briefschreiber dürfte sich dessen bewußt gewesen sein, daß er hier eine gewagte Aussage macht (sie ist im übrigen im Alten Testament vorgebildet, vgl. Jer 31,34). Aber selbstverständlich will er nicht sagen, daß nun in der Gemeinde überhaupt keine Lehrer mehr aufzutreten brauchen (schreibt er doch selber einen Lehrbrief!), sondern er will lediglich die glaubensmäßige Autarkie der Glaubenden hervorheben, die sie fähig macht, zu beurteilen, was rechte und was falsche Lehre ist, die sie fähig macht, allen Angriffen von Irrlehrern zu trotzen.

Ein weiterer Gesichtspunkt: Der Briefschreiber geht davon aus, daß der Geistbesitz der Glaubenden *bleibend* ist (vgl. V.27). Jeder pneumatischen Sprunghaftigkeit ist damit eine Absage erteilt. Der Geist ergreift nicht unvermittelt von den Glaubenden Besitz und reißt sie zu Höhenflügen mit fort, um sie dann wieder sozusagen zur Erde zurückkehren zu lassen, sondern er zeichnet sich durch Beständigkeit aus; er ist eine dauerhafte, zuverlässige Kraft.

In 1Joh 2,27 ist folgende Art der Glaubensvergewisserung zu erkennen: Der im Glaubenden wirkende Geist befindet darüber, was wahr ist und was falsch. Das letzte Kriterium für die Wahrheit des Glaubens sind innere Evidenzerlebnisse. Diese Erlebnisse werden gleichgesetzt mit »Geist«.

Weitere neutestamentliche Stellen zu Geistesgaben und zur pneumatisch-kommunikativen Gemeindepraxis

In Röm 1,11 stellt sich Paulus der römischen Gemeinde als Pneumatiker vor. Er will, wenn er nach Rom kommt, der Gemeinde »etwas an geistlicher Gnadengabe *(ti charisma pneumatikon)*« mitteilen. »Die Unbestimmtheit des Ausdruckes... erschwert eine konkrete Deutung. Erst in der Begegnung mit der Gemeinde wird sich herausstellen, welches Wort, welche Erkenntnis, welche Glaubensstärkung der Gemeinde nottut. Die Liebe wird finden, was der andere braucht.« (O. Michel, Der Brief an die Römer, 82.) Vgl. in diesem Zusammenhang auch Röm 15,27, wo von den geistlichen Gütern der Jerusalemer gesprochen wird.

In Phil 1,27 bringt Paulus den Wunsch zum Ausdruck, die Philipper mögen feststehen »in einem Geist« *(en heni pneumati)*. Ist hier Geist anthropologisch verstanden, im Sinne von »Einstellung«, »Haltung«? Eher ist an den göttlichen Geist zu denken; *dieser* ist es, der der Gemeinde soziale Geschlossenheit gibt, die dann dazu befähigt (vgl. den weiteren Gedankengang in V.27), einmütig für den Glauben zu kämpfen.

Am Schluß des zweiten Korintherbriefs findet sich eine kleine, aber wichtige Notiz, in der Geist und Gemeinschaft aufeinander bezogen werden, in der Gemeinschaft pneumatisch qualifiziert wird. Paulus wünscht hier den Korinthern die »Gemeinschaft des heiligen Geistes« (13,13; vgl. Phil 2,1). »Der alte Streit darüber, ob wir direkt mit dem Geist Gemeinschaft haben oder ob der Geist nur unsere Gemeinschaft miteinander schafft, wird dem komplexen Denken des Apostels nicht gerecht... Gemeinschaft des Geistes bedeutet... Gemeinschaft aller Christen untereinander aufgrund der gemeinsamen Teilhabe an dem Geist, der die Gnade Christi und die Liebe Gottes erst unter uns zum Ereignis werden läßt.« (H.-J. Klauck, 2. Korintherbrief, 103f.)

Der Hebräerbrief spricht in 2,4 von »Zuteilungen des heiligen Geistes«. Die bisherige Evangeliumsverkündigung, auf die der Schreiber des Briefes zurückblickt (vgl. V.3), war begleitet von Zeichen, Wundern, vielerlei Machttaten und »Zuteilungen des heiligen Geistes«. Der Briefschreiber setzt voraus, daß zur Evangeliumsverkündigung pneumatische Krafterweise konstitutiv dazugehören; er denkt also ähnlich wie Paulus (vgl. Röm 15,18.19a). Überhaupt schimmert in Hebr 2,3f eine Glaubenspraxis durch, die sehr an die pneumatisch-charismatisch bestimmten Glaubensvollzüge im Wirkungsbereich des Paulus erinnert: unter »Zuteilungen des heiligen Geistes« werden Gaben des Geistes analog 1Kor 12,4–11 zu verstehen sein.

In Eph 5,18 heißt es: »Berauscht euch nicht mit Wein, sondern werdet voll des Geistes.« Bei dieser Mahnung ist offenbar vorausgesetzt, daß die Erscheinungsformen von Weinrausch und Geisterfüllung einander ähnlich sind; in beiden Fällen kommt es zu enthemmtem, ekstatischem Verhalten. Der Epheserbriefschreiber scheint also ekstatische pneumatische Phänomene zu kennen. In diesem Zusammenhang sind auch die »geistlichen Lieder *(ōdai pneumatikai)*« von 5,19 zu nennen (vgl. Kol 3,16). Vielleicht sind hier glossolalische Gesänge gemeint. (Oder: *geistliche* Lieder im Unterschied zu *weltlichen* Liedern; oder: die *Entstehung* der Lieder soll beschrieben werden: sie sind auf den Geist zurückzuführen.) Zumindest im Anklang finden sich im Epheserbrief auch paränetische Motive, die schon Paulus in seinen Ausführungen über pneumatisch-kommunikative Gemeindepraxis verwendet hat: Die Einheit des Geistes soll bewahrt werden durch das Band des Friedens: 4,3; die Gemeinde soll »ein Leib und ein Geist« sein: 4,4.

Einige wenige (aber wichtige) Notizen zu unserem Thema lassen sich der Apokalypse entnehmen. Sie kennt eine »Verzückung im Geist«: 1,10; 4,2 (vgl. 17,3; 21,10). Auch das Charisma der Prophetie ist der Apokalypse bekannt (19,10; 22,6f).

7. Der Geist als Prinzip des Lebenswandels (Leben im Geist)

Wir haben im letzten Kapitel angedeutet, daß sich das Geist-Verständnis des Paulus vom Geist-Verständnis der Korinther in einem sehr wichtigen Punkt unterscheidet. Anders als für die Korinther ist für Paulus der Geist nicht nur eine Größe, die aufsehenerregende Phänomene bewirkt, sondern auch und vor allem eine Größe, die den gesamten Lebenswandel der Glaubenden bestimmen will: der Geist ist Prinzip des Lebenswandels. Diesem Gedanken des Paulus wollen wir uns jetzt genauer zuwenden. Wir geraten dabei mitten in die Gesetzesproblematik hinein, denn der Geist als *neues* Prinzip des Lebenswandels muß durch Paulus abgehoben werden vom *alten* Prinzip des Lebenswandels, vom Gesetz.

Wenden wir uns zunächst dem Galaterbrief zu. Die Geist-Aussagen des Galaterbriefs macht Paulus in einer extremen Kampfsituation. Auseinanderzusetzen hat sich der Apostel mit judaistischen Gegnern, die in die galatischen Gemeinden eingebrochen waren, um sie zur Beschneidung und Gesetzesobservanz zu drängen. Die Erfolge der Gegner müssen beträchtlich gewesen sein – für Paulus sind die galatischen Gemeinden bereits »abgefallen zu einer anderen Heilsbotschaft« (1,6), und mit aller Kraft versucht er, das Ruder herumzureißen.

Paulus argumentiert bei der Abwehr des nomistischen Denkens, das die Galater infiltriert hat, nicht zuletzt mit dem Geistbegriff. Damit erweist sich dieser als *Kampfbegriff*. Das ist nicht verwunderlich. Das Urchristentum verstand sich als mächtige eschatologische Geistbewegung, es hatte seine Identität wesentlich darin gefunden, daß es den Geist besaß. Der Geist war für das Urchristentum *das* Unterscheidungskriterium gegenüber der Synagoge. »Kirche und Synagoge hatten ja vieles gemeinsam ... Der Geist aber gehörte ausschliesslich zur Kirche. Überall im Neuen Testament ist das klar ausgedrückt: Der Geist ist nur in der christlichen Gemeinde zu finden, nicht in der Synagoge.« (J. Jervell, Das Volk des Geistes, 87.) Über den Geistbegriff ließ sich demnach sehr gut die Auseinandersetzung mit der Synagoge und ihrem Denken führen und natürlich auch die Auseinandersetzung mit einer judenchristlichen Position, die sich in ihrem nomistischen Denkansatz von der Synagoge noch kaum gelöst hatte. Von diesem Hintergrund her muß man die Geist-Aussagen des Galaterbriefs verstehen!

7. Der Geist als Prinzip des Lebenswandels (Leben im Geist)

Wenn Geist für Paulus als Kampfbegriff dienen kann, den er gegen nomistisches Denken einsetzt, überrascht es um so mehr, daß er in Röm 7,14 schreibt: »Das Gesetz ist geistlich.« Doch ist diese Formulierung konsequent. Paulus ist kein Gnostiker, der die alttestamentliche Gottesoffenbarung und ihr Medium, das Gesetz, einfach auflöst oder dämonischen Ursprungs sein läßt.

Daß Paulus mit Röm 7,14 in eine Spannung zu anderen Aussagen gerät, in denen er Gesetz und Geist als Gegensätze ansieht, ist klar. Die Gesetzesauffassung des Paulus ist nicht kohärent, und man muß die einzelnen Aussagen des Apostels zum Gesetz in ihrer jeweiligen Funktion und in ihrem jeweiligen argumentativen Kontext bewerten. In Röm 7,14 will Paulus auf den Ursprung und das Wesen des Gesetzes hinaus und kommt dabei zu einer positiven Wertung. An anderen Stellen sieht er das Gesetz unter dem Aspekt, daß es einen Seinszusammenhang bildet, in dem Leben offenbar nicht gelingt, in dem der Mensch der Sünde verhaftet bleibt, und muß sich das erklären. In solchen Argumentationskontexten wird dem Apostel das Gesetz zur negativen Macht, die im Gegensatz zum Geist steht.

Die ganze Gesetzesproblematik der paulinischen Theologie wurzelt letztlich darin, daß Paulus – will er die Kontinuität mit Israel wahren und das Christusereignis in die Heilsgeschichte Gottes mit Israel einbinden – das Gesetz theologisch nicht fallenlassen darf, es aber durch die Christusoffenbarung qualitativ überboten weiß. Zwischen diesen beiden Sachverhalten muß er einen Ausgleich schaffen, und der gelingt ihm nicht. Er *kann* sachlich auch gar nicht gelingen. (Diese Andeutung muß hier genügen; es ist nicht Aufgabe einer Abhandlung über den Geist, grundlegend in die Gesetzesdebatte einzugreifen.)

Glaube, Gesetz und Geist (Gal 3)

Paulus beginnt im Galaterbrief seine grundsätzlichen Ausführungen erst in Kapitel 3 (nachdem er in dem vorausgegangenen Großabschnitt 1,11-2,21, der sehr stark von einer persönlichen, biographischen Note bestimmt ist, versucht hat, den Nachweis zu erbringen, er habe sein Evangelium nicht »von einem Menschen *[para anthrōpou]* empfangen, ... sondern durch eine Offenbarung Jesu Christi« [1,12]). Bezeichnenderweise widmet der Apostel in Kapitel 3 gleich die ersten Verse dem Thema Geist – so wichtig ist ihm dieses Thema für seine Argumentation. Aber nicht mit *diskursiven Erörterungen* über den Geist beginnt Paulus Kapitel 3, sondern – sehr geschickt und sehr persuasiv – mit einem *Appell an die Geisterfahrungen der Galater* (3,1-5). Zu diesen Geisterfahrungen (die nach V.5 [wie in Korinth] auch die Erfahrung von charismatischem Wunderwirken einschlossen) kam es gemäß V.2 und V.5 nicht aufgrund von Gesetzeswerken *(ex ergōn nomou)*, sondern aufgrund der Glaubensverkündigung *(ex akoēs pisteōs)*. »Wenn die Gemeinde im Nachherein nun sich um Gesetzesbefolgung abmüht, kann sie an ihrer eigenen Entstehungsgeschichte sehen, daß sie damit ihrem Anfang untreu wird.« (J. Becker, Der Brief an die Galater, 32.)

Für Paulus sind also Glaube und Geist einander zugeordnet, während Gesetz und Geist Größen sind, die einander ausschließen. Die Erfahrung des Geistes kann es nur in jenem Seinsbereich geben, den der Glaube absteckt; der Geist kann sich nur einstellen, wenn Glaube da ist. (Vgl. auch V.14: Die Verheißung des Geistes [= der verheißene Geist] wird empfangen durch den Glauben.) Im Bereich des Gesetzes hingegen sind Geisterfahrungen nicht möglich; das Gesetz führt nicht zu solchen Erfahrungen, sondern behindert sie sogar. Glaube zielt auf ein entschränktes Leben, auf Freiheit. Und in diese Freiheit strömt der Geist hinein, um sie zu füllen (das wird dann das Thema von Gal 5 sein). Das Gesetz hingegen normiert Leben, maßt sich jene das Leben gestaltende Kraft an, die eigentlich dem Geist und seinem unverfügbaren Handeln zusteht. Ein Existenzentwurf, der vom Gesetz bestimmt ist, ist damit a limine für das Wirken des Geistes verbaut. (Das lehrt auch die Kirchengeschichte, und zwar bis in die Gegenwart hinein; man denke an gesetzliche evangelikale Bewegungen, die bekanntlich charismatischen Aufbrüchen gegenüber äußerst skeptisch eingestellt sind.)

Der Fleisch-Geist-Gegensatz

Eine weitere Geist-Aussage des Galaterbriefs, die für unsere Fragestellung wichtig ist, findet sich in dem Abschnitt 4,21–31; hier wird die alttestamentliche Erzählung von Hagar und Sara, den beiden Frauen Abrahams, als typologische Entsprechung zur Situation in den galatischen Gemeinden aufgefaßt. Von Abraham leiten sich, versinnbildlicht in seinen beiden Frauen und ihren Söhnen Ismael und Isaak, zwei gegensätzliche Lebensprinzipien ab: Sklaverei und Freiheit. Durch die Nebenfrau und ihren Sohn entstand Sklaverei, durch die rechtmäßige Frau und ihren Sohn Freiheit. In V.29 wird die Antithetik, die den Abschnitt 4,21–31 kennzeichnet, in die Begriffe Fleisch/Geist gekleidet. Fleisch und Geist befinden sich in einem unversöhnlichen Gegensatz (was Paulus im Sinnbild ausdrückt: Der nach dem Fleisch erzeugte Ismael verfolgte den nach dem Geist erzeugten Isaak).

Der typologische Schriftbeweis des Paulus, der hier lediglich in groben Zügen wiedergegeben wurde, ist für unsere Logik nur schwer nachvollziehbar. Allerdings ist der Beitrag zur Pneumatologie, der sich in diesem Schriftbeweis findet, auch für uns ohne weiteres verständlich: Fleisch und Geist (verstanden als Lebensbereiche, als Seinszusammenhänge) sind scharf voneinander geschieden. Weiter: Im Bereich des Fleisches sind gegen den Bereich des Geistes Ressentiments da. (Was Paulus sozusagen szenisch dargestellt hat in der Anfeindung Isaaks durch Ismael, die übrigens im Alten Testament nicht belegt ist, wohl aber in der späteren rabbinischen Tradition.) Das Fleisch kann den Geist nicht in Ruhe lassen, weil dieser den überlegenen Seinszusammenhang darstellt, von dem man sich in Frage gestellt fühlt; wird doch hier das eigentliche Leben gelebt, dem gegenüber das Leben im Bereich des Fleisches nur ein Schatten ist. Wer »im Geist« lebt, wird immer in der Gefahr stehen, daß man – vom Bereich des Fleisches, des Gesetzes aus – beckmesserisch an ihn herantritt, um seine Freiheit zu zerstören; und das geschieht aus einem Gefühl der Unterlegenheit heraus, was durch die Ismael-Isaak-Thematik, in der Ismael eindeutig der Unterlegene ist, sehr schön veranschaulicht wird.

Der Geist als Prinzip des Lebenswandels in Gal 5

Dasjenige Kapitel im Galaterbrief, das am stärksten von der Geist-Thematik bestimmt ist, ist Kapitel 5. Behandelt wird hier folgendes Problem: Wenn das Gesetz als Prinzip wegfällt, das das Leben normiert (und dabei stringiert), entsteht Freiheit; diese Freiheit könnte als Freiraum für ein hemmungsloses Sich-Ausleben verstanden werden. Aber das wäre nicht der Wille Gottes! An die Stelle des Gesetzes muß also ein anderes Prinzip treten, das das Leben reguliert – ein Prinzip allerdings, das mit der Freiheit vereinbar ist, das sie nicht wieder zerstört. Dieses Prinzip ist der Geist; er wird in Gal 5 vorgestellt als Prinzip des Lebenswandels.

In V.5, wo die erste Geist-Aussage von Gal 5 gemacht wird, bringt Paulus den Begriff Geist in Zusammenhang mit dem Begriff Gerechtigkeit *(dikaiosynē)*: »Wir aber erwarten im Geist aufgrund des Glaubens die Hoffnung der Gerechtigkeit (= die Erfüllung der Hoffnung auf Gerechtigkeit).« Gerechtigkeit ist einer der paulinischen Zentralbegriffe und bezeichnet eine umfassende Haltung des »Recht-Seins« des Menschen Gott gegenüber und den Mitmenschen gegenüber. Gerechtigkeit ist in der Hauptsache ein soteriologischer Begriff: das Recht-Sein des Menschen wird von Paulus als Heilsstand begriffen, in den der Mensch durch den Tod Jesu geschenkhaft versetzt wird; Gerechtigkeit ist aber auch ein ethischer Begriff: Gerechtigkeit soll den Lebenswandel qualifizieren, das soziale Miteinander. Gerechtigkeit ist ferner einer der Begriffe, an denen sich die paulinische Dialektik von Schon und Noch-nicht festmacht: Gerechtigkeit hat eschatologischen Charakter, die Glaubenden *erwarten* Gerechtigkeit, diese bestimmt aber auch bereits ihre Gegenwart.

Es gibt für Paulus gemäß Gal 5,4f zwei miteinander konkurrierende Prinzipien, die zur Gerechtigkeit führen wollen: Gesetz und Geist. Und für den Apostel ist es so, daß die Hoffnung auf Gerechtigkeit nur dann einen berechtigten Grund hat, wenn man *im Geist* ist, d.h. sich in einem Seinszusammenhang befindet, der vom Geist bestimmt ist. Nur dann wird die Hoffnung sich erfüllen, daß das Mensch-Gott-Verhältnis und das Mensch-Mensch-Verhältnis in jenen ersehnten Zustand des »Recht-Seins« gebracht werden, in dem alle Feindschaft und alles Mißtrauen ein Ende haben. Nur dem Geist (nicht dem Gesetz) traut Paulus zu, einen solchen heilvollen Zustand herbeizuführen, einen Zustand, in dem Beziehungen rundum geordnet sind (die Beziehung des Menschen zu Gott, die Beziehung des Menschen zum anderen Menschen).

In der nächsten Geist-Stelle, V.16, nennt Paulus als Kraft, die einem heilvollen Leben entgegensteht, die es zersetzen will, die »Begierde des Fleisches« *(epithymia sarkos)*. Begegnen kann man der Begierde des Fleisches dadurch, daß man »im Geist wandelt«. Was es heißt, von der Begierde des Fleisches bestimmt zu sein, geht aus V.15 hervor: »einander beißen und fressen«, also im zwischenmenschlichen Bereich ichhaftes, destruktives Verhalten an den Tag legen. Jene Freiheit, zu der Christus die Glaubenden befreit hat (vgl. V.1a), mit einem solchen Verhalten zu füllen wäre pervers. Der von Christus eröffnete Raum der Freiheit soll ein Raum sein, in dem Leben gelingt, in dem man zusammen mit den anderen zur Freude gelangt, und dazu kann es nur kommen, wenn man der unheilvollen Macht »Fleisch« nicht nachgibt, die im Raum der Freiheit – nicht länger im Zaum gehalten durch das Gesetz – neue, ungeahnte Entfaltungsmöglichkeiten entdeckt und auf rücksichtsloses Durchsetzen ichhafter Interessen drängt. Daß dadurch die Lebensmöglichkeiten, die der Raum der Freiheit bietet, verspielt wären, ist klar. Damit es zu dieser Katastrophe nicht kommt, muß man sich an den Geist halten; er wird jenem fremd- und selbstzerstörerischen Verhalten, zu dem das Fleisch drängt, einen Riegel vorschieben und damit die Chancen, die die Freiheit bietet, wahren helfen.

V.17 betont noch einmal den Gegensatz zwischen Fleisch und Geist, die als transsubjektive Mächte um die Vorherrschaft im Menschen ringen. Durch dieses Ringen kommt es zu einem Antagonismus im Menschen; die Willensrichtung, die vom Fleisch ausgeht, behindert geistgewirktes Handeln, und umgekehrt behindert die Willensrichtung, die vom Geist ausgeht, fleischgewirktes Handeln, so daß man nicht das tun kann, was man will, sei es in fleischlicher Hinsicht, sei es in geistlicher *(hina mē ha ean thelēte, tauta poiēte)*. Diese Blockade ist insofern nicht schlecht, als die *fleischlichen Impulse* behindert werden; schlimm ist jedoch, daß durch die Einmischung des Fleisches beständig die *geistlichen Impulse* gestört werden. Dadurch gerät das Leben immer wieder ins Stocken, es ist kräfteverzehrend, unfrei, verspannt. Energie, die eigentlich nach außen fließen sollte, weil sie dort gebraucht wird, um dem Mitmenschen zu dienen, verzehrt sich im Innern. Und diesen Zustand stellt sich Paulus offenbar auch beim Glaubenden als nicht grundsätzlich überwunden vor. Der Glaubende ist – als Geistbegabter – nicht mit dem Geist identisch, sondern erfährt ihn als eine Macht in sich, der er Raum geben muß. Er muß es (immer wieder neu) dem Geist gestatten, von ihm getrieben zu werden (vgl. V.18). Er muß selber die Kraft aufbringen, den Antagonismus zwischen Fleisch und Geist zu überwinden, er muß die Kraft aufbringen, den Geist Herrscher sein zu lassen – um ihn dann als treibende, beflügelnde Macht zu erfahren.

V.18 lautet: »Wenn ihr aber vom Geist getrieben werdet, seid ihr nicht mehr unter (dem) Gesetz.« Von V.17 herkommend, erwartet man eigentlich auch in V.18 den Gegensatz Geist – Fleisch, aber statt dessen erscheint der Gegensatz Geist – Gesetz. Bei einigem Nachdenken wird jedoch verständlich, warum Paulus nicht formulieren konnte: »Wenn ihr aber vom Geist getrieben werdet, seid ihr nicht mehr unter dem Fleisch.« Es ist keinesfalls so, daß dann, wenn man vom Geist getrieben wird, das Fleisch völlig verspielt hat. Nein, es bleibt eine virulente, bedrängende Macht, die jederzeit erneut die Oberhand gewinnen kann. Das Fleisch will und kann auch die Glaubenden verführen, seine »Werke« auszuführen, die in VV.19–21 beschrieben werden (Unzucht, Unreinheit usw.). Man kann realistischerweise nicht sagen, daß für ein Leben, das im Geist gelebt wird, die Kraft des Fleisches völlig gebrochen ist. Anders sieht Paulus die Sache bezüglich des Gesetzes. Dieses kann als lebensbestimmende Macht *völlig* ausgeschaltet werden. (Um so größer ist die Verwunderung des Apostels, daß die Galater sich *dennoch* vom Gesetz haben einfangen lassen; vgl. Gal 1,6.) Das Gesetz wird von Paulus also als prinzipiell überwindbar angesehen, nicht aber das Fleisch, dem immer neu – indem man sich dem Geist überläßt – widerstanden werden muß (vgl. 5,16).

In V.18 vom *Gesetz* zu sprechen lag für Paulus auch deshalb nahe, weil ein Leben unter dem Gesetz ein ähnlich blockiertes Leben ist wie ein Leben, das vom Geist-Fleisch-Antagonismus gekennzeichnet ist, wie er in V.17 beschrieben wird. Das Gesetz ist eine von außen an den Menschen herantretende Größe, an der er immer wieder Maß nehmen muß. Er muß den Lebensvollzug sozusagen unterbrechen, zum Gesetz hinsehen, sich ggf. korrigieren lassen, um dann wieder für eine Zeitlang handlungsfähig zu sein, bis zur nächsten Stockung. Auch ein solches Leben ist verspannt, unfrei, blockiert. Das einzig wirklich freie Leben, jenseits jeder Blockierung, ist ein vom Geist bestimmtes. Der Geist ist eine Größe, die *im Menschen* handelt, an der Stelle des eigenen Subjekts, und damit einen einheitlichen, durchgängigen Lebensvollzug gewährleistet.

Wenn die Begriffe Gesetz und Geist antithetisch einander gegenübergestellt werden, werden zwei Lebensmöglichkeiten vorgeführt: 1. Das Leben im Gesetz ist ein außengeleitetes Leben, das etwas Verkrampftes und Unnatürliches an sich hat. 2. Das Leben im Geist wird von innen heraus gelebt. Der Mensch hat sich mit seinem ganzen Ich an den Geist preisgegeben, an eine Instanz, die größer ist als er selber und *in ihm* ein befreites, heilvolles Leben lebt. Was durch den Geist in einem solchen Leben hervorgebracht wird, nennt Paulus bezeichnenderweise »Frucht« (V.22): ein Ensemble von konstruktiven Verhaltensweisen und Haltungen, die organisch aus dem erneuerten Innern des Menschen herauswachsen.

»Frucht des Geistes« *(karpos tou pneumatos)* ist ein Zentralbegriff der paulinischen Pneumatologie. An ihm wird ablesbar, worauf gemäß Paulus das Wirken des Geistes in erster Linie abzielt: nicht auf staunenerregende Phänomene, sondern auf konstruktive Verhaltensweisen und Haltungen, die das soziale Miteinander gelingen lassen (Liebe, Freude, Friede, Langmut, Freundlichkeit, Güte, Treue, Sanftmut, Enthaltsamkeit).

In V.25 macht Paulus noch einmal deutlich, daß der Geist, der den Christen verliehen ist, nicht sozusagen automatisch auch das Prinzip des Lebenswandels ist. Es bedarf eines Willensentschlusses, den Geist dieses Prinzip sein zu lassen: »Wenn wir im Geist leben, so laßt uns auch im Geist wandeln.« Der Geist ist ein *Geschenk* an den Glaubenden – aber zugleich ein Anspruch, eine Herausforderung. Man muß es dem geschenkhaft übereigneten Geist gestatten, gegen die Impulse des Fleisches zur bestimmenden Kraft des Lebens zu werden. Nur dann hat man eine Chance, von jenen verderblichen Verhaltensweisen freizukommen, die V.26 aufzählt: sich selbst in eitler Weise rühmen, den an-

7. Der Geist als Prinzip des Lebenswandels (Leben im Geist)

deren herausfordern, den anderen beneiden. Diese und ähnliche Verhaltensweisen entspringen einem Ich, das klein ist, unfrei, auf sich selber bedacht. Wird der Mensch vom Geist geleitet, hat er eine entschränkte Identität, hat er Freiheit; er braucht nicht mehr um sich selber besorgt zu sein (für ihn *wird gesorgt* durch den Geist); und nun ist es möglich, sich gelassen und souverän dem Nächsten zuzuwenden und für dessen Bedürfnisse offen zu sein.

Auf den Geist säen . . .

In dem Abschnitt 6,1-10, in dem Paulus eine Reihe von praktischen Einzelweisungen gibt, wird nochmals auf den Fleisch-Geist-Gegensatz eingegangen, und zwar mit Blick auf die Konsequenzen der fleischlichen bzw. geistlichen Grundhaltung: »Denn was ein Mensch sät, das wird er auch ernten; denn wer auf sein Fleisch sät, wird vom Fleisch Verderben ernten, wer aber auf den Geist sät, wird vom Geist ewiges Leben ernten.« (7b.8.) Wichtig ist hier die eschatologische Dimension: Der fleischlich Eingestellte befindet sich auf dem Weg ins (eschatologische) Verderben, der geistlich Eingestellte auf dem Weg ins ewige Leben. Die Wahl zwischen einem Leben im Fleisch und einem Leben im Geist bekommt dadurch einen unüberbietbaren Ernst.

Das Leben im Geist gemäß Röm 8

Völlig vom Thema Geist beherrscht ist Röm 8. Aufgezeigt wird den Gläubigen hier ihre neue pneumatische Lebenswirklichkeit, die jenseits der Verurteilung durch das Gesetz eröffnet ist (vgl. V.1). An die Stelle des »Gesetzes der Sünde und des Todes« ist das »Gesetz des Geistes des Lebens in Christus Jesus« getreten (V.2). Also nicht mehr unter jenem Gesetz stehen die Glaubenden, das Sünde und Tod nach sich zieht, sondern unter einem neuen Gesetz, das pneumatischen Charakter hat und Leben bewirkt.

Die Wendung »Gesetz des Geistes des Lebens in Christus Jesus« macht durch die unmittelbar aneinandergefügten Genitive einen überladenen Eindruck, und überraschend ist, daß Paulus überhaupt im Zusammenhang mit der durch das Christusereignis in Kraft getretenen Lebensmöglichkeit von »Gesetz« spricht. Meint er mit Gesetz hier vielleicht gar nicht die Tora, sondern gebraucht er den Begriff im übertragenen Sinn, soll der Begriff so etwas wie »Lebensordnung« bezeichnen? –

Zu lösen sind die Probleme, die die Wendung »Gesetz des Geistes des Lebens in Christus Jesus« aufgibt, von ihrem letzten Glied her. Durch Jesu Kreuzigung und Auferstehung ist ein qualitativ neuer Seinsbereich existent geworden; man kann nun »in Christus Jesus« sein und hier ein Leben der Freiheit führen. Damit ist freilich nicht gemeint, außerhalb aller Normen und Ordnungen zu stehen. Nein, auch im Lebensbereich des Christus gilt das Gesetz (vgl. Röm 3,31) – freilich definiert dieser Lebensbereich das, was unter Gesetz zu verstehen ist, um; er qualifiziert das Gesetz neu. Das »in Christus Jesus« herrschende Gesetz ist das Gesetz *des Geistes* und damit das Gesetz *des Lebens.* Im Seinsbereich des Christus wird der Mensch vom Geist ergriffen, von ihm völlig verwandelt, und nun erfüllt der Mensch aus innerem Antrieb die auf Leben zielenden göttlichen Ordnungen des Gesetzes, die sich ihm jetzt nicht mehr darstellen als etwas Äußeres, sondern etwas Inneres, eben als »Gesetz des Geistes«. (Unter Gesetz ist in der Wendung »Gesetz des Geistes des Lebens in Christus Jesus« also sehr wohl die Tora zu verstehen, aber in einem dialektischen Sinne.)

Der Geist läßt das Wollen des Menschen mit den Forderungen des Gesetzes identisch werden und damit das Gesetz in einer völlig anderen Perspektive erscheinen. Der Mensch, der in den Seinsbereich des Christus eintritt und sich der pneumatischen Dynamik, die hier wirksam ist, aussetzt, steht also keineswegs außerhalb des Gesetzes – nein, er ist der wahre *Erfüller* des Gesetzes. Der Geist richtet seine Herrschaft über den Menschen (Herrschaft nicht zu verstehen als Fremdherrschaft, sondern als Gewährung ursprünglicher Freiheit) nicht am Gesetz *vorbei* auf, denn dabei würde ein pneumatischer Enthusiasmus entstehen, in dem jeder Bezug zur Heilsgeschichte verlorengeht und in dem der Willkür und Tyrannei Tür und Tor geöffnet wird. Nein, das Gesetz muß weiterhin gelten – freilich unter der *Regie des Geistes,* als eine pneumatische Größe, um auf diese Weise etwas zu sein, was in das menschliche Subjekt eingehen kann, um es von innen her zu bestimmen.

Auch V.4 betont, daß das Gesetz von den Glaubenden erfüllt werden muß. Vorher, in V.3, wird als *Ermöglichungsgrundlage* dieses Erfüllens in gedrängten Formulierungen das ganze christologische Heilsereignis geschildert und wie es sich einpaßt in das bisherige Heilshandeln Gottes. (Das Gesetz erwies sich als ohnmächtig wegen des sündigen Fleisches, und Gott ging durch die Sendung seines Sohnes einen neuen Weg; nunmehr ist die Kraft des Sündenfleisches gebrochen.)

7. Der Geist als Prinzip des Lebenswandels (Leben im Geist)

Aufgrund des christologischen Heilsereignisses kann das Gesetz jetzt wirklich erfüllt werden. Denn nun ist ein neuer, pneumatischer Lebensraum geschaffen, ein Lebensraum, in dem man »nach dem Geist wandeln« kann (und soll); der verhängnisvolle Zwang, »nach dem Fleisch zu wandeln«, ist gebrochen, das sündige Fleisch ist entmächtigt. Und wer »nach dem Geist wandelt«, wer sich zu dieser Art von Leben herausfordern läßt, erfüllt zugleich – das ist die wesentliche Aussage von V.4 – die Forderung des Gesetzes.

Die Abfolge der paulinischen Gedanken in den VV.3f ist also diese: Jesus Christus hat das sündige Fleisch entmächtigt; ein neuer Lebensraum tut sich auf, in welchem der Geist das bestimmende Prinzip ist; in diesem Lebensraum kann man ein qualitativ neues Leben führen, und damit erfüllt man das Gesetz.

V.5 macht deutlich, wie tief die Umwandlung geht, die sich vollzieht, wenn man dem Geist ausgesetzt ist: Sie geht bis in das *phronein* (Denken, Sinnen) hinein. Also nicht nur das *Tun* der Glaubenden ist gewandelt, sondern auch die motivationale *Grundlage* des Tuns. Das Tun wird gesteuert von Impulsen, die vom Denken und Sinnen ausgehen, und das Tun wird nur dann dauerhaft verändert sein, wenn auch all das verändert ist, was der Mensch denkt und sinnt. (Wir haben aus heutiger Sicht zu ergänzen: Da unbewußte Prozesse bei der Verhaltenssteuerung mindestens ebenso maßgeblich beteiligt sind wie bewußte, muß die pneumatische Erneuerung auch das Unbewußte erfassen.)

Paulus ist der Meinung, daß in der alten, abgetanen Heilsordnung des Gesetzes eine neuschaffende Wirkung, die das Innere des Menschen erfaßt, ausblieb. Erst der Geist geht in das Innere des Menschen hinein und verändert dort das ganze Ensemble von Einstellungen, Wünschen, Neigungen usw. Daraus resultiert ein neues Tun im Sinne eines Nicht-mehr-anders-Könnens (man *muß* sich jetzt in einer neuen Weise verhalten). Das Gesetz, das lediglich das *Tun* normiert, aber nicht *im Menschen* die Grundlagen dafür schafft, daß die Normen des Tuns auch eingehalten werden, greift zu kurz. Die Forderung des Gesetzes kann nur dann erfüllt werden, wenn das *phronein* des Menschen erneuert ist, und diese Erneuerung kann allein der Geist bewirken.

Neben dem Geist als Macht, die das Innere des Menschen bestimmen kann, gibt es noch eine andere Macht, die dasselbe zu tun vermag (freilich in destruktiver Weise): das Fleisch. Fleisch und Geist unterscheiden sich diametral in dem, worauf sie abzielen: »Das Trachten des Fleisches ist Tod, aber das Trachten des Geistes Leben und Friede.« (V.6.) Auch diese Aussage wird noch unter dem Aspekt der Gesetzeserfüllung getroffen. Der Ungewandelte, der sich dem Seinsbereich des Christus und der dort herrschenden pneumatischen Dynamik nicht ausgesetzt hat, erfüllt nicht das Gesetz (das auf Leben und Frieden zielt). Er kann das auch gar nicht, steht er doch unter einer Macht, die den Tod nach sich zieht. Dementsprechend ist sein ganzes Tun destruktiv. Daran ändert sich auch nichts, wenn sich sein Tun formal in den Bahnen des Gesetzes bewegt. Das *Fleisch* ist die eigentlich treibende (innere) Kraft, nicht das Gesetz. Das Fleisch führt zum Tod auch innerhalb des auf Leben zielenden Gesetzes und pervertiert so die Lebensordnung des Gesetzes zu einer Todesordnung. Umgekehrt gilt: Wer im Seinsbereich des Christus ist, wird durch den Geist in eine Bewegung hineingenommen, die konstruktiven Charakter hat. Und damit ist Gesetzeserfüllung gewährleistet. Gottes schöpferische Geist-Kraft ist ja jetzt auf dem Plan, die im Innern des Menschen ansetzt und von dort aus Leben und Frieden schafft.

Immer wieder springen die Gedanken des Paulus um. Nachdem er in V.6 gesagt hat, worauf der Geist ausgerichtet ist, wendet er sich in V.7 erneut dem Fleisch zu. Noch einmal unterstreicht der Apostel, daß unter der Regie des Fleisches Gesetzeserfüllung nicht möglich ist. Das Fleisch befindet sich in Feindschaft gegen Gott, gegen seine auf Leben zielenden Ordnungen; es kann, da es durch und durch destruktiv ist, diese Ordnungen nicht akzeptieren.

An dieser Stelle sei ein kleiner Exkurs erlaubt, der den zuletzt genannten Sachverhalt veranschaulicht. A. Strindberg beschreibt in Aufzeichnungen, die zusammengefaßt wurden in einer Schrift mit dem Titel »Das Buch der Liebe«, die himmlischen Höhen und die höllischen Tiefen der Beziehung zwischen Frau und Mann. Der schwedische Dichter war ein Kenner der Mysterien der menschlichen Seele. Er stellt an zahlreichen Beispielen dar, wie man in der Geschlechterbeziehung den anderen und sich selber ruinieren kann, restlos zerstören. Um in die Geschlechterbeziehung Frieden einkehren zu lassen, müßte man eigentlich nur ganz einfache Grundregeln beachten: »Spiel nicht mit der Liebe! Sieh nicht auf das Weib eines andern! Sei deiner Gattin treu!« (Ebd., 217.) Ferner ist das »Höllenlaster Herrschsucht« aufzugeben. (Vgl. ebd., 16.) – Strindberg dürfte hier sehr richtig interpretiert haben, worin das Gesetz Gottes bezüglich der Geschlechterbeziehung besteht (vgl. z.B. Jer 5,7–9). Aber ein Mensch, der nicht von der Tiefe her erneuert ist (paulinisch gesprochen: der nicht nach dem Geist lebt), wird es nicht vermögen, diesem Gesetz Folge zu leisten – und er wird sich und anderen Schaden zufügen, er wird vielleicht sogar eine Katastrophe herbeiführen.

Die Glaubenden werden durch den Geist in ein Leben eingewiesen, das heilvoll ist; die fleischliche Seinsweise, in der man Gott nicht gefällt (vgl.

7. Der Geist als Prinzip des Lebenswandels (Leben im Geist)

V.8) und im zwischenmenschlichen Bereich Zerstörung anrichtet, ist für sie erledigt. Der Geist, die neue lebensbestimmende Macht, wird in V.9 zunächst als ein Bereich vorgestellt, in dem man sich bewegen kann (also als eine Art Sphäre), und dann als eine Größe, die *im Menschen* ist. Damit hat Paulus das Bestimmtsein der Gläubigen durch den Geist in umfassender Weise zum Ausdruck gebracht und vor allem ein Kongruenzverhältnis markiert: äußerer Lebensbereich und inneres Lebensprinzip sind sozusagen aus demselben »Stoff«. In der alten Heilsordnung war das nicht so: der äußeren Lebensnorm »Gesetz« widersprach das innere Lebensprinzip »Fleisch«. Allerdings kam auch hier – sekundär – ein Kongruenzverhältnis zustande, aber ein verderbliches: Das innere Lebensprinzip »Fleisch« erwies sich als stärker und machte sich die äußere Lebensnorm »Gesetz« gleichförmig, d.h. pervertierte das an sich gute Gesetz zu einer Lebensordnung, in der fleischlich gelebt werden konnte.

Paulus bezeichnet in V.9 den Geist zum einen als Geist Gottes, zum andern als Geist Christi; außerdem spricht er im selben Vers einfach nur von Geist, gebraucht den Begriff also ohne Näherbestimmung. – Man darf nicht meinen, daß Paulus damit eine systematische Geistlehre vorlegen will, in der geklärt wird, in welchem Verhältnis der Geist zu Gott und zu Christus steht. Für Paulus ist der Geist *Geist Gottes,* weil er Gottes neues Lebensangebot ist. Und der Geist ist *Geist Christi,* weil Gott neues Leben möglich gemacht hat durch sein Heilshandeln in Jesus Christus. Paulus trieb die theologische Interpretation von Heilserfahrungen nur so weit wie eben nötig. Hier mehr Systematisierung zu schaffen (dabei aber Frische und Ursprünglichkeit preiszugeben) blieb der späteren christlichen Lehrentwicklung vorbehalten.

Nachdem Paulus in V.9 gesagt hat, der *Geist* wohne in den Gläubigen, stellt er in V.10 fest, *Christus* sei in den Gläubigen. Pneumatologie und Christologie liegen für den Apostel dicht beieinander, pneumatologische und christologische Aussagen gehen ineinander über. Paulus bekommt den Geist und Christus nicht sauber voneinander getrennt und beabsichtigt eine solche Trennung wohl auch nicht.

Das Denken des Paulus ist in hohem Maße dynamisch und orientiert sich an Erfahrungen. Paulus ist mitgerissen worden von der Woge eines neuen Lebens. *Dieses Leben* ist für ihn entscheidend, mit seiner Gottesnähe, mit der Geschwisterlichkeit, mit der Entgrenzung und Neuwerdung der eigenen Person. All diese Erfahrungen werden natürlich innerhalb einer bestimmten symbolischen Sinnwelt gemacht (und sind erst in ihr überhaupt möglich), aber die Wucht der elementaren Erlebnisvollzüge läßt die begriffliche Reflexion dieser symbolischen Sinnwelt in den Hintergrund treten. Sicher, es ist so, daß Paulus die Erlebnisvollzüge, in die er hineingenommen wurde, interpretiert, vor allem auf ihre auslösenden Faktoren hin, aber diese Interpretation ist eine nachgeordnete Tätigkeit und zeitigt bezüglich mancher Fragestellungen sozusagen nur Annäherungsergebnisse. Klar ist für Paulus: Gott hat mit dem Kreuz Jesu äonenwendend in die Unheilsgeschichte der Menschen eingegriffen. Klar ist ferner: Jesus ist nicht im Tode geblieben, sondern ist lebendig, wirkmächtig. Und klar ist auch: Der Geist ist ausgegossen, der unser neues Lebensprinzip sein will. In welchem Verhältnis jedoch der lebendige Christus und der Geist genau stehen, welche Aufgaben sie bei der Neugestaltung des Menschen, bei seiner Einweisung in ein heilvolles Leben übernehmen, ist Paulus nicht ganz klar, und er bemüht sich hier auch nicht um Klarheit. Man könnte sagen: Gemäß Paulus ist Christus im Geist gegenwärtig; *so* ist das Verhältnis zwischen Christus und Geist zu bestimmen. Vielleicht meint der Apostel das (in etwa), vielleicht unterstellt man ihm damit aber bereits zuviel an Systematik, und er ist überinterpretiert. Die Symbolwelt des Paulus enthält Ungenauigkeiten und Ungereimtheiten, doch das stört den Apostel nicht. Er sieht tagtäglich, daß diese Symbolwelt *wirkt* und läßt sich von ihr mitreißen; er *lebt* sie primär und *denkt* sie nur sekundär.

Durch den in den Glaubenden wohnenden Christus ist, so heißt es in V.10, »der Leib tot wegen der Sünde, aber der Geist Leben wegen der Gerechtigkeit.« Was meint Paulus damit? Er will wohl sagen, daß der »Leib« (das [alte] kommunikative Dasein) von Christus wegen der Sünde getötet wird; Christus erweist sich im Glaubenden zunächst einmal als – man muß das so hart sagen – »Totschläger«. Aber Christus führt auch eine neue Existenz herauf, die göttliche Geist-Existenz; er kann das wegen der Gerechtigkeit, die er erwirkt hat. Und der *Geist selber* ist jetzt das Leben der Glaubenden.

Das Leben, das den Glaubenden im Geist zugeeignet ist, das der Geist selber darstellt, endet nicht mit der Diesseitigkeit. In V.11 weitet sich der Horizont der paulinischen Aussagen; der Apostel stellt fest, daß sich der Geist an uns nach unserem Tod als Auferweckungskraft bewähren wird (genauer: Gott wird ihn so einsetzen).

Die sichere Zukunft über den Tod hinaus, die der Glaubende dank des Geistes hat, entlastet und beflügelt sein jetziges Leben. Der Glaubende weiß, daß er nicht mehr aus dem Leben herausfallen kann, nicht einmal durch den Tod. Und deshalb ist er frei, sich auf die Gegenwart zu konzentrieren, auf das, was der Geist an ihm und durch ihn in dieser

7. Der Geist als Prinzip des Lebenswandels (Leben im Geist)

Weltzeit tun will. Der Geist, der dem Glaubenden jenseits der Todesgrenze als Lebensmacht begegnen wird, als lebendig machende Kraft, ist bereits *jetzt* sein Lebensprinzip, das herausfordert zu einem heilvollen Leben, zu einem Leben, das Vorgriff ist auf das eschatologische Leben, ja, das bereits selber eschatologischen Charakter hat. Die Sterblichkeit ist damit zwar nicht übersprungen – Paulus spricht in V.11 von den »sterblichen Leibern« der Gläubigen –, aber dank des Geistes ist die Gewißheit da, nach dem Tode nicht in ein Nichts zu fallen.

Wer sich vom Geist bestimmen läßt, dem ist also unvergängliches Leben gegeben. Die fleischliche Seinsweise hingegen führt in den Tod. (V.13a.) Nichtsdestoweniger fordert auch das Leben im Geist *Tod*, aber einen *kreativen* Tod: »Wenn ihr durch den Geist die Werke des Leibes tötet, werdet ihr leben.« (V.13b.) Zum Ausdruck gebracht wird hier, daß die Loslösung von der fleischlichen Seinsweise nicht einfach ist, daß sie einem Sterben gleichkommt; das Leben im Geist hat also einen hohen Preis.

Bewußt wird in V.13b von den Werken des *Leibes* gesprochen, nicht von den Werken des *Fleisches*. Was vernichtet werden muß, kann mit Hilfe des Begriffs »Werke des Leibes« tiefer und umfassender charakterisiert werden als mit Hilfe des Begriffs »Werke des Fleisches«. Leib *(sōma)* ist an sich ein neutraler Terminus und bezeichnet das (ganz normale) kommunikative Dasein des Menschen; und was aus diesem (ganz normalen) Dasein heraus an Taten produziert wird, soll als sündig angesehen und getötet werden. Plausibel wird diese weitreichende Forderung des Paulus, wenn man sich die Ergebnisse des menschlichen Alltagsverhaltens genauer ansieht, wenn man den Mut aufbringt, sich von seinen Mitmenschen sagen zu lassen, wie sie das bewerten, was man ihnen tagtäglich an Verhalten zumutet. In den urchristlichen Gemeinden werden – unter der Regie des Geistes – solche Spiegelungsprozesse abgelaufen sein (vgl. 1Kor 14,24f).

Die Erneuerung seines Lebens kann man nicht *alleine* vornehmen. Man muß ja selber, als kontrollierende Instanz seiner selbst, entmächtigt werden – und das kann nur durch den Geist geschehen. Arbeitet man *ohne* den Geist an seiner Erneuerung, will der alte Mensch den alten Menschen erneuern – ein hoffnungsloses Unterfangen. Erst der Geist sprengt das Gefangensein in sich selber und setzt den *ganzen* alten Menschen matt. Sich auf diese Dynamik des Geistes einzulassen ist ein Risiko, aber die einzige Chance, zum Leben durchzustoßen. Der Geist ist unbestechlich und schonungslos. Er legt exakt auf die Stellen den Finger, an denen es weh tut, und der Mensch wird sich winden wie ein

Wurm. Genau dann sagt der Geist: Identifiziere dich mit meiner Blickweise, nimm meinen Standpunkt ein, töte dich selbst! Und *erst jetzt* ist ein sicherer Ausgangspunkt gewonnen, von dem her dieser radikale Eingriff in sich selber vorgenommen werden kann. Weiter: Der Geist wird diesen Erneuerungsprozeß – falls man sich auf diesen Prozeß überhaupt einläßt – aufmerksam überwachen. Man kann den Geist nicht hinters Licht führen. Man kann ihm nicht gewissermaßen ein paar Bröckchen als Abfindung hinwerfen in der Hoffnung, er werde die dicken Brocken übersehen. Der Geist wird seine aktive Rolle im Erneuerungsgeschehen nicht preisgeben, er ordnet sich dem menschlichen Subjekt nicht unter. Wer sich dem Geist übergibt (aus der Sehnsucht nach wahrem Leben), sollte deshalb wissen, was er tut: Er läßt sich auf Prozesse ein, die er hinterher nicht mehr kontrollieren kann. Die Bitte um den Geist ist deshalb ggf. die Bitte um die eigene Lebenskrise. Der Geist ist nicht harmlos! Und der Mensch, der um den Geist bittet, der sich durch den Geist erneuern lassen will, übersieht zunächst gar nicht, was er da ausspricht. Aber sehr bald wird ihn sein Gebet einholen: der Geist ist tatsächlich da. Und nun gilt es, sich der Dynamik des Geistes wirklich auszusetzen. Der Geist geht dem Ich ans Leder, das ihn selber herbeigerufen hat. Und jetzt kann folgendes passieren: Für das Ich hört der Spaß auf; *so* hatte es sich das Wirken des Geistes nicht vorgestellt. Oder das Ich läßt sich vom Geist überführen, eine wirkliche Heiligung kommt zustande; das Ich ist bereit, seine Werke (die Werke, in denen es sich ausdrückt und damit *sich selber*) zu töten.

Wir sind hier, in Röm 8,13b, auf die gefährliche Seite des Geistes gestoßen. Der Geist ist nicht harmlos! Hier ein weiterer neutestamentlicher Beleg dafür, aus der Zeit der Jerusalemer Urgemeinde. Man erlebte dort nicht nur, daß der Geist belebend und schöpferisch tätig war, sondern auch, daß er als vernichtende Kraft in Erscheinung trat. Führung durch den Geist konnte auch Führung ins Gericht sein. Erfahrungen, die man mit dem Geist machte, konnten auch von *erschreckender* Art sein. Eingefangen werden solche Erfahrungen in der Geschichte von Hananias und Saphira (Apg 5,1–11); diese Geschichte dürfte zwar legendarisch sein, ist aber dennoch »wahr«: Sie gibt *Wahrheit* über den Geist wieder, und zwar in bildlicher Ausdrucksweise.

Der Geist verlangt – so will die Geschichte sagen – ungeteilte Hingabe. Gibt man ihm nur einen *Teil,* wird er zur tödlichen Gefahr. Man muß es riskieren, *ganz* auf ihn zu setzen – oder man tut es besser gar nicht. Die Sünde von Hananias und Saphira gegen den Geist (vgl. VV.3.9) bestand darin, ihn nur mit einem *Teil* abzufinden (und den Teil auch noch für das Ganze auszugeben), und das brachte ihn gegen sie auf. An diesem Punkt versteht der Geist keinen Spaß; durch Petrus holte er zum tödlichen Schlag aus. Wenn der Geist auf dem Plan ist, ist der Horizont eines entschränkten Existenzentwurfs da, und die Risikobereitschaft ist gefordert, sich *ganz* auf diesen Existenzentwurf einzulassen, sich völlig aus der Hand zu geben. Wer hier nur *halb* mitmachen will, spielt mit seinem Leben; Kräfte, die an sich konstruktiv sind und ihn vitalisieren wollten, richten sich plötzlich gegen ihn.

Geht es in Röm 8,13b um die soziale Existenz der Christen, um die Erneuerung ihrer sozialen Existenz, so wird in V.14 der Blick von dieser Erneuerung wieder weggelenkt zum Gottesverhältnis hin. So wichtig es auch ist, daß der Geist die Christen in ihrer sozialen Existenz nicht unverändert läßt – zentral angesetzt ist bei Paulus das erneuerte *Gottesverhältnis* der Glaubenden: Sie sind, wenn sie sich vom Geist Gottes leiten lassen, Söhne Gottes. Aber die soziale Existenz und das Gottesverhältnis sind eigentlich gar nicht voneinander zu trennen (vgl. die enge Verklammerung der Aussagen V.13b/V.14); durch den Geist wird man in ein Verhältnis der Gottunmittelbarkeit versetzt, wobei man von der Tiefe her eine Existenzumwandlung erfährt, die einen für die Schwester und den Bruder »genießbar« macht. Gott nahezukommen und dem Nächsten nahezukommen (als veränderter Mensch), beides fällt in eins. Es ist ja *derselbe Geist*, der beides ermöglicht, der beides bewirken will, und man kann ihm nicht vorschreiben, nur *einen Teil* seiner Wirkungen zu zeigen, also etwa nur in ein neues Gottesverhältnis einzuweisen. Gerät man in den Sog des Geistes aus Sehnsucht nach einem neuen Verhältnis zu Gott, steht man unversehens auch vor der Herausforderung, seine soziale Existenz erneuern zu lassen.

Wenn in V.14 die geistgewirkte Gottunmittelbarkeit als Sohnesverhältnis verstanden wird, soll damit zum Ausdruck gebracht werden, daß die Glaubenden an der Fülle Gottes partizipieren – wie eben ein Sohn teilhat an dem, was seines Vaters ist. Widergespiegelt wird mit einer solchen Aussage urchristliche Lebenswirklichkeit: In den Gemeinden waren pneumatische Kräfte spürbar, die die göttliche Lebensfülle ein Stück weit auch in Raum-Zeit-Koordinaten aufbrechen ließen.

Auch die nächsten Verse von Röm 8 beschäftigen sich mit dem neuen Gottesverhältnis. Aus V.15 wird deutlich, welche Intimität dieses Verhältnis kennzeichnet. Jegliche Furcht vor Gott ist gewichen, man kann zu ihm Vertrauen haben wie zu einem liebenden Vater.

»Im Geist« rufen die Glaubenden: »Abba, Vater!« Der Gedanke, daß man »im Geist« betet, findet sich auch anderswo im Neuen Testament (Eph 6,18; Jud 20). Der Geist wird dabei aufgefaßt als ein Kraft- und Wirkfeld. Wenn man in diesem Kraft- und Wirkfeld betet, ist das Gebet von durchschlagender Wirkung.

Es ist für den Menschen mit seiner natürlichen, instinktiven Scheu vor Gott gar nicht glaubhaft, daß nun eine solche Nähe zu Gott möglich ist, wie sie Röm 8,15 voraussetzt; deshalb übernimmt der Geist die Aufgabe der Vergewisserung: »Der Geist selbst bezeugt unserem Geist, daß wir Kinder Gottes sind.« (V.16.) Geist im anthropologischen Sinn (»unser Geist«) steht hier für die kognitiven Funktionen des Menschen, die das Zeugnis des göttlichen Geistes über die Gotteskindschaft der Glaubenden aufnehmen.

V.16 zeigt, daß der Geist eine wichtige Rolle bei der Vergewisserung in den fundamentalen Glaubenswahrheiten spielt. Er ist eine Instanz, die über Offenbarungswissen verfügt, und von dieser Instanz werden die Glaubenden geleitet, sie teilt sich ihnen unmittelbar mit und stattet sie dadurch selber mit Offenbarungswissen aus. Und durch seine Wissensübermittlung verortet der Geist die Glaubenden in der Wirklichkeit, er weist ihnen hier ihren Platz an: sie sind »Kinder Gottes«.

Weil es der über Offenbarungswissen verfügende *Geist* ist, der diese Verortung vornimmt, und weil er sein Wissen direkt an die Glaubenden weitergibt, in ihre kognitiven Funktionen hinein, ist den Glaubenden ihre Gotteskindschaft eine Tatsache, an der keinerlei Zweifel möglich ist; die Glaubenden leben hier aus einer übernatürlichen Gewißheit.

Der Status der Glaubenden wird in V.17 weiter expliziert, wobei Paulus mit dem Begriff des Erben arbeitet. Offenbar will der Apostel einem Mißverständnis vorbeugen. Seine vorhergehenden Ausführungen könnten so verstanden werden, als rede er einer ekstatischen Vergöttlichung der Glaubenden das Wort, als weise er sie in einen Zustand der Vollkommenheit ein. Deshalb richtet er nun den eschatologischen Vorbehalt auf: Wenn die Glaubenden nicht nur Söhne oder Kinder, sondern auch *Erben* genannt werden, wird ausgesagt, daß sie zwar bereits jetzt an der Fülle Gottes partizipieren, aber auch noch *Wartende* sind (ein Erbe lebt auf die *Zukunft* hin).

Auch das Stichwort »leiden«, das in V.17 auftaucht, beugt einem Vollkommenheitsrausch vor. Schaut man auf die Lebensfülle in den Gemeinden, könnte man in der Tat meinen, sich bereits im eschatologischen Vollendungszustand zu befinden. Aber man darf die Augen nicht davor verschließen, daß es auch noch viel Leid gibt, und ein Zustand, in dem Leid möglich ist, kann nicht der eschatologische Vollendungszustand sein.

Nachdem Paulus einmal das Stichwort »leiden« eingebracht hat, bestimmt dieses nun den Gedankengang weiter. Paulus weiß beim Thema Leid, wovon er spricht – seine Existenz war eine Leidensexistenz (vgl.

die paulinischen Peristasenkataloge). Der Apostel tröstet sich angesichts von Leidenserfahrungen mit der künftigen Herrlichkeit (V.18) und weitet dann diese Denkfigur kosmisch aus (VV.19ff): Die gesamte Schöpfung leidet und erwartet einen Zustand endgültigen Heils, wobei das Erreichen dieses Zustands etwas zu tun hat mit dem »Offenbarwerden der Söhne Gottes«.

Der Mensch steht also mit seiner Erlösungssehnsucht in einem kosmischen Gesamtzusammenhang und in einer kosmischen Verantwortung. Dieser Zug der paulinischen Theologie ist sehr wichtig; der Apostel propagiert keine individuelle, autistische Erlösungsreligion, die sich von den Weltbezügen und der Weltverantwortung dispensiert. Paulus konnte die kosmische Einbindung und Verantwortung des Menschen nur mythisch artikulieren, aber was er zum Ausdruck bringen will (daß die Glaubenden mit der Schöpfung solidarisch sind und für sie Verantwortung haben), ist unabhängig von Weltbildern; deshalb ist der Abschnitt VV.19ff hochaktuell bei unseren Bemühungen um eine theologische Fundierung unserer Verantwortung für die Schöpfung.

Das Vorstellungsmaterial, mit dem Paulus in den VV.19ff arbeitet, ist im einzelnen kaum zu bestimmen. Sicher stammt es zu einem großen Teil aus der jüdischen Apokalyptik, die von den Wehen der Endzeit ebenfalls die ganze Schöpfung betroffen sah. Aber auch hellenistisches Gedankengut mischt sich in die paulinischen Ausführungen; greifbar ist vor allem die hellenistische Klage über die Vergänglichkeit, ferner die Sehnsucht nach der Überwindung der Vergänglichkeit. – Die Aufgabe, die Paulus in den VV.19ff löst, ist die, die gesamte Welt als Schöpfung Gottes (und so muß er die Welt von seinem alttestamentlichen Erbe her sehen) in die Erlösungstheologie einzubeziehen. Dabei kommt das Theologumenon heraus, daß die Schöpfung an dem eschatologischen Vollendungszustand, dem die Glaubenden sehnsuchtsvoll entgegengehen, partizipieren wird.

In V.23 wird der Gedankenverlauf von der Schöpfung zum Glaubenden zurückgebogen. Die Hoffnung des Glaubenden auf endgültige Vollendung geht nicht ins Leere. Der Glaubende weiß das, weil er den Geist hat, der die »Erstlingsgabe« ist, die eine Verbindung mit dem Zukünftigen schafft.

Das Zukünftige wird in V.23 als Sohnschaft und als Erlösung des Leibes bezeichnet. Paulus gerät, wenn er hier die Sohnschaft als noch ausstehendes Heilsgut auffaßt, in Spannung zu vorhergehenden Aussagen, denen gemäß die Sohnschaft bereits jetzt realisiert ist (VV.14–16). Diese Spannung im Gedankengang ist offenbar vom Apostel gewollt; sie reflektiert die sachliche Spannung zwischen Schon und Noch-nicht des

Heils: Die Glaubenden sind bereits Söhne Gottes – und sie sind es auch noch nicht.

Die christliche Existenz ist maßgeblich charakterisiert durch ein Ausgestrecktsein nach vorn. Obwohl das Urchristentum eine erfüllte, an Leben überschäumende Gegenwart kannte, hatte es eine ungeheure Sehnsucht nach mehr, nach Endgültigkeit. Christliche Existenz geht nicht in der Vorfindlichkeit dieser Welt auf, obwohl sie Geist-Existenz ist und der Geist im Hier und Jetzt als lebensteigernde, verwirklichende Kraft erfahren wird. Doch der Geist ist nur Erstlingsgabe, er macht die raum-zeitliche Wirklichkeit nicht zur Heimat. Im Gegenteil: Der Geist schürt die Sehnsucht nach mehr, er bringt gleichsam eschatologischen Geschmack ins Leben, er reißt aus der Ruhe und erinnert an die eigentliche Bestimmung des Menschen, er versetzt in eine heilsame und fruchtbare, freilich schmerzhafte Spannung, er dynamisiert die gesamte menschliche Existenz. Gerade wegen der Erfüllung, die das christliche Leben bereits hat (durch den Geist), ist es daher ein Sehnsuchtsleben, das von Hoffnung bestimmt ist (Hoffnung ist dann das Thema der VV.24f).

Der Zustand des Hoffens und Wartens, in dem sich die Glaubenden befinden, ist – wie V.26 anzeigt – ein Zustand der Schwachheit; aber als Beistand ist der Geist da. Der Geist verwandelt nicht etwa den Zustand der Vorläufigkeit in einen Vollkommenheitszustand; er macht die *schwachen* Gläubigen nicht zu pneumatischen Kraftmenschen, sie werden nicht mit dem Geist und seiner Kraft identisch. Es bleibt eine Differenz bestehen, die in der paulinischen Pneumatologie von erheblicher Bedeutung ist: Geist und Glaubender sind voneinander *getrennt*, freilich erfährt der Glaubende den Geist als überlegene Macht, die konstruktiv in seinen Lebenszusammenhang eingreift; doch der Glaubende kann sich den Geist nicht so aneignen, daß dieser in seiner Persönlichkeit aufgeht, sie emporhebend aus den Niederungen der irdischen Existenz in die himmlischen Höhen.

Der Zustand des Hoffens und Wartens ist, so führt V.26 weiter aus, kein Zustand der Passivität; in diesem Zustand kann *gebetet* werden. Durch das Gebet wird zumindest punktuell Fülle herbeigeführt; das Gebet holt aus der Welt Gottes in unsere Vorläufigkeit Heil hinein zur Veränderung der einen oder anderen notvollen Situation. Zwar ist die diesseitige Gesamtsituation der Schwachheit nicht grundsätzlich in die Herrlichkeit Gottes überführbar, doch hier und da blitzt von dieser Herrlichkeit etwas auf – wenn gebetet wird.

Aber selber kann der Glaubende gar nicht richtig beten – er ist hier auf den Geist angewiesen. Als Mensch überblickt man die Situation nicht, in die man durch das Gebet hineinwirken möchte; wir wissen nicht – wie Paulus es ausdrückt –, »was wir beten sollen, wie es nötig ist.« Das aber weiß der Geist; er hat alle Informationen. Und noch weiter treibt Paulus den Gedankengang, wenn er die Gebetssprache des Geistes »unaussprechliche Seufzer« nennt. Was wir (eigentlich) brauchen, können wir gar nicht zum Ausdruck bringen, es liegt jenseits unserer Artikulationsmöglichkeiten. Wir brauchen, damit unser Leben gelingt, etwas von *Gott*. Aber Gott und seine Wirklichkeit sind uns entzogen, unsere sprachliche Kompetenz reicht nicht in diesen Bereich hinein. Da tritt der Geist für uns ein. Er artikuliert in seinen Seufzern, was wir nicht formulieren können, mit dieser seiner Sprache unmittelbar in die göttliche Wirklichkeit hineingreifend, in der *er* ja zu Hause ist. Und der Geist betet nicht ergebnislos. Er holt für die Situationen, die *er* verändern will (in *seinem Sinne*), durch sein Gebet göttliche Fülle herbei.

Dieser ganze Prozeß geschieht an uns vorbei, von unseren Kontroll- und Bewertungsinstanzen nicht erfaßbar (dieser Prozeß findet ja im Medium einer »Sprache« statt, die wir nicht verstehen). Wenn wir im Geist leben, wenn wir den Geist unser Lebensprinzip sein lassen, geschieht *an uns vorbei* etwas, was *gut für uns* ist. Nicht *wir* wissen, was gut für uns ist und wie es herbeigeführt werden kann, sondern der Geist weiß das. Und wir müssen Vertrauen zum Geist haben, wir dürfen uns in sein Handwerk nicht einmischen, das würde nur stören.

Gemeint ist also von Paulus eine Passivität, die der Dynamik des Geistes Raum gibt. Und diese Passivität führt – da der Geist sie für sein Handeln mit Sicherheit auch ausnutzt – zum Aufleuchten göttlicher Herrlichkeit und göttlicher Wunderkraft im Hier und Jetzt. Es gibt auch eine christliche Passivität, die unfruchtbar ist, eine falsche Dulder-Mentalität, die mit dem Geist nicht ernsthaft rechnet. Mit einer solchen Mentalität wird man an der Fülle an Leben, die den Glaubenden zugedacht ist (und im Urchristentum erfahren wurde), vorbeileben.

Die hier vorgelegte Interpretation von V.26 nimmt der Diskussion die Schärfe, ob mit den »unaussprechlichen Seufzern« des Geistes das Phänomen der Glossolalie gemeint ist. (Diese Frage ist schwer zu beantworten; vgl. als neuere Aufarbeitung des Problems R. Gebauer, Das Gebet bei Paulus, 59-62.) Paulus kommt es in V.26 auf den Kontrast zwischen Hilflosigkeit des Menschen (beim Gebet) und Kompetenz des Geistes an, ferner auf das Zusammenspiel von menschlicher Passivität und pneumatischer Aktivität: der Mensch gesteht seine Hilflosigkeit ein, und gerade dadurch kommt der Geist zum Zuge. Ob man sich nun das interzessorische Wirken des Geistes als direkte Kontaktaufnahme mit Gott vorstellt oder das glossolale Reden des Menschen (das ja ein vollkommen geistgewirktes Phänomen ist) als »Medium« zwischengeschaltet sieht, ist von nachgeordneter Bedeutung.

Ein weiteres Problem von V.26: Paulus gerät mit der Aussage, die er hier macht, in Spannung zu anderen Aussagen über das Gebet, die sich bei ihm finden. So kann er z.B. in Röm 15,30–32 Gebetsziele sehr genau angeben, und er geht an dieser Stelle auch nicht von einem interzessorischen Wirken des Geistes aus.

Man darf hier nicht einfach das mangelnde systematische Interesse des Apostels bemühen (auf dessen Konto freilich so manche Unstimmigkeit der paulinischen Theologie zu buchen ist). Paulus bringt vielmehr mit seinen unterschiedlichen Aussagen zum Gebet zwei unterschiedliche Dispositionen des Glaubenden zum Ausdruck, die *beide* die Glaubensexistenz mitkonstituieren, und zwar gerade in ihrer Unterschiedlichkeit: Gebetsglaube lebt zum einen von totaler menschlicher Passivität, die sich für den Geist und *sein* Wirken bereithält; Gebetsglaube ist zum anderen *Kampf,* aktives Einsetzen aller Kräfte, um den als richtig erkannten göttlichen Willen in die Weltwirklichkeit hineinzutreiben, gegen jeden Widerstand. *Beide* Einstellungen müssen im Glaubenden vorhanden sein – nur dann wird sein Gebetsleben Früchte hervorbringen.

Kehren wir zu Röm 8 zurück. Die Aussage von V.27 hätte man so nicht erwartet, wird doch hier gesagt, daß Gott das Trachten des Geistes (das, was dieser bei seinem Eintreten für die Glaubenden ausrichten möchte) längst kennt. Warum ist dann überhaupt die Gebetsaktivität des Geistes nötig? –

Der Mensch betet sich durch den Geist in den göttlichen Heilsratschluß hinein. Die Gebetsaktivität ist eine zirkuläre Bewegung: Sie geht (durch den göttlichen Geist) von Gott aus und kehrt zu Gott zurück, wobei sie den Menschen in eine neue Wirklichkeit hineinzieht. Das Gebet ist im Grunde ein Entdeckungsprozeß; entdeckt wird (vgl. V.28) eine kompakte symbolische Sinnwelt, aus der man nicht mehr herausfallen kann (alles dient in ihr »zum Guten«). Man findet sich nun vor in einem geistigen Universum, in dem Kontingenzerfahrungen ihr Ende haben und statt dessen eine Fülle an Sinn erfahren wird.

So wirkt sich also das Leben im Geist aus: Die Glaubenden geraten unter umwandelnde pneumatische Kräfte, welche sie zu Töchtern und Söhnen Gottes machen, die mit ihrem Vater in Liebe verbunden sind

7. Der Geist als Prinzip des Lebenswandels (Leben im Geist)

(V.28 spricht von »Gott-Liebenden«); und als Gott-Liebende sind die Glaubenden geborgen in einem Universum des Guten, können sie Vertrauen haben angesichts aller zerstörerischen Kräfte. Gottes Definitionsmacht strukturiert die Wirklichkeitserfahrung so um, daß alles als sinnvoll und gut begriffen wird.

Man sage nicht, hier werde eine *fiktive* Wirklichkeit aufgebaut, eine lediglich *uminterpretierte* Wirklichkeit. Wirklichkeit ist immer interpretiert, so oder so (und damit – wenn man will – fiktiv). Das Wirklichkeitsverhältnis des Menschen ist zirkulär: Er trägt in die Wirklichkeit Interpretation hinein und ist seinerseits der Wirklichkeit ausgesetzt, ihrer das Selbst- und Welterleben strukturierenden Kraft. Und die Aufgabe der Interpretation von Wirklichkeit übernimmt für die Glaubenden der Geist (als göttliche Definitionsmacht). Dadurch verändert sich das Selbst- und Welterleben des Menschen total, er befindet sich faktisch in einer anderen Welt (Welt ist eine konzeptionelle Größe, die *entworfen* wird). Mit alledem ist nicht gemeint, daß in der Wirklichkeit »real« nichts verändert wird, sondern nur »ideell«. Es gab im Urchristentum Krankenheilungen und viele andere »reale« Veränderungen der Wirklichkeit. Aber was »real« ist und was »ideell«, ist in einer kohärenten symbolischen Sinnwelt gar nicht mehr richtig entscheidbar. Außen und Innen rücken hier eng zusammen, und alles erscheint in einem neuen Licht.

Gewiß sind die Gedanken des Paulus, die sich in V.28 finden, nicht ungefährlich – sie könnten zu einem Realitätsverlust führen. Die pneumatische Interpretation von Wirklichkeit kann u.U. mit der Sperrigkeit der Wirklichkeit nicht fertigwerden, und dann wird es schwer, eine kohärente symbolische Sinnwelt durchzuhalten. Dann gibt es *doch wieder* Kontingenzerfahrung. Will man das nicht wahrhaben, versteigt man sich tatsächlich in Fiktionen. Wahre christliche Existenz wird sich an der Sperrigkeit der Wirklichkeit ständig bewähren müssen, wird immer wieder das Symbolsystem des Glaubens gegen die Wirklichkeit ansetzen müssen; christliche Existenz ist daher stets eine herausgeforderte und kämpfende Existenz.

Soviel zu Röm 8. Dieses Kapitel ist das wichtigste Geist-Kapitel im Corpus Paulinum. Paulus argumentiert hier sehr grundsätzlich und ist wohl frei von dem Druck, in eine problematische Gemeindesituation unmittelbar hineinwirken zu müssen. Anders ist es im ersten Korintherbrief; dort ist Paulus von Fehlhaltungen der Korinther herausgefordert, er muß in ihr enthusiastisches Geist-Verständnis korrigierend eingreifen. Und er schreibt ihnen ins Stammbuch, was er auch im Galaterbrief und in Röm 8 entfaltet: Geist wirkt sich im Lebenswandel aus. Schauen wir uns das genauer an:

Korrektur am Geist-Enthusiasmus der Korinther

Der korinthische Enthusiasmus ist in der einschlägigen Literatur so oft und so gründlich behandelt worden, daß wir es uns hier ersparen können, ihn exegetisch in allen Einzelheiten nachzuweisen. Nur auf eine einzige Stelle im ersten Korintherbrief sei hingewiesen, wo der Enthusiasmus besonders gut faßbar ist: 4,8. Es heißt hier: »... ohne uns seid ihr zur Königsherrschaft gelangt. Ach, träfe es nur zu, daß ihr zur Königsherrschaft gelangt wäret, damit auch wir mit euch herrschen könnten.« Das zentrale Wort in diesem Vers lautet *basileuein* ([als König] herrschen). Paulus greift mit diesem Begriff eines der Schlagworte in der korinthischen Gemeinde auf und verwendet es im ironischen Sinne. Um zu verstehen, worum es den Korinthern zu tun war, muß man sich einen Augenblick lang von der Polemik des Paulus freimachen. Für die Korinther war *basileuein* eine ernsthafte Angelegenheit. Sie waren der Meinung, schon jetzt als Könige mit Christus zu herrschen, schon jetzt den vollen Anteil an Gottes Königsherrschaft zu haben. In enthusiastischer Weise sahen sie die himmlische Herrlichkeit bereits als Gegenwart an; sie spürten doch die Kräfte des Neuen in sich und in ihrer Gemeinschaft, mit Christus waren sie Sieger über alle Mächte des jetzigen Äons.

Die enthusiastische Haltung der Korinther kam durch ihre Geisterfahrungen zustande. Der Geist spielte eine ungemein wichtige Rolle im Gemeindeleben, wie ein Blick auf 1Kor 12 sofort belegt. Die Korinther verstanden sich als Geistbegabte, als Geistmenschen *(pneumatikoi)*, vgl. 1Kor 3,1. Und sie hatten ein Geistverständnis, das sie aus den konkreten Lebensbezügen herauslöste und in einen ans Wahnhafte grenzenden Existenzentwurf trieb: Der Geist war für sie »nicht mehr Kriterium und ἀρραβών [Angeld], der mich als Gläubigen in der Welt festhält und mich hier im neuen Wandel führt. Die Geisterfahrung wird zur Selbsterfahrung und Christus zur Chiffre für dieselbe.« (H. Conzelmann, Der erste Brief an die Korinther, 34.)

Auch Paulus kennt zwar das pneumatische Hochgefühl (1Kor 2,10b–16), aber sein Geisterleben erschöpft sich darin nicht. Für Paulus bewirkt der Geist weitaus mehr, als den Glaubenden in ein Hochgefühl zu

7. Der Geist als Prinzip des Lebenswandels (Leben im Geist)

versetzen, und der Apostel macht das deutlich in 1 Kor 3,1 ff. Dieser Text ist die notwendige Ergänzung zu 1 Kor 2,10b–16. Ohne 1 Kor 3,1ff bliebe 1 Kor 2,10b–16 mißverständlich. (Vgl. zu 1 Kor 2,10b–16 unten.)

Paulus setzt in 1 Kor 3 voraus, daß die Korinther *geistbegabt* sind, heißt es doch in V.16: »Wißt ihr nicht, daß ihr der Tempel Gottes seid und der Geist Gottes in euch wohnt?« Dennoch muß der Apostel feststellen (V.1): »Und ich, Brüder, konnte zu euch nicht reden wie zu Geistbegabten, sondern wie zu Fleischlichen, wie zu Unmündigen in Christus.« Wie ist diese Spannung zu erklären, daß Paulus die Korinther für geistbegabt hält, zu ihnen aber nicht wie zu Geistbegabten reden kann? Die Antwort geben die Verse 3,3f: In der korinthischen Gemeinde herrschen Eifersucht und Streit, die Korinther gehen »fleischlich« miteinander um. Sie besitzen zwar den Geist – den spricht Paulus ihnen keineswegs ab –, aber sie gestatten dem Geist nicht, ihren Lebenswandel zu bestimmen. Sie sind also Geistmenschen und sind es zugleich nicht; der *wahre* Geistmensch gestattet es dem Geist, Prinzip des Lebenswandels zu sein, d.h. zu einem Wandel in Demut und Liebe anzuleiten, fern von Eifersucht und Streit. Es gibt also objektive Kriterien dafür, ob jemand vom Geist durchdrungen ist oder nicht. Geist wirkt sich aus im sozialen Feld, im Umgang miteinander. Der Geist entgiftet das soziale Klima, er zerstört destruktive Beziehungsspiele und läßt das Miteinander gelingen. Im Geist steckt also ein auf den sozialen Bereich zielender Gestaltungswille; der Geist steigert und erhebt nicht nur oder nicht primär das Existenzgefühl (auch das tut er freilich in nicht geringem Ausmaß), sondern der Geist hält den Glaubenden dabei auch auf dieser Erde fest und schenkt ihm hier Glück und Erfüllung in der Begegnung mit den anderen. Und ob sich jemand als wahrer Geistmensch verstehen darf, zeigt sich daran, ob er sich einbinden läßt in eine konstruktive kommunikative Gemeindepraxis, ob er jenseits von Selbstgefälligkeit und Machtansprüchen frei ist für die Schwester und den Bruder (um dabei auch selber in ungeahnter Weise beschenkt zu werden).

Wenn Paulus in 1 Kor 3 davon ausgeht, daß man den Geist besitzen kann, ohne von ihm wirklich bestimmt zu sein, macht er damit eine wichtige Aussage über das Wesen und Wirken des Geistes. Der dem Glaubenden verliehene Geist führt sein Werk nicht sozusagen automatisch aus. Der Glaubende muß dem Geist Raum geben, er muß ihm die Verfügungsmacht über den Lebenswandel wirklich überlassen. Der Geist übt seine heilvollen sozialen Wirkungen nur dann aus, wenn man ihm die Möglichkeit dazu gibt. Zwischen Menschen ist ein beglückendes Miteinander möglich, das die Identität und das Selbstwertgefühl eines jeden einzelnen ungeheuer steigert, aber dieses Miteinander gelingt nur jenseits aller Machtspiele, und das Angebot, das der Geist macht, ist dieses: »Verzichtet auf *eigene* Machtausübung (auch auf die subtile, die um so perfider ist) und laßt *mich* ›Macht‹ ausüben; meine ›Macht‹ ist konstruktiv, sie erniedrigt und kränkt keinen, sie setzt jeden ins Recht, sie schafft Ausgleich, Freiheit, Frieden.«

Es bedarf eines Willensentschlusses, dem Geist diese Macht zuzugestehen, ist doch damit der Verzicht auf eigene Macht verbunden. Aber wenn man sich klarmacht, um was für einen Tausch es hier geht, was man abgibt und was man bekommt, fällt der Entschluß, den Geist wirklich herrschen zu lassen, nicht mehr schwer.

Geist und Heiligung im ersten Thessalonicherbrief

Auch in einem Abschnitt des ersten Thessalonicherbriefs geht es darum, den Geist herrschen zu lassen, damit Leben, damit soziales Miteinander gelingt. Gemeint ist 1Thess 4,1-8. Dies ist ein paränetischer Abschnitt, in dem Heiligung *(hagiasmos)* das Thema ist, und zwar konkret Heiligung als Enthaltung von Unzucht und Habsucht. Am Schluß dieses Abschnitts heißt es, daß derjenige, der das ablehnt, wozu Paulus hier aufruft, Gott selber ablehnt, »der euch seinen heiligen Geist gibt«.

Der Apostel denkt hier wahrscheinlich daran – obwohl er es nicht offen ausspricht –, daß die Gabe des heiligen Geistes sittlich einwandfreies Handeln überhaupt erst ermöglicht (freilich dann auch fordert). Kardinalstellen der alttestamentlich-jüdischen Überlieferung, die Paulus dabei im Auge hat, dürften Ez 36,27 und PsSal 17,37 sein, wo der göttliche Geist als Kraft des sittlichen Lebens vorgestellt wird. Hinzuweisen ist auch auf Ez 37,14 (LXX). Hier wird die göttliche Verheißung ausgesprochen: »*kai dōsō to pneuma mou eis hymas, kai zēsesthe*« (Und ich werde euch meinen Geist geben, und ihr werdet leben). Paulus ist in 1Thess 4,8 offenbar von dieser Stelle abhängig (das ist übrigens das einzige Mal, daß er an eine alttestamentliche Geistverheißung anknüpft), aber er ändert die futurische Formulierung in eine präsentische, denn die Ankündigung der Geistverleihung hat sich *jetzt* erfüllt. (Das ist ein Hinweis dafür, daß sich das Urchristentum als eschatologische Gemeinschaft verstand; es hatte den Geist empfangen, der die Gabe der Endzeit ist, der eschatologischen Heilszeit.)

Der Begriff Heiligung, um den es in 1Thess 4,1-8 zentral geht, löst bei uns u.U. keineswegs positive Assoziationen aus. Wir denken bei

Heiligung leicht an einen selbstquälerisch-entsagungsvollen, mit Verdrängungen verbundenen Existenzentwurf. Und wenn ein solcher Existenzentwurf nun mit dem heiligen Geist in Verbindung gebracht wird, könnte unser Verständnis von Geist ebenfalls negativ werden.

Doch man muß die Sache anders sehen. Heiligung im neutestamentlichen Sinn schützt mich davor, daß ich mir meine Lebensmöglichkeiten selber verstelle. Wenn ich an meiner Heiligung vorbeilebe, lebe ich an meinen Lebensmöglichkeiten vorbei, und davor will der heilige Geist mich bewahren. Nehmen wir die beiden Sachverhalte, die in unserem Text behandelt werden, Unzucht und Habsucht. Heiligung in diesen beiden Bereichen besteht darin, daß in der Geschlechterbeziehung zerstörerische Momente ausgeschaltet werden und daß der Mensch sich nicht mehr über seinen Besitz definieren muß. Beides ist *Ermöglichung* von Freiheit, nicht *Einschränkung* von Freiheit! Heiligung zielt auf Freiheit, auf Leben. Und wenn in Verbindung mit Heiligung der Geist ins Spiel gebracht wird, bedeutet dies: Ein heilvoller Seinszusammenhang ist nicht ohne den Geist denkbar, ohne eine höhere Instanz als wir selber, die uns die Einsicht in zerstörerische Gesetzmäßigkeiten überhaupt erst eröffnet und dann auch die Kraft schenkt, aus diesen zerstörerischen Gesetzmäßigkeiten herauszutreten.

Pneumatologische Begründung der Paränese in 1Kor 6,19

Wenden wir uns einer weiteren Stelle zu, an der Paränese etwas mit dem Geist zu tun hat: 1Kor 6,19. Hier begründet Paulus die gegen Unzucht gerichtete Paränese von 1Kor 6,12ff pneumatologisch (indem er einen in 3,16 geäußerten Gedanken in etwas modifizierter Form wiederholt). Der Apostel schreibt:

> Oder wißt ihr nicht, daß euer Leib ein Tempel des heiligen Geistes in euch ist, den ihr von Gott habt, und daß ihr nicht euch selbst gehört?

Der Geist rafft den Menschen nicht von der Erde weg in einen himmlischen Vollkommenheitsrausch hinein, wobei man sich dann in Situationen, die sittliche Entscheidungen fordern, indifferent verhalten kann; der Geist entläßt den Menschen nicht aus seiner irdischen Seinsweise, er verbindet sich vielmehr mit der leiblichen Existenz, nämlich um sie zu gestalten, und zwar so, daß der Mensch davor bewahrt wird, sich selbst und andere zu zerstören. Ist doch der Bereich des Geschlechtlichen, um den es in 1Kor 6,12ff geht, in besonderem Maße empfindlich für Fehlverhalten, das sich sofort ruinös auf alle beteiligten Personen und ihre Beziehungen zueinander auswirkt. Wenn Paulus im Zusammenhang mit geschlechtlichem Fehlverhalten daran erinnert, daß die Glaubenden nicht mehr sich selber gehören, sondern vom heiligen Geist regiert werden, sagt er, daß für die Glaubenden zerstörerische Verhaltensmuster prinzipiell überwunden sind und ein Leben in Freiheit möglich ist.

Geist ist für Paulus also keine Größe, die den Menschen zu einem Leben frei von Normen führt, hinein in eine imaginäre »Freiheit«, die eigentlich Willkür ist. Nein, der Geist schließt ein Leben in Normen keineswegs aus, und Paulus kann gewisse Normen genau benennen (z.B.: Enthaltung von Unzucht). Das Gebot Gottes, das die Korinther durch Paulus von außen trifft, konkretisiert in paränetischen Anweisungen, widerstrebt also nicht dem auf Freiheit zielenden Geist, der in ihnen wohnt. Paulus redet nicht einem solchen Geistchristentum das Wort, das unabhängig ist von äußeren, objektiven Normen. Wahre Geistexistenz entfaltet sich nicht jenseits solcher Normen, sondern bewährt sich in ihrer Erfüllung, zielen sie doch auf die Ermöglichung jenes entschränkten, vom eigenen Ich befreiten Lebens, das auch der Geist freisetzen will.

Geist als eine die Person prägende und gestaltende Kraft

Im zweiten Korintherbrief bezeichnet Paulus in einem apologetischen Kontext (beim Kampf mit Gegnern, die auf Empfehlungsbriefe verweisen können) die Korinther als »Brief Christi, ausgefertigt durch uns, geschrieben nicht mit Tinte, sondern mit (dem) Geist (des) lebendigen Gottes, nicht auf steinerne Tafeln, sondern auf fleischerne Herzenstafeln.« (3,3.)

Gemeint ist dies: Bei der Verkündigung und Seelsorge hat der Geist prägend und gestaltend auf die Korinther eingewirkt, so daß sie mit ihrer ganzen Person zu einer Botschaft geworden sind (vergleichbar einem Brief, einem Empfehlungsschreiben). Der Geist ist eine personumgestaltende Kraft, die den Menschen transparent macht für Christus; durch den Glaubenden hindurch, durch seine erneuerte Persönlichkeitsstruktur, durch die erneuerten Einstellungen, Kommunikationsmuster usw. teilt sich dann Christus mit, gleichsam so, als ob der Glaubende sein »Brief« ist.

Paulus ist in 3,3 abhängig von einem alttestamentlichen Motiv, wird doch bereits in Jer 31,33; Spr 3,3; 7,3 vom Beschreiben des Herzens gesprochen. Wenn der Apostel von »fleischernen« Herzenstafeln spricht, nimmt er ferner Bezug auf Ez 11,19 (das Herz von Stein wird ausgewechselt gegen ein Herz von Fleisch). »Fleischern« ist in 2Kor 3,3 also nicht vom Fleisch-Geist-Gegensatz her zu verstehen, wie ihn Paulus sonst kennt; »fleischern« bedeutet hier »erneuert«, »empfänglich«. »Fleischerne« Herzenstafeln sind »Schreibflächen«, die für das »Schreibmittel« Geist Gottes zutiefst aufnahmebereit sind.

Erneuerung durch den »Geist des Denkens«

In Eph 4,23 heißt es, die Glaubenden mögen sich erneuern lassen durch den Geist ihres Denkens. Es könnte hier pleonastisch der menschliche Geist gemeint sein, aber es ist auch möglich, daß der göttliche Geist gemeint ist, der in das menschliche Denken eingeht und es bestimmt. Dann ist der Weg zur Erneuerung der, sich mit seinen kognitiven Funktionen dem göttlichen Geist willig auszusetzen. Ob nun die eine oder die andere Interpretation richtig ist – auf jeden Fall geht der Briefschreiber davon aus, daß Erneuerung nicht nur darin besteht, sich bezüglich des overten Verhaltens zu disziplinieren; von zentraler Bedeutung ist vielmehr, daß an den *Steuerungsmechanismen* des Verhaltens, den kognitiven Funktionen, angesetzt wird. Nachdem das klargestellt ist, kann der Briefschreiber in den VV.25ff auch das overte Verhalten als solches thematisieren und aufzeigen, in welcher Richtung es geändert werden muß.

Die Rolle des Geistes beim Zurechtbringen des Nächsten

Derjenige, der durch den Geist erneuert ist, dessen Prinzip des Lebenswandels der Geist ist, hat auch die Autorität, einzugreifen, wenn der Nächste nach einem Fehltritt zurechtgebracht werden muß (Gal 6,1).
Es handelt sich hier um eine sehr delikate Situation, die viel Taktgefühl erfordert und in der eine falsche Reaktion des Zurechtbringenden großes Unheil anrichten kann. Das Zurechtbringen könnte besserwisserisch, hart und selbstgerecht sein; es könnte mit einer Note überlegener Arroganz geschehen oder aus einer gesetzlichen Haltung heraus. Von unserer heutigen psychologischen Erkenntnis her läßt sich sagen, daß hier oft Projektionsmechanismen am Werk sind (man bekämpft am anderen die eigene Neigung zu Fehltritten). Vielerlei Möglichkeiten des

Fehlverhaltens sind also gegeben, wenn es darum geht, einem anderen nach einem Fall wieder aufzuhelfen. Der Geist beweist gerade in dieser Situation seine liebevoll-schöpferischen Fähigkeiten. Als dem Glaubenden innewohnendes Prinzip des Lebenswandels befreit er das Innere des Glaubenden von allen falschen Motiven und führt in eine Haltung der Gelassenheit und Souveränität (man ist über den Fehltritt des anderen nicht in falscher Weise aufgebracht); dadurch ist ein Zurechtbringen des anderen möglich »im Geist der Sanftmut« *(en pneumati praytētos)*. Wird diese Einstellung eingenommen, spürt der andere, daß der Zurechtbringende nicht an ihm seine eigenen Probleme lösen will und hat die Chance zu einer wirklichen Sinnesänderung. Zudem soll der Zurechtbringende, so schreibt Paulus, auf sich selber achtgeben, daß er nicht auch versucht werde. Er ist im Prinzip nicht besser als der, den er zurechtweist, er ist genauso gefährdet. Auch dieses Wissen bewahrt vor einer falschen Einstellung beim Zurechtbringen und bewirkt Solidarität; derjenige, der zurechtgebracht wird, und derjenige, der zurechtbringt, stehen auf einer Stufe.

Liebe Gottes und heiliger Geist

In Röm 5,5 wird die Liebe Gottes (Genitivus subjectivus, wie V.8 beweist) als Unterbau der Hoffnung vorgestellt. Die Liebe Gottes gibt der Hoffnung die zuverlässige Grundlage, und sie ist ihrerseits in das menschliche Herz durch den heiligen Geist ausgegossen worden.

Diese Aussage des Paulus stellt den Glaubenden mitten in die Spannung zwischen Schon und Noch-nicht hinein. Wegen des Noch-nicht (anders gesagt: weil die Herrlichkeit Gottes noch aussteht [vgl. V.2]) ist Hoffnung nötig. Aber die Hoffnung speist sich von einem Schon, von einer partiell vorweggenommenen eschatologischen Verwirklichung. Diese partiell vorweggenommene eschatologische Verwirklichung ist die Liebe. Was der Glaubende im Eschaton erwartet, worauf er hofft, ist ja eine endgültige Liebeswelt, und von dieser Liebeswelt ist ein Teil schon jetzt da, und zwar im Herzen des Glaubenden. Dieses gegenwärtige Stückchen eschatologischer Liebeswelt ist in das Herz hineingelangt durch den heiligen Geist; er ist ja jene Größe, die zwischen Eschaton und Gegenwart den Brückenschlag leistet, er ist jene Größe, die die Gegenwart proleptisch zum Eschaton werden läßt. Deshalb ist es kein Wunder, daß Paulus vom heiligen Geist aussagen kann, er richte im menschlichen Herzen die eschatologische Liebeswelt Gottes (vorwegnehmend) auf.

Diese paulinische Aussage muß mit jener Vorstellung des Apostels zusammengebracht werden, der Geist sei das Prinzip des Lebenswandels: In *dem Sinne* ist der Geist das Prinzip des Lebenswandels, daß er den Menschen durch und durch von göttlicher Liebe bestimmt sein läßt.

Weitere neutestamentliche Stellen zum Thema »Geist als Prinzip des Lebenswandels«

Die entscheidenden neutestamentlichen Texte zum Thema des vorliegenden Kapitels haben wir nun behandelt. Einige weitere Stellen brauchen nur noch kurz angeführt zu werden; jeweils einige Sätze dürften zu ihrer Erläuterung ausreichen:

Für Paulus ist gemäß Röm 2,29 die wahre Beschneidung diejenige »des Herzens durch den Geist«. »›Beschneidung des Herzens‹ ist ein durch das Alte Testament seit der Zeit des Deuteronomiums feststehendes Bild und eine ständige Forderung der Propheten.« (O. Michel, Der Brief an die Römer, 134; hier auch Belegstellen.) Gemeint ist eine radikale Umkehr, ein Halten der Gebote aus einem erneuerten Inneren heraus. Durch die Gabe des Geistes ist dies, so will Paulus sagen, möglich geworden. Der Geist setzt tief im Inneren des Menschen an; er drückt dem Menschen im Inneren gleichsam sein Zeichen auf, so wie es das Gesetz am äußeren Menschen in Form der Beschneidung tut. Zu vergleichen ist Jub 1,23f und OdSal 11,1–3.

Reich Gottes und heiliger Geist: Reich Gottes ist für Paulus eine eschatologische Größe (vgl. 1Kor 6,9f; 15,50; Gal 5,21; 1Thess 2,12), realisiert sich aber bereits in der Gegenwart (vgl. 1Kor 4,20; Röm 14,17). Gekennzeichnet ist das sich gegenwärtig realisierende Reich Gottes gemäß Röm 14,17 durch »Gerechtigkeit, Frieden und Freude im heiligen Geist«. Den Glaubenden ist eine Lebensordnung angeboten, in der durch den heiligen Geist statt Ungerechtigkeit Gerechtigkeit herrscht, statt Unfrieden Frieden, statt Trauer Freude. Die künftige Welt Gottes ist in dieser Lebensordnung zum Greifen nahe herbeigekommen, sie ist jetzt schon lebbar.

In 1Kor 6,11 wird vom »Geist unseres Gottes« im Zusammenhang mit der sittlichen Erneuerung des Menschen gesprochen. Zusammen mit dem »Namen des Herrn Jesus Christus« ist dieser Geist das Wirkprinzip dieser Erneuerung.

»Liebe im Geist« gemäß Kol 1,8: Epaphras hat Paulus und Timotheus die »Liebe der Kolosser im Geist« übermittelt. – Die Liebe der

Christen untereinander ist ein geistgewirktes Geschenk; *im* Geist, den sie geschenkhaft haben, ist auch Liebe da.

In Eph 3,16 wird der Wunsch ausgesprochen, durch Gottes Geist mögen die Glaubenden am inneren Menschen an Kraft erstarken. Der Begriff »innerer Mensch« *(esō anthrōpos)* ist als solcher semantisch nicht eindeutig festgelegt; bei Paulus z.B. bedeutet er in Röm 7,22 und in 2Kor 4,16 jeweils etwas anderes (vgl. N. Walter, ἔσω, 163f). Der Kontext muß bei der Näherbestimmung von »*esō anthrōpos*« stets mitberücksichtigt werden. Bei der Auslegung der Epheserstelle ist V.17 heranzuziehen, wo vom Wohnen Christi in den Herzen gesprochen wird; es geht hier um das Innere, um das Personzentrum des Menschen, das von Christus bestimmt sein soll. So wird man auch in V.16 an das Personzentrum, den inneren Kern des Menschen, zu denken haben; dieser wird durch den göttlichen Geist aufgebaut. Wenn der göttliche Geist die bestimmende Größe im Menschen wird, gewinnt der Mensch an Format; in ihm ist eine person-umgestaltende und -ausgestaltende Macht am Werk.

2Tim 1,7: »Denn Gott hat uns nicht einen Geist der Verzagtheit gegeben, sondern der Kraft und der Liebe und der Besonnenheit.« Hier wird paulinisches Erbe aufgegriffen: Der Geist ist eine den Menschen in sittlicher, in charakterlicher Hinsicht bestimmende Macht.

Gemäß Tit 3,5f fand die Errettung statt durch das Bad der Wiedergeburt und Erneuerung im heiligen Geist, den Gott in reichem Maße durch Jesus Christus ausgegossen hat. Angespielt wird hier auf die Taufe; in ihr ist der Geist tätig als Kraft, die den Gläubigen umgestaltet. Eingepaßt wird der Gläubige durch dieses Geschehen in einen bürgerlichen Lebensrahmen (vgl. 3,1-3). Der Briefschreiber denkt von einem bestimmten Menschenbild her (der Mensch hat fromm und angepaßt zu sein) und versteht den Geist als eine Kraft, die zu diesem Menschenbild hin erzieht.

Gemäß 1Petr 1,2 findet durch den Geist die Heiligung der Glaubenden statt. Aufgegriffen wird hier paulinisches Erbe (vgl. 1Thess 4,1-8). Was der erste Petrusbrief unter »heilig« versteht, wird aus 1,14-16 deutlich: sich nicht von Lüsten beherrschen lassen, sondern gottgemäß wandeln.

Zum Schluß sei noch eine Stelle aus dem ersten Johannesbrief herangezogen: 3,9. Es heißt hier: »Jeder aus Gott Gezeugte sündigt nicht, weil sein Same in ihm bleibt. Und er kann nicht sündigen, weil er aus Gott gezeugt ist.« Unter Same »kann kaum etwas anderes als der Heilige Geist gemeint sein (vgl. 3,24; 4,13), so wie in Joh 3,6 als Wirkung der ›Zeugung von oben‹ bzw. der ›Zeugung aus dem Wasser und dem

7. Der Geist als Prinzip des Lebenswandels (Leben im Geist)

Geiste‹ das ›Geistsein‹ bezeichnet wird.« (R. Schnackenburg, Die Johannesbriefe, 190f.) – Wir stoßen hier auf das johanneische Motiv, daß der Geist in den Glaubenden *bleibt* (vgl. 2,27). Ferner berührt sich 3,9 mit 2,20, werden doch in 3,9 konkrete Konsequenzen daraus gezogen, daß die vom »Heiligen« ausgehende Gabe des Geistes heiligende Wirkungen zeitigt: sie befreit aus der Macht der Sünde.

8. Urchristliches Ringen um das Geist-Verständnis

Wir sind im letzten Kapitel u.a. auf die Kontroverse zwischen Paulus und den Korinthern bezüglich des Geist-Verständnisses zu sprechen gekommen. Diesen Faden wollen wir jetzt wieder aufgreifen; es gibt einen Text im ersten Korintherbrief, der uns diese Kontroverse noch tiefer verstehen läßt: 1 Kor 15. An die Exegese von 1 Kor 15 wird sich dann die Auslegung weiterer Texte anschließen, in denen ebenfalls um das Geist-Verständnis gerungen wird.

Der pneumatische Auferstehungsleib der Gläubigen gemäß 1 Kor 15

In 1 Kor 15 befaßt sich Paulus mit der Auferweckung der (gläubigen) Toten, und in diesem Zusammenhang macht er auch Aussagen über die Seinsweise der Auferweckten: Sie werden einen »pneumatischen Leib« *(sōma pneumatikon)* haben (V.44). Ausgestattet werden die Gläubigen mit einem pneumatischen Leib, weil sie mit Christus verbunden sind, der seinerseits »lebenspendender Geist« *(pneuma zōopoioun)* ist (V.45).

In Korinth ist die Auferstehung der Toten geleugnet worden, wahrscheinlich aus folgender Position heraus: Man meinte, mit dem Geist, der in den einzelnen Gläubigen und in der Gesamtgemeinde überaus machtvoll wirksam war, etwas Unzerstörbares empfangen zu haben; man meinte aufgrund der pneumatischen Erfahrungen, die z.T. rauschhaft-ekstatischen Charakter hatten, die Endlichkeit bereits übersprungen zu haben und in die Auferstehungswirklichkeit eingegangen zu sein. Der leibliche Tod bedeutet in einem solchen Existenzentwurf keine wirkliche Zäsur mehr. Über eine noch ausstehende Auferstehung des Leibes braucht nicht ernsthaft nachgedacht zu werden, sie kann abgewertet oder gar geleugnet werden. Jenes Leben, das erst hinter der Todesgrenze anhebt, meint man bereits jetzt in seiner ganzen Fülle erfahren zu können. Ein solcher Existenzentwurf aber ist gefährlich unwirklich, ja: wahnhaft. Was man im Glauben als Wirklichkeit ansieht, ist nicht mehr vermittelbar mit der raum-zeitlichen Realität.

Das Denken der Korinther ist nicht nur theologisch unangemessen, es ist auch – als Existenzentwurf gesehen – selbstzerstörerisch. Man kann nicht auf Dauer die Wirklichkeit in ihrer Sperrigkeit mißachten, es sei denn um den Preis einer Bewußtseinsspaltung oder gar des Wahnsinns. Die zynische Macht des Todes holt ja auch die Korinther ein, und ihr Entsetzen an Gräbern muß um so schlimmer sein, wenn sie die Grenzerfahrungen, in die sie dann hineingezwungen werden, mit ihrem theologischen Symbolsystem nicht bearbeiten können. Oder es kommt zu Verdrängungen, mit verheerenden Wirkungen für die Persönlichkeit. Glaube muß eine kognitive und emotionale Verortung in der *Gesamtwirklichkeit* leisten und muß die Gesamtwirklichkeit dazu zunächst einmal ernst nehmen – dann freilich muß er ihre absurden und zerstörerischen Seiten energisch überwinden. Und genau zu einem solchen dialektischen Existenzentwurf lädt Paulus in 1Kor 15 ein. Der Apostel nimmt die Todesgrenze ernst, er nivelliert sie nicht aus pneumatischem Hochgefühl heraus, aber er traut Gottes Schöpfermacht zu, den Glaubenden jenseits dieser Grenze ein neues Leben zu schenken.

Indem Paulus in 1Kor 15 sehr ausführlich und mit großer Wucht das Thema Tod anspricht, greift er den überspannten korinthischen Existenzentwurf an seiner empfindlichsten Stelle an. Er behaftet die Korinther erbarmungslos dabei, daß sie aus Fleisch und Blut bestehen, daß sie sterblich-vergängliche Menschen sind. Der korinthische Entwurf läßt sich nur durchhalten, wenn man versucht, über den Tod möglichst wenig nachzudenken, da der Tod, wenn man ihn lange genug anschaut, eine Haltung, in der man meint, ihm gegenüber indifferent eingestellt sein zu können, durch seine Brutalität verhöhnt und zerstört. Genau mit dieser Fähigkeit des Todes rechnet aber Paulus und setzt sie ein. Der Apostel will die Korinther in die Endlichkeit zurückstoßen, um ihre Wahnvorstellungen zu korrigieren. Dabei stößt er sie keinesfalls in die Hoffnungslosigkeit – nein, er öffnet ihnen die Augen für die *wirkliche* christliche Hoffnung.

Die wirkliche christliche Hoffnung geht davon aus, daß die Gläubigen jenseits der Todesgrenze, die als solche zu akzeptieren ist, mit einem »pneumatischen Leib« weiterexistieren können. Paulus wählt diesen Ausdruck, weil den Korinthern der Pneuma-Begriff so wichtig ist und weil die Vorstellungen, die sie mit Pneuma verbinden, keineswegs völlig falsch sind. Die Korinther haben durchaus recht, wenn sie im Pneuma – das sie jetzt schon besitzen – etwas Unzerstörbares sehen, eine eschatologische Gabe aus Gottes neuer Welt. Aber dieses Unzerstörbare hebt sie nicht – gleichsam in einem Schwung – über die Todesgrenze hinweg. Auch als Pneumatiker werden sie sterben. Aber jenseits dieser Grenze werden sie in einer Weise existieren, die durch und durch vom Pneuma bestimmt ist.

Als umfassender Begriff zur Kennzeichnung des Existierens wird von Paulus der Ausdruck *sōma* (Leib) gewählt. Wenn der Mensch in der paulinischen Anthropologie als *sōma* bezeichnet wird, ist gemeint, daß er ein personales Subjekt ist, daß er sich selber und anderen faßbar ist, daß er auf andere ausgerichtet ist, daß er sich selber gegenübertreten und ein Verhältnis zu sich selbst entwickeln kann. Und nicht nur *vor* der Todesgrenze ist der Mensch so zu bestimmen, sondern auch nachher: auch jetzt ist er ein personales Subjekt usw., ist er also *sōma*. Freilich: sein innerstes Lebensprinzip hat sich geändert, die alles durchdringende Lebenskraft ist eine andere geworden; das *sōma* des Menschen ist nicht mehr *psychisch* bestimmt, sondern *pneumatisch*. Und so kann Paulus in 1Kor 15,44 den Gegensatz aufstellen: *sōma psychikon* (vor der Todesgrenze) / *sōma pneumatikon* (nach der Todesgrenze). Dadurch, daß beide *sōmata* durch das Bild vom Säen und Auferwecken verbunden werden (»Gesät wird ein psychischer Leib, auferweckt wird ein pneumatischer Leib«), ist Kontinuität in der Diskontinuität zum Ausdruck gebracht: Das Gesäte hängt mit dem, was auferweckt wird, »irgendwie« zusammen – und doch ist ein qualitativer Sprung da. Kontinuität in der Diskontinuität wird auch folgendermaßen angezeigt: Der *sōma*-Begriff als solcher steht für Kontinuität; wenn er für das Existieren vor und nach der Todesgrenze gebraucht wird, soll angezeigt werden, daß die grundsätzliche Weise des Existierens (als personales Subjekt mit Ich-Identität) dieselbe bleibt; dadurch aber, daß das *sōma* vor dem Tod und nach dem Tod anders qualifiziert wird (daß sein Lebensprinzip sich verändert hat), ist Diskontinuität gegeben.

Fassen wir zusammen! Für unsere Frage nach dem Geist ist 1Kor 15,44 in der Hinsicht wichtig, daß hier die Aussage gemacht wird, die jenseitige Existenzweise des Menschen sei durch und durch pneumatisch. Pneumatisch aber heißt nicht: ätherisch verflüchtigt. Wenn der Mensch auch jenseits der Todesgrenze für Paulus *sōma* ist, ist er auch dann sehr konkret und individuell gedacht; aber das Prinzip, das ihn belebt, ist einzig und allein der Geist, ist nicht mehr die Psyche (als jenes Lebensprinzip, das im irdisch-natürlichen Bereich wirksam ist).

In eine gewisse Unausgeglichenheit gerät Paulus dadurch, daß für ihn ja bereits der Mensch vor der Todesgrenze mit Pneuma ausgestattet ist (insofern er zum Glauben an Christus gekommen ist). Verfügt der Mensch also über etwas Durchgängiges, was vor und nach der Todesgrenze mit sich selbst identisch bleibt? Gerät Paulus hier nicht in die

Nähe zur griechischen Auffassung von der Unsterblichkeit der Seele, obwohl er doch prinzipiell die jüdische Lehre von der Auferstehung des Leibes vertritt? – Es ist müßig, über diesen Problembereich weiter nachzudenken. Was Paulus sagt, ist zugeschnitten auf die korinthische Situation; eine systematisch-spekulative Auferstehungslehre schwebt Paulus nicht vor. Unausgeglichenheiten nimmt er in Kauf, vielleicht bemerkt er sie nicht einmal. Und wollten wir unsererseits seine Ausführungen systematisieren und etikettieren, müßten wir sagen, daß er eine recht unbefriedigende Mittelposition zwischen der griechischen und der jüdischen Lehre einnimmt. Aber dieses Urteil wäre ungerecht. Wir müssen das, was Paulus hier sagt, in seinem funktionalen Wert begreifen; Paulus wollte mit 1Kor 15 eine bestimmte korinthische Argumentationsfigur treffen – und das dürfte ihm sehr wohl gelungen sein. Paulus wollte ferner den Korinthern Hoffnung vermitteln, Hoffnung auf ein Leben jenseits der Todesgrenze, und auch das dürfte ihm gelungen sein, insbesondere durch V.45, wo nämlich der *Ermöglichungsgrund* der Hoffnung angegeben wird.

Im Hintergrund von V.45 steht korporatives Denken. »Der erste Mensch, Adam, wurde zu einer lebendigen Seele *(psychē)*«, heißt es hier zunächst. Seine psychische Lebendigkeit kennzeichnet auch alle, die in seinem Ausstrahlungsbereich stehen, also die Menschen vor der Todesgrenze. Weiter heißt es in V.45: »Der letzte Adam (wurde) zu einem lebenspendenden Geist.« Mit dem »letzten Adam« ist Christus gemeint (vgl. 1Kor 15,22; Röm 5,14). Zum lebenspendenden Geist wurde Christus bei seiner Auferstehung; das steht zwar nicht ausdrücklich im Text, muß aber gemeint sein. Der gesamte Zusammenhang des Kapitels 1Kor 15 dürfte »positiv bestätigen, was in 15,45 weniger ausdrücklich ausgesprochen als einfach vorausgesetzt wird: daß Auferstehung und Pneuma-Ausstattung des Kyrios zusammengehören. Es ist im ganzen Kapitel von der Auferstehung Christi und ihrer Verbindung mit der Auferstehung der Christen die Rede. Auf die Frage ›Wie werden die Toten auferweckt, in welchem Leib werden sie kommen?‹ (Vers 35) will Paulus antworten: ›auferweckt wird ein σῶμα πνευματικόν‹ (Vers 44). Unterpfand für diese Auferweckung zum σῶμα πνευματικόν aber ist für Paulus das Schicksal Jesu, der als ›Erstling‹ der Entschlafenen mit dem Pneuma ausgestattet wurde. In diesem Zusammenhang hat das in Vers 45 ausgesprochene Argument überhaupt erst einen Sinn: Was mit Christus bei *seiner* Auferweckung geschah, das dürfen wir auch für den Zeitpunkt *unserer* Auferweckung ... erwarten.« (I. Hermann, Kyrios und Pneuma, 62.) Christus zieht die Glaubenden also korporativ in sein

Schicksal hinein und erweist sich ihnen gegenüber als Geistspender, als
der, der sie ausstattet mit jenem pneumatischen *sōma*, von dem in V.44
die Rede ist.

V.45 ist auch wichtig, um die Art der Beziehung zwischen Christus
und Pneuma festzustellen. Die Identität zwischen Christus und Pneuma, die hier ausgesagt wird, ist sicher nicht als seinshafte Identität zu
kennzeichnen, sondern eher als eine dynamische, als eine Identität, was
die (Kraft-)Wirkungen angeht. Zwischen Christus und Pneuma ist
nicht einfach ein Gleichheitszeichen zu setzen, die Begriffe sind nicht
austauschbar. Wohl gilt: In seiner Wirkungsweise, in seinen Funktionen
ist Christus Geist. Und sein Geist-Wirken zielt darauf ab, die Gläubigen
in jenen Geist-Zustand zu versetzen, in dem er (Christus) schon ist, und
dieser Geist-Zustand ist Leben, eschatologisches Leben jenseits der Todesgrenze.

Irreleitende Geistäußerungen zur Parusie im zweiten Thessalonicherbrief

2Thess 2,2 zeigt, daß durch verschiedene Quellen, u.a. durch Äußerung(en) des Geistes, der Gemeinde vorgegaukelt wird, der »Tag des
Herrn« sei schon da (womit gemeint ist, daß das Endgeschehen jetzt
anhebt). Man wird bei »der Äußerung (bzw. den Äußerungen) des Geistes« an prophetische Rede zu denken haben (im griechischen Text steht
dia pneumatos [durch Geist]).

Der in 2Thess 2,2 angesprochene Vorgang in Thessalonich läßt sich
mit Ereignissen in Pontus vergleichen, die einige Zeit später stattfanden.
Hippolyt (Daniel-Kommentar 4,19,3ff) berichtet von einem Vorsteher
der Gemeinde, der wie ein Prophet ansagte, binnen Jahresfrist sei mit
dem Tag des Herrn zu rechnen, und dadurch Verwirrung und Unheil
anrichtete.

2Thess 2,2 zeigt schlaglichtartig, daß man trotz subjektiv authentischer Geisterfahrungen (und solche darf man dem oder den Parusie-Propheten in Thessalonich nicht absprechen) in die Irre gehen kann,
insbesondere dann, wenn es sich um das heikle Gebiet der Eschatologie
handelt, das stark emotional besetzt ist, besetzt mit Sehnsüchten und
Ängsten, und das zu Spekulationen sehr herausfordert. Man kann sich
auch und gerade als jemand, der dem Geist gehorsam sein möchte, der
sich von ihm leiten lassen will, völlig versteigen. Hören auf den Geist garantiert keineswegs, daß christliche Existenz gelingt; die Zweideutig-

keit des Lebens ist durch »Geistesleitung« nicht grundsätzlich überwindbar. Durch das Hören auf den Geist kann der einzelne Gläubige und kann eine ganze Gemeinde auch im Chaos enden.

Im zweiten Thessalonicherbrief wird nicht so deutlich wie an der Hippolyt-Stelle, welches Unheil die überspannte Parusie-Prophetie angerichtet hat. Möglicherweise läßt sich der Abschnitt 2Thess 3,6–12 in diesem Zusammenhang auswerten: Unter Berufung auf das unmittelbar bevorstehende Ende gaben Gemeindeglieder ihre Arbeit auf und wurden zu Parasiten; Liederlichkeit machte sich in der Gemeinde breit. Doch ist diese Auslegung von 3,6–12 umstritten. Trifft sie zu, dann desavouierten die konkreten Gemeindeverhältnisse die Parusie-Propheten und gaben dem Briefschreiber ganz offensichtlich das Recht, sich gegen sie zu wenden.

Auf jeden Fall gilt dies: Der Briefschreiber denkt sehr nüchtern. Er läßt sich nicht bluffen; der »Tag des Herrn« ist ganz offensichtlich *noch nicht* da, man muß im Hier und Jetzt weiterleben; für die Zeit, die noch bis zum Ende verbleibt, weist der Briefschreiber die Gemeinde in eine christlich-bürgerliche Lebensweise ein. Trotz des Ausblicks auf den wiederkommenden Herrn muß ein geordnetes Gemeindeleben gewährleistet sein, es darf keine überspannte eschatologische Stimmung aufkommen, die geschichtlich-verantwortungsvolles Handeln lähmt.

Der Briefschreiber stellt sich dem Problem der Vermittlung von Eschatologie und Geschichte. Ein eschatologischer Entwurf, der mit zu kurzen Fristen arbeitet (der meint, die Endereignisse seien schon im Gange), kann die geschichtlichen Lebensmöglichkeiten zerstören, kann die Glaubenden ins Chaos treiben. Ein Dilemma ist jedoch, daß der Geist stark eschatologisch ausgerichtet ist und in eschatologische Unruhe versetzt. Er ist ja eschatologische Gabe, Vorgeschmack der neuen Welt, und neigt dazu, eschatologische Sehnsüchte zu entfachen, das noch verbleibende Stück Geschichte für kurz zu erklären, ja, die Glaubenden aus der Geschichte zu lösen. Man kann dieser Gefahr, die mit dem Geist gegeben ist, dadurch beikommen, daß man den Geist als umfassendes Lebensprinzip interpretiert, als Phänomen, das auch und vor allem die jetzigen konkreten Lebensvollzüge regeln will; diese Lösung ist die des Paulus, sie ist theologisch sehr anspruchsvoll. Der Schreiber des zweiten Thessalonicherbriefs argumentiert nicht so anspruchsvoll. Er will überspannte geist-induzierte Eschatologievorstellungen durch eine Dehnung der Zeit und durch christlich-bürgerliche Ethik ausgleichen.

Widerspricht sich der Geist?

Gemäß Apg 20,22 reist Paulus gebunden durch den Geist nach Jerusalem, d.h., er reist auf Antrieb des Geistes, ein »Muß« liegt auf ihm durch den Geist. Gemäß Apg 21,4 raten dem Apostel – unter Geisteinwirkung – Jünger aus Tyrus, *nicht* nach Jerusalem zu gehen. Man könnte, um hier einen Ausgleich zu schaffen, mit H. Conzelmann (Der erste Brief an die Korinther, 129) sagen: Die Warnung von 21,4 »ist natürlich nicht Befehl des Geistes, sondern Folgerung der Jünger aus der Enthüllung der Zukunft.« Doch hat man dabei den Text gegen sich; er bezeichnet ausdrücklich den Rat selbst, nicht nach Jerusalem zu gehen, als geistgewirkt.

Es ist erstaunlich, daß der harmoniebedürftige Lukas einen solchen Widerspruch wie den zwischen 20,22 und 21,4 bietet. Vielleicht tut er das deshalb, weil er seinen Lesern eine Schwierigkeit verdeutlichen möchte, die immer dann gegeben ist, wenn man sich durch den Geist führen lassen will: Es ist nicht einfach, herauszubekommen, was der Geist eigentlich will, und verschiedene Menschen können bezüglich ein und derselben Sache eine jeweils andere subjektiv-authentische pneumatische Gewißheit erlangen. An vielen Stellen bei Lukas scheint es so zu sein, daß Führung durch den Geist einfach und eindeutig ist; der Geist wird als handelndes Subjekt vorgestellt, das spricht, das Anordnungen gibt (vgl. z.B. Apg 8,29; 11,12). Doch natürlich ist das Medium, in dem sich die Gewißheit einstellt, was der Geist will, immer der Mensch. Der Geist artikuliert sich in das psychische Gefüge eines Menschen hinein und redet dann aus diesem Gefüge heraus – er kann und will den konkreten Menschen nicht umgehen, und selbst wenn er sich visionär äußert oder durch Zeichen in der Außenwelt, ist er immer noch darauf angewiesen, interpretiert zu werden. Was als Führung durch den Geist ausgegeben wird, ist immer (auch) menschliche Interpretation, und deshalb steht oft genug subjektiv authentische pneumatische Gewißheit gegen subjektiv authentische pneumatische Gewißheit. Und diesen Sachverhalt kann auch der harmoniebedürftige Lukas nicht völlig verschweigen.

Die Konsequenzen aus dem Sachverhalt, daß pneumatische Gewißheit gegen pneumatische Gewißheit stehen kann, sind weitreichend. Eindeutigkeit über einen einzuschlagenden Weg ist oft auch dann nicht erreichbar, wenn sich Christen ganz bewußt unter die Führung des Geistes stellen – auch dann bleiben ihre Meinungsverschiedenheiten bestehen; die einzelnen Gläubigen werden sich ihrer Meinung jetzt eher noch gewisser, steht doch hinter ihnen der Geist selbst. Sind die einzelnen Pneumatiker jedoch fähig, sich kommunikativen Prozessen auszusetzen, in denen sie ihre Erkenntnisse zur Disposition stellen und ggf. korrigieren lassen, wird Führung durch den Geist eine relativ sichere Angelegenheit; ist doch jetzt eine ganze Gruppe mit durchstrukturierten personellen Beziehungen das Medium, in das hinein der Geist sich artikuliert, nicht mehr der einzelne, und eine ganze Gruppe kann sich beim Hören auf den Geist nicht so leicht »verhören« wie ein einzelner. Dennoch ist auch in einer Gruppe, in der die Interaktion von Pneumatikern wirklich gelingt, das Risiko nicht beseitigt, in die Irre zu gehen. Die letzte Verantwortung für das Leben und für die Lebensentscheidungen läßt sich nicht an den Geist delegieren. Die Sehnsucht nach der Aufhebung von Zweideutigkeit stillt auch der Geist nicht, der Wagnischarakter menschlichen Existierens bleibt in einem pneuma-bestimmten Lebensentwurf sehr wohl bestehen.

Was bedeuten die Einsichten, die wir aus Apg 20,22 und 21,4 gewonnen haben, für die Fragestellung unseres Kapitels (»Urchristliches Ringen um das Geist-Verständnis«)? – Existenzentwürfe, die auf den Geist aufgebaut werden, die aus pneumatischer Sicherheit heraus errichtet werden, können trotzdem schief sein, können verheerende Folgen haben (siehe das Beispiel Korinth). Zu pneumatischer Sicherheit muß immer auch nüchterne Überlegung hinzutreten. Ein bestimmtes Geist-Verständnis darf nicht absolut gesetzt werden, sondern muß für Prüfungen offenstehen. Das eine Geist-Verständnis muß sich durch das andere befragen lassen und umgekehrt; und Kriterium dafür, welches Geist-Verständnis im Recht ist, kann nur sein, mit welchem Geist-Verständnis christliche Existenz besser gelingt.

Bei diesem Ringen um das richtige Geist-Verständnis wird man u.U. gelegentlich so weit gehen müssen, daß man Geist als »Irr-Geist« bezeichnet. So weit ist Paulus in Korinth nicht gegangen, er hat den Geist der Gegenseite (der Korinther) nicht als Irr-Geist gebrandmarkt. Anders ist es jedoch im ersten Johannesbrief; hier hat die Auseinandersetzung zwischen Geist und Geist an Schärfe zugenommen:

Die Geist-Auseinandersetzungen im ersten Johannesbrief

Der erste Johannesbrief entstand einige Jahre nach dem Johannesevangelium. Der Schreiber des Briefes (ein Schüler des Evangelisten) entwikkelte die Theologie des Johannesevangeliums weiter, und zwar nicht zuletzt deshalb, weil er neue Erfahrungen, die die Gemeinde inzwischen gemacht hatte, theologisch bewältigen mußte. In diesem Zusammenhang sind auch Erfahrungen mit dem Geist und der Geistbegabung zu nennen. Eine neue Lage gegenüber der Lage, die das Johannesevangelium voraussetzt, ist vor allem deshalb eingetreten, weil in der Gemeinde inzwischen Verkündiger aufgetreten sind, die sich auf den Geist berufen, aber dennoch die Gemeinde in die Irre führen. Geist ist deshalb für den Briefschreiber nicht länger einfach Geist! Geist kann auch Irr-Geist oder Lügen-Geist sein (obwohl er im christlichen Gewand daherkommt), und man braucht nun Kriterien, um zwischen Geist und Geist unterscheiden zu können – ein Problem, das der Schreiber des Evangeliums so noch nicht vor Augen hatte.

Schauen wir uns den entscheidenden Text im ersten Johannesbrief zur Geister-Unterscheidung einmal an (1Joh 4,1–6):

V.1: Geliebte, glaubt nicht jedem Geist, sondern prüft die Geister, ob sie aus Gott sind; denn viele falsche Propheten sind in die Welt ausgegangen.
V.2: Daran erkennt ihr den Geist Gottes: Jeder Geist, der Jesus Christus als im Fleisch Gekommenen bekennt, ist aus Gott.
V.3: Und jeder Geist, der Jesus nicht bekennt, ist nicht aus Gott. Und das ist der (Geist) des Antichristen, von dem ihr gehört habt, daß er kommt, und er ist jetzt schon in der Welt.
V.4: Ihr seid aus Gott, Kinder, und habt sie besiegt, weil der in euch größer ist als der in der Welt.
V.5: Sie sind aus der Welt. Deshalb reden sie aus der Welt, und die Welt hört auf sie.
V.6: Wir sind aus Gott. Wer Gott erkennt, hört auf uns; wer nicht aus Gott ist, hört nicht auf uns. Daraus erkennen wir den Geist der Wahrheit und den Geist des Irrtums.

Der Briefschreiber trifft seine Aufforderung zur Prüfung der Geister in V.1 nicht von ungefähr; er blickt auf eine Fülle von schlimmen Erfahrungen mit falschen Propheten zurück. Vorausgesetzt ist in V.1, daß Propheten Geistträger par excellence sind, daß sich durch sie der Geist in ganz besonderer Weise artikuliert. Auch bei Paulus ist das, was der Prophet sagt, unmittelbar geistgewirkt, und das Charisma der Prophetie steht in der Rangfolge der Geistesgaben ganz oben (1Kor 12,10.28f; 14,1–40; Röm 12,6). Ebenso sieht das rabbinische Judentum einen grundlegenden Zusammenhang zwischen Geist und Prophetie; der Zusammenhang geht hier soweit, daß – jedenfalls einer bestimmten Schulrichtung gemäß – das Aufhören der Prophetie in Israel das Ende des heiligen Geistes bedeutete. (Vgl. P. Schäfer, Die Vorstellung vom heiligen Geist, 21ff; an alttestamentlichen Wurzeln für den Zusammenhang zwischen Geist und Prophetie vgl. z.B. 1Sam 19,19–24.)

Der Briefschreiber des ersten Johannesbriefs, für den also der Prophet der Geistträger schlechthin ist, muß die Erfahrung verarbeiten, daß Propheten auch *Lügen*propheten sein können: Ihr Wirken ist inspiriert, sie stehen unter dem Einfluß von »Geist«, und sind dennoch Irrlehrer. Die erschütternde Erfahrung, daß es so etwas gibt, zieht sich durch das gesamte spätere Urchristentum. Besonders eindrucksvolle Belege für das Auftreten von falschen Propheten sind Did 11 und Herm mand 11, vgl. aber auch neutestamentliche Stellen: Mt 7,15; Mk 13,22 par. Mt 24,24 u.ö.

In den Gemeinden tauchte die Frage auf, an welchen Kriterien die Richtigkeit prophetischer Verkündigung zu messen ist. Did 11 und Herm mand 11 bringen als Kriterium eine integere Lebensweise ins Spiel; man begnügt sich hier also mit einem *moralischen* Kriterium. Der Schreiber des ersten Johannesbriefs wird beim Problem der Falschprophetie jedoch eminent theologisch, sein in 4,2.3a angeführtes Kriterium ist eine der wichtigsten Aussagen des christlichen Glaubens überhaupt.

Zu V.3a ist eine textkritische Bemerkung zu machen. Anstatt »nicht bekennt« läßt sich hier auch lesen »beseitigt«, »außer Geltung setzt«. Diese Lesart gäbe einen guten Sinn, einen besseren vielleicht als das farblose »nicht bekennt«. Eine Entscheidung zwischen beiden Lesarten läßt sich nur schwer treffen; vgl. zur Diskussion G. Schunack, Die Briefe des Johannes, 75.

Das Kriterium in den VV.2.3a ist eine inkarnationstheologische Aussage. Was hat den Briefschreiber dazu bewogen, so dezidiert Inkarnationstheologie zum Maßstab für wahres und falsches geistgewirktes Reden zu machen? Die Argumentationsrichtung seiner Gegner. Der Briefschreiber sieht sich einem massiven Eindringen von gnostischen Doketisten in die Gemeinde gegenüber, die die grundlegende Aussage »Das Wort wurde Fleisch« (Joh 1,14) außer Kraft zu setzen versuchen. An die Stelle der Lehre von der vollen Inkarnation des Gottessohnes, die Joh 1,14 zum Ausdruck bringen will, trat folgende Ansicht (die sich auch beim Gnostiker Kerinth nachweisen läßt, der Ende des ersten Jahrhunderts in Kleinasien wirkte): »Christus« nahm von Jesus bei der Taufe Besitz und verließ ihn bei der Passion. Der ganze erste Johannesbrief ist von der Auseinandersetzung mit dieser Ansicht gekennzeichnet (vgl. auch 2Joh 7–11), und in 4,1–6 setzt sich der Briefschreiber speziell damit auseinander, daß die Leute, die diese Ansicht vertreten, sich als *Geistträger* verstehen.

Die Position, die die Gegner vertreten, läßt sich auch so beschreiben: Der Mensch Jesus verkörpert eine »Idee« oder »archetypische Vorstellung«, die von ihm ablösbar ist. Diese »archetypische Vorstellung« ist universal und eignet im Prinzip jedem Menschen, er muß sich ihrer nur bewußt werden. Was auf diese Weise entsteht, ist eine archetypische Religion des eigenen Selbst (und nichts anderes ist die Gnosis). Die neutestamentlichen Autoren insistieren hingegen darauf, daß der Mensch Jesus und das »Mehr«, das er verkörpert, untrennbar zusammengehören, wodurch eine Geschichtsbezogenheit des Glaubens gegeben ist – dieser kann sich so nicht zu einer Religion des eigenen Selbst verflüchtigen.

Genau das, was der Schreiber des vierten Evangeliums verhindern wollte (offenbar in Vorausahnung dessen, daß es passieren würde), ist also inzwischen eingetreten: Der christliche Glaube hat, jedenfalls in gewissen Kreisen, seine Geschichtsbezogenheit verloren. In seiner Paraklet-Pneumatologie bindet der Evangelist, wie wir gesehen haben, pneumatische Heilserfahrungen und Geschichte zusammen, aber nun macht sich mitten in der johanneischen Gemeinde eine Theologie breit, die die Heilserfahrungen der Glaubenden vom geschichtlichen Jesus, von Gottes Offenbarungshandeln in der Geschichte, abzuspalten droht. Und der Briefschreiber kämpft – ganz im Sinne des Evangelisten – um eine bleibende Verankerung des Heils in der Geschichte. Ein »geistgetriebener« Verkündiger, der hier anderer Meinung ist, hat für den Briefschreiber den »Geist des Antichristen«.

Interessant ist, daß das Subjekt des Bekennens in den VV.2.3a der Geist selber ist. Hier findet sich ein Reflex jener urchristlichen Erfahrung, daß der Geist den Menschen entmächtigt, nunmehr sein Subjektsein ausmacht und die Funktionen des handelnden Subjekts übernimmt. Anders gesagt: Der Mensch transzendiert sich aus der Beschränktheit seines eigenen Subjektseins in die Unbegrenztheit des Geistes hinein und erfährt dabei einen ungeheuren Zuwachs an Sein und Vitalität. Der Schreiber des ersten Johannesbriefs warnt jedoch: Nicht diese gesteigerte Existenzerfahrung als solche zählt bereits, sondern wichtig ist das, was das entschränkte Geist-Subjekt *bekennt*. Allein die Tatsache, *daß* der Mensch ein Geist-Subjekt ist, reicht nicht aus – der Geist, der ihn mitgerissen und ihm eine neue Identität gegeben hat, könnte auch ein Irr-Geist sein.

Die Adressaten des Briefschreibers jedenfalls haben den richtigen Glauben und den richtigen Geist, und in ihrem Kampf gegen die Gegner haben sie den Sieg davongetragen (V.4). Dieser Sieg wurde durch den in den Adressaten wohnenden Geist errungen (falls mit »der in euch« der Geist gemeint ist) – einmal mehr erfahren wir also, daß Geist im Urchristentum ein sehr streitbares Phänomen ist, das Abgrenzungen vornimmt und Krieg führt.

Üblicherweise wird unter »der in euch« Gott verstanden (vgl. die Begründungen in den Kommentaren). Da jedoch der unmittelbare Kontext vom Geist handelt und in den VV.2.3a die Einwohnung des Geistes im Menschen vorausgesetzt ist (legt der Geist doch durch den Mund des Menschen sein Bekenntnis ab), ist es nicht abwegig, auch die Wendung von V.4 »der in euch« auf den Geist zu deuten.

Nach einer Abqualifizierung der Gegner (V.5) kommt der Briefschreiber zum Ende der Perikope (V.6). Er gibt hier indirekt zu, daß er einen objektiven Beweis für die Richtigkeit seiner Darlegungen nicht liefern kann. Er hat mit dem, was er sagt, deshalb recht, weil er weiß, daß er – zusammen mit seinen Glaubensgenossen – »aus Gott« ist. Das können natürlich genausogut die Gnostiker sagen (und in der Tat bringen sie in ihren Texten an vielen Stellen ihr Hoheitsbewußtsein zum Ausdruck). Es ist eben das Dilemma des Glaubens, daß seine Argumentationsstruktur stets zirkulär ist und angewiesen auf Evidenzerlebnisse des Glaubenden. Für den, der sich im Zirkel des Glaubens befindet, ist dieses Dilemma aber gar keins, er verweist auf das »testimonium spiritus sancti internum« (das »innere Zeugnis des heiligen Geistes«) und bezieht hieraus eine enorme Sicherheit. Eine bleibende Anfechtung ist freilich, daß sich andere Menschen – etwa Gnostiker – ebenfalls in einem selbstreferentiellen Glaubenssystem befinden, das ihnen *ebenso* evident ist. Das Urchristentum reagierte auf diesen Sachverhalt sehr schroff, vgl. den Ausgang unserer Perikope mit der Gegenüberstellung »Geist der Wahrheit« / »Geist des Irrtums«.

Zum Thema Glaubenssicherheit, Glaubensvergewisserung sollen – im Sinne eines Exkurses – hier zwei weitere Geist-Belege des ersten Johannesbriefs besprochen werden: 3,24 und 4,13. Beide Male ist der Geist, der den Glaubenden verliehen wurde, das Erkennungszeichen dafür, daß Gott in ihnen bleibt; in 4,13 kommt zusätzlich hinzu, daß der Geist auch dafür Erkennungszeichen ist, daß die Glaubenden ihrerseits in Gott bleiben. Die Wirklichkeit des Lebens mit Gott wird also verifiziert durch den Geist; Glaubensgewißheit entsteht durch den Geist. Ist eine solche Art der Glaubensvergewisserung nicht trügerisch? (Auf jeden Fall ist sie ganz und gar unreformatorisch; für Luther kommt die Sicherheit des Glaubenden durch das *Wort* zustande, das ihm als äußere, objektive Größe entgegentritt.)

Wir können nur dann den Gedanken nachvollziehen, daß der Geist die Gottesbeziehung und den Gottesglauben verifiziert, wenn wir in Rechnung stellen, daß der Geist im Urchristentum eine überaus machtvolle Realität war; er war der christlichen Existenz nicht nur tröpfchenweise beigemischt, sondern er war das Lebensprinzip der Christen schlechthin, er bestimmte sie voll und ganz. Weiter: Für uns ist Geist weithin etwas Ungreifbares, etwas Abstraktes; und wie kann *ein* Ungreifbares (der Geist) ein *anderes* Ungreifbares (Gott) verifizieren? Für das Urchristentum war der Geist aber etwas sehr Konkretes, er äußerte sich unmittelbar im Leben der Gläubigen. Die beiden Geist-Belege 3,24 und 4,13 stehen in Kontexten, in denen es um die Liebe geht, Geist und Liebe werden hier jeweils in einem Atemzug genannt, Geist-Existenz ist Liebes-Existenz, Geist wirkt sich aus in einem Leben der Liebe und ist hier faßbar. Setzen wir nun einen solch konkreten Geistbegriff voraus, erhält der Gottesglaube durch den Geist tatsächlich eine sichere Plausibilitätsgrundlage: Gott ist durch seinen Geist in der Gemeinde am Werk und setzt hier einen Umwandlungsprozeß der Liebe in Gang, und umgekehrt ist an diesem Umwandlungsprozeß ablesbar, daß Gott Realität ist.

9. Der Geist als Erkenntnisprinzip

Schon in der Charismenliste 1Kor 12,4–11 sind wir darauf gestoßen, daß der Geist etwas mit Erkenntnis zu tun hat; er kann die Glaubenden zu einem »Wort der Erkenntnis« befähigen. Aber Geist und Erkenntnis stehen in einem noch innigeren Verhältnis zueinander, der Geist kann geradezu als Erkenntnisprinzip fungieren.

Geistgewirkte Gotteserkenntnis nach dem Epheserbrief

In Eph 1,17 wird den Glaubenden gewünscht, Gott möge ihnen den Geist der Weisheit und Offenbarung geben, ihn zu erkennen.

Es geht im Epheserbrief sehr stark um die Erkenntnis der göttlichen Wirklichkeit und des göttlichen Heilsmysteriums (vgl. neben 1,17f vor allem 1,8f; 3,18f). Als Erkenntnisprinzip, als erkenntnisvermittelnde Instanz, wird in 1,17 der Geist genannt. (Vgl. auch 3,5; Kol 1,9.) Der Geist geht von Gott aus und führt die Glaubenden in die Erkenntnis Gottes hinein. Damit ist klar, daß die Erkenntnis Gottes keine objektiv-distanzierte Erkenntnis ist, keine Erkenntnis von einem Außenstandpunkt aus. Erkenntnis Gottes ist nur möglich, wenn man vom Geist Gottes in das göttliche Geheimnis hineingezogen wird – und was man dann erkennt, kann man nicht noch einmal an einem anderen Maßstab objektivieren. Für Außenstehende, die nicht vom Mysterium erfaßt sind, ist geistgewirkte Gotteserkenntnis nicht unterscheidbar von einer Fiktion. Die Verifikation des Glaubens kann nur der Glaube selbst leisten, und zwar mit zirkulären, selbstreferentiellen Erkenntnisprozessen, vermittels einer Erkenntnisinstanz (Geist), die zum »System« fest dazugehört.

Auffallend ist, daß in 1,17 der Geist Menschen gewünscht wird, die bereits den Geist *haben* (vgl. V.13). – Man darf hier nicht schematisch oder statisch denken. Der Geist ist unbändiges Leben; er kann vom Glaubenden bereits Besitz ergriffen haben und trotzdem noch einmal und immer wieder mit neuer Fülle kommen; er kann auch zunächst nur mit bestimmten Funktionen beim Glaubenden sein, um sich dann später noch ganz neu entdecken zu lassen, etwa als Geist der Weisheit und Offenbarung, der tief in das göttliche Geheimnis einführt.

Wenn in V.17 der Geist »Geist der Weisheit« genannt wird, entspricht das biblisch-jüdischer Tradition (vgl. Jes 11,2; Weish 7,7). Keine Verankerung in der Tradition hat hingegen die Bezeichnung »Geist der Offenbarung«; diese Wortverbindung erklärt sich allein vom Anliegen des Epheserbriefschreibers her, im Geist den umfassenden Erkenntnisvermittler göttlicher Wirklichkeit zu sehen.

Die pneumatische Erkenntnislehre von 1Kor 2,10b–16

Schauen wir uns nun den Abschnitt 1Kor 2,10b–16 an (mitzitiert werden im folgenden, um den Anschluß an den vorangehenden Abschnitt deutlich zu machen, die VV.9.10a):

V. 9: Sondern (wir verkündigen), wie geschrieben steht: »Was kein Auge gesehen und kein Ohr gehört hat und in keines Menschen Herz gedrungen ist: was Gott denen bereitet hat, die ihn lieben.«
V.10: Uns aber hat (es) Gott enthüllt durch den Geist. Der Geist erforscht nämlich alles, auch die Tiefen Gottes.
V.11: Denn wer von den Menschen weiß, was im Menschen ist, als nur der Geist des Menschen, der in ihm ist? So hat auch das, was in Gott ist, niemand erkannt als der Geist Gottes.
V.12: Wir aber haben nicht den Geist der Welt empfangen, sondern den Geist aus Gott, damit wir das erkennen, was uns von Gott geschenkt worden ist.
V.13: Davon reden wir auch, nicht in gelehrten Worten menschlicher Weisheit, sondern in vom Geist gelehrten, indem wir den Geistbegabten Geistliches deuten.
V.14: Ein natürlicher Mensch aber nimmt das, was vom Geist Gottes kommt, nicht an. Es ist nämlich für ihn Torheit, und er kann es nicht erkennen, weil es geistlich zu beurteilen ist.
V.15: Aber der Geistbegabte beurteilt alles, er selbst aber wird von niemandem beurteilt.
V.16: Denn wer hat den Sinn des Herrn erkannt, so daß er ihn belehren könnte? Wir aber haben den Sinn Christi.

Die VV.6–10a sind eine Weisheitslehre für Vollkommene *(teleioi)*. Zu der Weisheit, die den Vollkommenen verkündigt wird, gehört die Belehrung darüber, daß Gott denen, die ihn lieben, Unermeßliches bereitet hat (V.9). Enthüllt wird gemäß V.10a dieses göttliche Geheimnis durch den Geist. In V.10a kommt also der Geist in seiner Offenbarungsfunktion ins Spiel. Diese Funktion kann der Geist deshalb ausüben, weil er alles erforscht, auch Gott selbst (V.10b), und deshalb über Offenbarungswissen verfügt. Selbstverständlich ist hier an den Geist *Gottes* gedacht, nicht an den Geist des *Menschen*. Deutlich wird das spätestens in

V.11b, wo in leichter Variation die Aussage von V.10b wiederholt wird und der Geist ausdrücklich als Geist *Gottes* bezeichnet wird.

Verglichen wird in V.11a die innergöttliche Dynamik einer »Selbsterkenntnis« oder »Selbstreflexion« mit Prozessen im Menschen selbst: Vermittels der Selbstreflexion, die seine geistigen Fähigkeiten leisten, wird sich der Mensch dessen, was in ihm ist, bewußt.

Aber nicht nur der eigene, menschliche Geist ist im Menschen, sondern als Glaubender ist der Mensch auch mit göttlichem Geist ausgerüstet und damit mit einer Erkenntnisfähigkeit, die über menschliche Möglichkeiten weit hinausgeht und sich auf Göttliches erstreckt, auf Dinge, die von Gott geschenkt sind (V.12).

Die Erkenntnisse, die der göttliche Geist schenkt, wollen weitergegeben werden (V.13). Sie sind aber nur Pneumatikern vermittelbar, also solchen Menschen, die sich bereits in einem übernatürlichen Erkenntniszusammenhang befinden. Übernatürliches Offenbarungswissen wird vom natürlichen Menschen abgelehnt, es ist für ihn – so heißt es in V.14 – Torheit *(mōria)*. Dieses Stichwort verbindet V.14 und damit den ganzen Abschnitt 2,10b–16 mit 1,18. Hier wird von der Kreuzesbotschaft gesagt, daß sie denen, die verlorengehen, Torheit *(mōria)* ist. Sowohl das übernatürliche Offenbarungswissen, das der göttliche Geist eröffnet, als auch die Kreuzesbotschaft werden von den Außenstehenden also als Torheit *(mōria)* empfunden. Das könnte ein Hinweis darauf sein, daß für Paulus übernatürliches Offenbarungswissen und Kreuzesbotschaft letztlich dasselbe sind (da sie ja dieselben Reaktionen bei den Ungläubigen hervorrufen). Daß dieser Schluß logisch nicht zwingend ist, soll nicht bestritten werden. Aber worauf soll sich das übernatürliche Offenbarungswissen sonst beziehen, wenn nicht auf die Kreuzesbotschaft, deren tiefere Ausleuchtung es ist? Paulus will den Korinthern auf keinen Fall eine spekulative Weisheitslehre anbieten, wie sie etwa bei Philo zu finden ist; sein ganzer theologischer Ansatz mit dem Zuschnitt auf das Offenbarungsgeschehen am Kreuz Jesu läßt nicht zu, in dem Abschnitt 1Kor 2,10b–16 (der freilich als solcher mehrdeutig ist) eine spekulative Weisheitslehre entfaltet zu sehen; auch hier wird Paulus seinen grundlegenden theologischen Ansatz nicht verlassen haben.

In V.15 macht Paulus eine gefährliche, mißverständliche Aussage, die eine verhängnisvolle Wirkungsgeschichte gehabt hat. Immer wieder haben sich Menschen – unter Berufung auf diesen Vers – mit ihrem angeblichen geistgewirkten Offenbarungswissen absolut gesetzt. Paulus dürfte aber keineswegs gemeint haben, daß der Pneumatiker außerhalb jeder Kontrolle steht. Wohl braucht er sich von niemandem, der außerhalb des geistgewirkten Erkenntniszirkels steht, beurteilen zu lassen (was seine Erkenntnis göttlicher Dinge angeht), aber *innerhalb* dieses Erkenntniszirkels muß er sich mit denjenigen verständigen, die ebenfalls den Geist besitzen. Wenn man die Erfahrung in Rechnung stellt, die Paulus mit dem Wirken des Geistes in der Gemeinde gemacht hat, wird klar, daß er V.15 nicht anders gemeint haben kann: Alle in der Gemeinde sind Pneumatiker, durch jeden artikuliert sich der Geist, dennoch ist Gemeinde ein kommunikatives Geschehen, in dem sich alle Pneumatiker immerfort miteinander verständigen müssen, in dem sie sich »zusammenraufen« müssen.

Um V.15 richtig einordnen zu können, muß man seine sprachliche Intention beachten. Die Aussage ist ein Jubelruf und drückt pneumatisches Hochgefühl aus. Der Pneumatiker ist weltimmanenten Erkenntnis- und Beurteilungszusammenhängen entnommen, er bewegt sich in jenem geistigen Raum, dem letztgültige Wirklichkeit zukommt. In V.15 setzt sich also pneumatisches Selbstverständnis ab von der Welt und ihren geistigen Möglichkeiten (vgl. V.12: »Geist der Welt«). Eine andere Sache ist, daß in jenem geistigen Raum, in dem der Pneumatiker sich bewegt, nicht das Gesetz der Willkür herrscht; an den Pneumatiker werden bestimmte Maßstäbe angelegt, er wird sehr wohl beurteilt, ihm wird gesagt, wie zu leben ist (vgl. die paränetischen Abschnitte in den paulinischen Briefen; sie sind an Gemeindeglieder und damit an Geistträger gerichtet, die also sehr wohl Beurteilung nötig haben).

Durch den abschließenden V.16 wird die Aussage von V.15 mit einem sehr starken Argument abgesichert. Wer den »Sinn« Christi hat (also der Pneumatiker), hat jenen göttlichen »Sinn«, der nicht »belehrbar« ist (durch Weltmenschen). Denn jener göttliche »Sinn« ist nicht erkennbar; erkennen heißt »darüberstehen«, von einer übergeordneten Warte aus beurteilen – aber Gott ist nicht in dieser Weise beurteilbar und der Pneumatiker auch nicht. – Daß es verheerend wäre, aus V.16 eine *grundsätzliche* Unbelehrbarkeit des Pneumatikers herauslesen zu wollen, braucht nicht eigens betont zu werden.

Paulus wagt sich in dem Abschnitt 1Kor 2,10b–16 sehr weit vor. Er kommt den korinthischen Pneumatikern und ihrem pneumatischen Hochgefühl weit entgegen – in 3,1ff wird es dann freilich deutlich werden, daß Paulus unter Geist noch weitaus mehr versteht als die Korinther, daß für ihn Geist auch und vor allem etwas ganz Bodenständiges ist: Geist ist eine Größe, die mich nicht von dieser Welt emporhebt, sondern mich befähigt, auf ihr in Liebe und Demut zu wandeln.

Daß sich freilich der Pneumatiker in überweltlichen Erkenntniszusammenhängen bewegt, sagten nicht nur die Korinther, das sagt auch Paulus. Der Glaubende ist mit jener Erkenntnispotenz ausgestattet, die in Gott selbst am Werk ist und die innergöttliche Selbstreflexion möglich macht! Diese Erkenntnispotenz weist den Glaubenden in die Geheimnisse Gottes selbst ein! Paulus hütet sich allerdings, diesen Sachverhalt zu stark herauszuarbeiten – das hat dann später Hegel getan, dessen Philosophie zu einem guten Teil in dem Abschnitt 1Kor 2,10b–16 wurzelt und zur Ununterscheidbarkeit zwischen Gott und Mensch führt. Hegel hat paulinische Gedanken konsequent zu Ende gedacht. So heißt es bei ihm: »Gott ist nur Gott, insofern er sich selber weiß; sein Sichwissen ist ferner sein Selbstbewußtsein im Menschen und das Wissen des Menschen *von* Gott, das fortgeht zum Sichwissen des Menschen *in* Gott.« (Werke 10, 374.)

Hegel hat einen Denkansatz, der letztlich mystisch zu nennen ist. Insbesondere beim jungen Hegel ist die Mystik mit Händen zu greifen, wenn er z.B. schreibt: »Was mein ich nannte, schwindet, / Ich gebe mich dem Unermeßlichen dahin, / Ich bin in ihm, bin alles, bin nur es.« (Werke I, 231.) Beim späteren Hegel ist die Mystik unter diskursiver Begrifflichkeit verdeckt.

Daß Paulus in 1Kor 2,10b–16 zwar den Menschen mit der innergöttlichen Erkenntnispotenz ausgestattet sieht, daraus aber keine weitergehenden Folgerungen zieht (nämlich Gott und Mensch nicht – über das Medium des Geistes – so eng zusammenführt, daß sie ununterscheidbar werden), zeigt deutlich, daß er kein Mystiker war. Wenn Paulus Mystiker gewesen wäre, hätte er das in 1Kor 2,10b–16 deutlich machen müssen, gibt es doch keine Stelle in seinen Briefen, die derart dazu einlädt, die Linien in die Mystik hinein auszuziehen.

Es wäre logisch gewesen und hätte in der Linie von V.10 gelegen, wenn Paulus in V.12 geschrieben hätte, daß wir – durch den Geist – die Tiefen Gottes erkennen. Diese Aussage wagt der Apostel jedoch nicht, sie wäre zu mystisch, sie würde Gott und Mensch zu nahe zusammenbringen. Paulus begnügt sich damit, festzustellen, daß wir das erkennen, was uns von Gott geschenkt worden ist.

Auch wenn Paulus in 1Kor 2,10b–16 nicht mystisch wird – daß er im Glaubenden jene Erkenntnispotenz angesiedelt sieht, die auch in Gott selbst am Werk ist, ist aufregend genug. Das enorme Selbstbewußtsein nicht nur des Paulus, sondern der ersten Christen insgesamt hat in dem Sachverhalt, den Paulus in 1Kor 2,10b–16 beschreibt, seinen tiefsten Grund. Wenn man das Neue Testament aufschlägt, bekommt man den Eindruck von Gottunmittelbarkeit. Hinter den neutestamentlichen

Texten werden Menschen sichtbar, die in dem Bewußtsein lebten, unmittelbar in die göttliche Wirklichkeit eingewiesen zu sein. Keine Scheidewand stand mehr zwischen ihnen und Gott. Durch die Versöhnung in Christus hatten sie teil an der göttlichen Fülle, die nicht zuletzt eine Fülle der Erkenntnis war. Und die kognitiv-geistigen Erkenntnisakte, von denen die frühen Christen – man muß schon sagen – *mitgerissen* wurden, bezeichneten sie als Geist; wobei dieser Geist selbstverständlich nicht nur kognitiv-geistig war, sondern auch emotionale Qualitäten aufwies (Freude, Hochgefühl) und insgesamt zu einer ungeheuren Steigerung des Lebens führte.

10. Der Geist macht lebendig

Unter der Überschrift »Der Geist macht lebendig« sollen die beiden Stellen Joh 6,63 und 2Kor 3,6 untersucht werden. Diese beiden Geist-Belege stammen aus völlig unterschiedlichen Richtungen des Urchristentums und sind eingebettet in völlig verschiedenen Argumentationszusammenhängen, bieten aber interessanterweise dieselbe Grundaussage: der Geist ist eine Leben schaffende Kraft.

Joh 6,63

In der Brotrede des Johannesevangeliums (Kapitel 6) heißt es in V.63 recht unvermittelt:

Der Geist ist es, der lebendig macht, das Fleisch nützt nichts. Die Worte, die ich zu euch geredet habe, sind Geist und sind Leben.

Daß diese Aussage recht unvermittelt kommt (wie ein Blick auf V.62 mit seiner völlig anderen Thematik lehrt), legt den Schluß nahe, daß hier vorgeprägtes Gut vorliegt. Der Evangelist schöpft also aus einer Gemeindetradition oder Schultradition. Gleichwohl ist natürlich eine Beziehung von V.63 zum gesamten Kontext gegeben. Aber worin besteht diese Beziehung? Man hat gemeint, V.63 beziehe sich auf den eucharistischen Teil der Brotrede (6,51-58) und korrigiere ein Mißverständnis, das hier auftreten könne. Heißt es doch hier, das Fleisch Jesu müsse gegessen werden, und nun füge V.63 hinzu, daß natürlich nicht das bloße Fleisch Jesu als solches Leben gibt (was man aus den VV.51.53f entnehmen könnte) – der materielle »Fleischgenuß« im Abendmahl bewirke als solcher selbstverständlich gar nichts, wenn nicht der Geist anwesend ist und das Ganze zu einem geistigen Geschehen macht. Oder anders gesagt: V.63 verdeutlicht, daß das in 6,51-58 angesprochene Fleisch das vom Geist belebte Fleisch des Auferstandenen ist.

Doch diese Deutung geht fehl, und zwar schon deshalb, weil es dem Evangelisten auch sonst fernliegt, Mißverständnisse zurechtzurücken. (Zu weiteren Argumenten gegen diese Deutung vgl. F. Porsch, Anwalt der Glaubenden, 120f.)

Die andere Möglichkeit der Verknüpfung mit dem Kontext ist die,

V. 63 auf den nicht-eucharistischen Teil der Brotrede mit seinem Glaubensthema zu beziehen, das ja in V. 64 wiederaufgenommen wird. Die Antithese von Geist und Fleisch ruft dann in die Entscheidung des Glaubens, indem sie – typisch johanneisch – zwei Daseinsbereiche einander gegenüberstellt, und »Leben« eignet nur dem Bereich des Geistes. Dem anderen Bereich, der Sphäre des Fleisches, der irdisch-vergänglichen Seinsweise, eignet Unheil. Der Antithese von Geist und Fleisch in V. 63 entspricht die Scheidung in Glaubende und Nicht-Glaubende von V. 64: Die Geist-Menschen sind die Glaubenden, die Fleisch-Menschen die Nicht-Glaubenden.

Die Deutung von V. 63 auf die Glaubensthematik wird unterstützt, wenn man sich den johanneischen Lebensbegriff ein wenig näher ansieht. »Leben« ist bei Johannes ein soteriologisch zutiefst gefüllter Begriff, Leben ist das umfassende Heilsgut, und Leben gehört nur den Glaubenden (vgl. 3,15f.36; 5,24; 6,40.47; 20,31).

Zur Charakterisierung der Worte Jesu als »Geist und Leben«: Diese johanneische Aussage steht in der Linie alttestamentlicher Aussagen. Wort Gottes und Leben werden im Alten Testament z.B. zusammengebracht in Dtn 32,47, Wort Gottes und Geist in Ps 33,6. (Vgl. zu Einzelheiten F. Porsch, Anwalt der Glaubenden, 126–131.)

Die Charakterisierung der Worte Jesu als »Geist und Leben« dient dazu, die Wirkmächtigkeit der Worte Jesu hervorzuheben. Für uns heute, die wir in einer Zeit der Inflation des Wortes leben, sind Worte oft leer und nicht etwa kraftvoll, wirkmächtig. Einen Zugang zu unserer Johannes-Stelle können wir vielleicht durch die Sprachphilosophie bekommen, die die wirklichkeitssetzende, performative Funktion von Sprechakten neu entdeckt hat.

2Kor 3,6

In 2Kor 3,6 arbeitet Paulus mit dem antithetischen Begriffspaar »Buchstabe/Geist«, und er schreibt, daß der Buchstabe tötet, der Geist aber lebendig macht. »Buchstabe« steht hier nicht etwa für einen starren Formalismus, sondern Paulus bezeichnet mit diesem Begriff das schriftlich niedergelegte göttliche Gesetz. Das Gesetz als solches ist für Paulus kein »toter Buchstabe«, sondern eine auf Leben zielende Größe, will es doch den Menschen in geordnete Beziehungen Gott und dem Nächsten gegenüber einweisen. Paradoxerweise »tötet« das Gesetz jedoch. Es konfrontiert den Menschen ständig mit seinem Fehlverhalten und mit dem Zorn Gottes; ist doch der Mensch gar nicht dazu in der Lage, von sich aus dem Gesetz Genüge zu tun. Er verfällt deshalb, wenn er im Bereich des Gesetzes ist, dem Tod. Hilfe bringt in diesem Dilemma der Geist, der von innen her, aus dem Herzen des Menschen heraus, ein Erfüllen des göttlichen Willens ermöglicht und dadurch »lebendig macht«. Im Bereich des Geistes ist also, anders als im Bereich des »Buchstabens«, ein Leben im wirklichen Einklang mit Gottes Willen möglich; man schwingt von innen her ein in die göttlichen Lebensordnungen. Gott erscheint nicht mehr als der von außen her Fordernde, sondern als der von innen her (durch den Geist) Ermöglichende. Dadurch strömen in das Gottesverhältnis Unmittelbarkeit und Frische ein. Die Angst, etwas falsch zu machen, schwindet; Freiheit kommt auf, ein überschäumendes Leben ist da.

Paulus formuliert in solchen Sätzen wie 2Kor 3,6 keine bloße Theorie. Er kommt von einer Plausibilitätsgrundlage her, nämlich dem geistgewirkten Leben in den Gemeinden, und er kann diese Lebenspraxis mit der vergleichen, die er von früher kennt, als er im Bereich des »Buchstabens« war. Hier, in den christlichen Gemeinden, ist die Lebenspraxis charakterisiert von Gottunmittelbarkeit. Man wird von einer erneuernden Kraft ergriffen, die ein Leben in jenen gottgewollten Bahnen ermöglicht, die im Prinzip auch das Gesetz vorzeichnet. Jene prophetischen Verheißungen sind nun erfüllt, die von einem neuen Geist im Innern des Menschen reden, durch den ein Wandeln in den göttlichen Satzungen bewirkt wird (vgl. vor allem Ez 11,19f).

Paulus hat 2Kor 3,6 formuliert, um seinen Dienst zu charakterisieren: es ist sein Vorrecht, diese neue Möglichkeit eines Lebens im Bereich des Geistes aufzeigen zu dürfen. In V.8 spricht er vom »Dienst des Geistes« und seiner Herrlichkeit; gemeint ist damit eine Verkündigung in der Kraft des Geistes, die jenen Lebensraum eröffnet, der ganz und gar vom Geist bestimmt ist.

11. Jubel über die Fülle des Geistes

Das Urchristentum war, wie aus unseren bisherigen Analysen deutlich geworden sein dürfte, eine durch und durch pneumatische Bewegung. Es ist das eigentliche Charakteristikum des Urchristentums, von einer mächtigen Geisterfahrung bewegt gewesen zu sein. Dabei war man sich dessen bewußt, daß die Durchschlagskraft des Geistwirkens durch dessen *christologische Grundlage* zustande kam.

Einer der Belege für diese These ist Joh 7,37-39. Diese wichtige johanneische Geist-Aussage hat als situativen Rahmen das Laubhüttenfest (vgl. 7,2). An diesem Fest rief Jesus aus:

Wenn jemand Durst hat, komme er zu mir. Und es trinke, wer an mich glaubt. Wie die Schrift gesagt hat: »Ströme lebendigen Wassers werden aus seinem Leib fließen.«

Der Evangelist fügt erläuternd hinzu:

Dies aber sagte er vom Geist, den die empfangen sollten, die an ihn glaubten. Denn noch war (der) Geist nicht da, weil Jesus noch nicht verherrlicht war.

Die hier vorgetragene Übersetzung des Jesuswortes ist freilich nicht die einzig mögliche. Man könnte das Wort auch anders punktieren. Es hieße dann:

Wenn jemand Durst hat, komme er zu mir und trinke. Wer an mich glaubt, wie die Schrift gesagt hat, »Ströme lebendigen Wassers werden aus seinem Leib fließen.«

In der ersten Übersetzung ist es Jesus, von dem das lebendige Wasser ausgeht, in der zweiten Übersetzung sind es die Glaubenden. Man neigt heute auf breiter Front zu der ersten Möglichkeit. Obwohl die zweite Möglichkeit mit Joh 4,14c abgestützt werden kann und keinen schlechten Sinn ergibt, ist in der Tat die erste Möglichkeit vorzuziehen, und zwar vor allem deshalb, weil das erläuternde Statement des Evangelisten den Geist (mit dem das lebendige Wasser identifiziert wird) christologisch mit Jesu Verherrlichung zusammenbringt. Wenn der Evangelist sagt, daß durch Jesu Verherrlichung der Geist freigesetzt wird, ist es sinnvoll, im vorangehenden Jesuswort Jesus selbst als Quelle des Geistes zu deuten. Der Kontext stützt diese Deutung, werden doch in den VV.37.39 die Glaubenden ausdrücklich in die Rolle der *Empfangenden* verwiesen. (Weitere Argumente für die Richtigkeit der hier gewählten Übersetzung bei F. Porsch, Pneuma und Wort, 57f.)

Folgende Unstimmigkeit nimmt der Evangelist in Kauf: 7,37-39 macht die Aussage, daß der Geist vor Jesu Verherrlichung *überhaupt noch nicht* vorhanden war. Aber das kann der Evangelist nicht gemeint haben. Schon das Alte Testament, in dem der Evangelist ja gut zu Hause ist, weist eine Fülle von Zeugnissen über das Geistwirken auf. Und ferner: Wenn der Evangelist den auf Erden wirkenden Jesus als Geisttäufer zeichnet (1,32f), muß er davon ausgehen, daß der Geist im Wirken Jesu irgendeine Rolle spielte. Die Äußerung »Denn noch war (der) Geist nicht da, weil Jesus noch nicht verherrlicht war« muß man sich deshalb so erklären: Die junge Gemeinde war von ihren Geisterfahrungen überwältigt. Was die frühen Christen zuvor vom Wirken des göttlichen Geistes wußten oder vielleicht sogar erfahren hatten, war dagegen schattenhaft. Joh 7,39b stellt demnach keinen *totalen* Gegensatz auf; die Aussageintention ist dann die: »Was wir an Geisterfahrungen haben, ist so neu und so überwältigend – so etwas gab es noch nicht! Erst Jesu Tod und Auferstehung haben das möglich gemacht!« Daß es in Israel natürlich schon vorher Geisterfahrungen gab, schwindet bei einem solchen durch überwältigende Erfahrungen ausgelösten Jubelruf aus dem Blickfeld.

Schwierigkeiten macht das ausdrücklich als Schriftzitat ausgewiesene Wort »Ströme lebendigen Wassers werden aus seinem Leib fließen.« Ein solches Zitat läßt sich im Alten Testament nicht nachweisen, allenfalls in Jes 58,11; 44,3 finden sich Anklänge. Man hat deshalb auf die Targum-Literatur zurückgegriffen. Aber alle Versuche der Identifizierung sind unbefriedigend. Es ist einfach so, daß Johannes sehr frei mit Traditionen umgeht.

Als Nebenmotiv von Joh 7,37-39 ist vielleicht Kultkritik zu notieren. Die Szene könnte sich gegen den jüdischen Kultus richten, dessen Heilswirkungen durch das Aufbrechen des Geistes und die dadurch ausgelösten Heilswirkungen abgelöst werden. Angeführt werden kann für diese These neben der Tatsache, daß unsere Szene im jüdischen Laubhüttenfest plaziert ist, der Umstand, daß das Laubhüttenfest feierliche Handlungen kennt, in denen Wasser eine Rolle spielt – und diesem Wasser wird nun der Geist (im Symbol des lebendigen Wassers) entgegengesetzt. (Vgl. zu Einzelheiten Strack/Billerbeck II, 490ff.) »Geist« wäre für das johanneische Christentum dann auch (wie bei Paulus, vgl. z.B. die Antithese »Geist – Buchstabe« in 2Kor 3,6) als Kampfbegriff erwiesen, mit dem man sich von der bisherigen

Religionsausübung absetzt.

Eine Parallele zu der Aussage, daß aus Jesu Leib Ströme lebendigen Wassers fließen werden, ist Joh 19,34. Hier wird gesagt, daß aus Jesu Seitenwunde Blut und Wasser flossen. Sollte an dieser Stelle mit »Wasser« ebenfalls der Geist gemeint sein, wäre hier wiederholt, daß der Geist freigesetzt wurde durch das christologische Heilsereignis. Und es wäre, wenn Joh 19,34 die Stelle 7,38b erläutern soll (u.U. im Sinne einer Erfüllung der dortigen Verheißung), endgültig klar, daß in Joh 7,38b das lebendige Wasser von Jesus ausgeht und nicht von den Glaubenden.

Alttestamentliche Bezüge: Der Ruf Jesu, zu ihm zu kommen, weist Anklänge an die Weisheitsliteratur auf. Die »Weisheit« läßt eine ähnliche Einladung ausgehen: Spr 9,4f; vgl. Sir 24, 19–22; 51,23f. Die Verbindung von Wasser und Geist findet sich ebenfalls im Alten Testament (Jes 44,3); allerdings wird im Alten Testament keine *Gleichsetzung* beider Größen vorgenommen. Doch liegt diese Gleichsetzung sehr nahe, wenn man an die belebende, regenerierende und reinigende Kraft des Wassers denkt (all das läßt sich auch vom Geist aussagen).

Der urchristliche Jubel über das neue Leben im Geist speist sich zu einem guten Teil aus einem Kontrasterleben. Eine Belegstelle dafür ist Röm 7,6. Paulus hebt hier die »Neuheit des Geistes« vom alten Zustand des Buchstabens, des Gesetzes ab. Dem alten Zustand, der versklavenden Charakter hatte, sind die Glaubenden gestorben.

Man darf solche Aussagen des Apostels nicht als Schreibtisch-Formulierungen verstehen. Sie sind gesättigt mit Lebenserfahrung. Paulus weiß sich einem stringierenden Lebensbereich entronnen und sieht sich in einen Lebensbereich versetzt, der dank der eschatologischen Gabe des Geistes Frische und Freiheit atmet. Der Ausdruck »Neuheit des Geistes« spricht Bände und bringt ein existentielles Überwältigtsein zum Ausdruck. Mit der Gabe des Geistes ist Gottes endzeitliche Herrschaft bereits angebrochen, und menschliches Leben wird zu seiner eigentlichen Bestimmung gebracht. Jetzt – und erst jetzt – ist wirkliches Leben möglich geworden. Im Rückblick erscheint Paulus sein früherer Lebensbereich wie ein Gefängnis.

12. Geisterfahrung und Anbetung Gottes

Am Anfang des Urchristentums stand eine mächtige Geisterfahrung, die Erfahrung einer erneuernden und belebenden Kraft. Diese Kraft hatte, wie im vorliegenden Buch bereits dargestellt wurde, unmittelbare soziale Auswirkungen: sie stiftete eine neue Form des Miteinander. Aber auch in der Gottesbeziehung wirkte sie sich aus: sie stiftete eine neue Beziehung zu Gott. Ein Niederschlag dieses zweiten Moments der urchristlichen Geisterfahrung ist Joh 4,23f, wo von der Anbetung Gottes, der »Geist« sei, als von einer Anbetung »in Geist und Wahrheit« gesprochen wird.

Diese Stelle findet sich im Gespräch zwischen Jesus und der Samariterin. Zugearbeitet worden ist auf diese Stelle möglicherweise bereits durch das Grundmotiv dieser Perikope »lebendiges Wasser«, könnte doch dieses als Symbol für den Geist aufgefaßt werden. (Vgl. zur Diskussion F. Porsch, Pneuma und Wort, 139ff.)

Freimachen muß man sich beim Verständnis von Joh 4,23f von einem idealistischen Geistverständnis. Ein solches Verständnis führt dazu, an dieser Johannes-Stelle einen Zugang zu Gott angesprochen zu sehen, der innerlich, abstrakt ist, der sich auf unsere geistigen Fähigkeiten bezieht. So verstanden, hat unsere Stelle stets einer Gottesverehrung Vorschub geleistet, die gegen Kirche und Liturgie Vorbehalte hat und Gott in »Wald und Hain« oder auch im sozialen Engagement zu finden glaubt.

Gott ist aber gemäß Johannes nicht »Geist« im Sinne der idealistischen Philosophie, ist also nicht das in Geschichte, Natur und im menschlichen Geist zu sich selber kommende Absolute, zu dem ein Zugang nur im Sich-selbst-Bewußtwerden dieses Sachverhalts besteht. Nein, für Johannes ist der Zugang zu Gott als Geist nicht innerlich, abstrakt. Wenn Gott hier, in Joh 4,24, als Geist bezeichnet wird, ist Geist – wie es H. Schlier sehr schön sagt – »die Weise des anwesenden Gottes«. (Zum Begriff des Geistes nach dem Johannesevangelium, 264.) »Geist« als Gottesbezeichnung meint bei Johannes also Gott in seiner dynamischen, wirkmächtigen Präsenz, meint Gott, wie er erfahrbar ist in seinem Tun. Und dementsprechend ist ein im Geist geschehender Zugang zu Gott ein Zugang, bei dem sich der Mensch – inspiriert durch den Geist, unter dem Antrieb des Geistes – einbringt mit seiner ganzen Person, auch mit seinem Leib, seiner Phantasie, seiner Kreativität usw. Auf das Tun Gottes reagiert er mit *seinem* Tun; man könnte auch betonen: mit seinem *Tun* – nicht nur mit seinen innerlichen, geistigen Fähigkeiten. Gott in seiner dynamischen Präsenz macht auch den Menschen dynamisch, reißt ihn heraus aus seiner Selbstbezogenheit und befähigt ihn dazu, Akte der Zuwendung zu zeigen – Gott gegenüber (im Sinne der Verehrung und Anbetung), aber auch dem Mitmenschen gegenüber.

Wenn Gott Geist ist (V.24), müssen diejenigen, die ihn anbeten, »im Geist« sein (V.23). Dahinter steht das antike hermeneutische Prinzip, daß Gleiches nur durch Gleiches verstanden wird. (Vgl. C.W. Müller, Gleiches zu Gleichem. Ein Prinzip frühgriechischen Denkens.) Das Geist-Sein Gottes und das Im-Geist-Sein des Anbeters korrespondieren also miteinander. Nur dann ist rechte Anbetung möglich, wenn der Beter aufgenommen worden ist in einen neuen Lebensbereich, wenn er »im Geist« ist, d.h. vom dynamischen, wirkmächtigen Gott ergriffen und bewegt. Nur wenn Gott (im Geist) auch *im Beter selbst* tätig ist, vermag sich der Beter Gott, wie er ihn als Gegenüber erfährt, in rechter Weise zu nähern.

Wir finden hier, in Joh 4,23f, eine Aussage wiederholt, auf die wir bereits in Joh 3 gestoßen sind: »Geist« ist eine neue Lebensmöglichkeit, ein in sich geschlossener Lebensbereich.

Wenn man sich klarmacht, daß V.23 und V.24 aufeinander bezogen sind durch das Prinzip »Gleiches wird durch Gleiches verstanden«, ist endgültig deutlich, daß in V.23 kein Zugang zu Gott angesprochen ist, der sich auf unsere innerlichen, abstrakten Fähigkeiten bezieht: »Geist« in V.23 ist nämlich nicht anthropologisch gemeint, sondern bezieht sich auf den Geist *Gottes*.

Nun ist in V.23 allerdings nicht nur von einer Anbetung »in Geist«, sondern auch von einer Anbetung »in Wahrheit« die Rede. Was ist in diesem Zusammenhang mit Wahrheit gemeint? »Mit dem Begriff ἀλήθεια [Wahrheit] interpretiert der Evangelist das Offenbarungsgeschehen in Jesus Christus. Alles, was Gott im AT, für das damalige Judentum in der Tora, geoffenbart hat, wird überboten und zur letzten Erfüllung gebracht durch die Offenbarung des Sohnes, die ›Gnade und Wahrheit‹ ist (1,17).« (R. Schnackenburg, Das Johannesevangelium. II. Teil, 279.)

»Wahrheit« ist also bei Johannes kein philosophisch-spekulativer Begriff, der mit der Erkenntnis der Wirklichkeit zu tun hat, sondern ein offenbarungstheologisch und soteriologisch qualifizierter Begriff. Wahrheit ist letztlich jene heilvolle, von Gott im Christusereignis gestiftete Wirklichkeit, an der der Mensch im Glauben Anteil gewinnen kann. »Wahrheit« und »Geist« (der ja ebenfalls eine bestimmte Wirklichkeit, eine bestimmte Art von Leben bezeichnet) sind demnach eng verwandte Begriffe. Die Erfahrung des Geistes und das Ergriffenwerden von der Wahrheit des christologischen Offenbarungsgeschehens gehören zusammen, ja, fallen in eins. Auch das gesamte Gespräch Jesu mit der Samariterin ist von dieser Doppelthematik, die doch in Wirklichkeit eine ist, bestimmt: es geht um das lebendige Wasser (als Symbol für den Geist) und eine progressive Selbstoffenbarung Jesu, die die Frau immer tiefer in die Wahrheit einweist. Auch in die Wahrheit über sie selber – wird doch die Frau in der Begegnung mit dem Offenbarer mit sich selber konfrontiert, mit der Wirklichkeit ihres Lebens. Von der Wahrheit des christologischen Offenbarungsgeschehens ergriffen zu werden heißt zugleich, die Wahrheit über sich selbst zu erfahren. Die Wahrheit über sich selber erfährt die Samariterin *vor* der Belehrung über die rechte Art der Anbetung (nämlich in den VV.16–19). *Erst danach* ist sie für die Anbetung in Geist und Wahrheit vorbereitet. (»Wahrheit« hat in Joh 4,23 neben der offenbarungstheologischen Qualifizierung also durchaus auch eine anthropologische, ethische: Der Mensch, der Gott wirklich begegnen will, muß dies in einem Zustand tun, in dem er »wahr« geworden ist, in dem seine Lebenslügen aufgelöst sind. Und dieses Wunder der Erneuerung wird durch die Wahrheit des Offenbarungsgeschehens bewirkt.)

Das Thema der wahren Gottesverehrung in Joh 4 ist in die progressive Selbstoffenbarung Jesu eingebunden und damit von einer christologischen Klammer umgriffen. Man wird daraus folgern dürfen, daß die wahre Anbetung Gottes, die »in Geist und Wahrheit«, christologisch qualifizierte, aus der Begegnung mit Jesus erwachsende Anbetung ist. Anders gesagt: Die Erkenntnis Jesu als Christus und die wahre Anbetung Gottes fallen in eins. Und beides ist nicht denkbar ohne den Geist: die Erkenntnis Jesu, eine neue mächtige Art der Gottesbegegnung und -anbetung sowie ein Ergriffenwerden vom Geist hängen unlöslich miteinander zusammen.

Daß die wahre Anbetung Gottes christologisch qualifiziert ist und Jesu Kreuz und Auferstehung zur Voraussetzung hat, lehrt auch folgende Beobachtung: In subtiler Weise in den Gedankengang hineinverwoben ist eine Anspielung auf Jesu Kreuz und Auferstehung in den VV.21.23 durch das *hōra*-Motiv (*hōra* = Stunde), vgl. E. Leidig, Jesu Gespräch mit der Samaritanerin, 88f. Die Autorin weist mit Recht darauf hin, daß der Begriff *hōra* im Johannesevangelium ein theologisch qualifizierter Begriff ist und oftmals auf Jesu Tod und Auferstehung zu deuten ist.

4,21.23 zählt Leidig zu den »Stellen, die direkt auf die Todesstunde Jesu und damit auf die Erlösungsstunde der Menschheit zielen.« (Ebd., 89.)

Als ein Nebenmotiv ist in Joh 4,23f hineinverwoben, daß der Geist Gegensätze aufhebt; gleich auf *zwei* Gegensätze wird hier angespielt: auf den zwischen Juden und Samaritern und auf den zwischen Mann und Frau (die Belehrung Jesu über die wahre Gottesverehrung ergeht an eine *Frau* und schließt diese bezüglich der Gottesverehrung mit ein [vgl. dazu J. Blank, Frauen in den Jesusüberlieferungen, 79]). Daß der Geist Gegensätze aufhebt, und zwar die verschiedensten Arten von Gegensätzen, dürfte eine der beglückendsten Erfahrungen des Urchristentums gewesen sein.

Kehren wir noch einmal zurück zu Gottes Geist-Sein (V.24). Daß der Evangelist hier keine philosophische Definition des Wesens Gottes geben will, dürfte klar sein. Dagegen sprechen schon die Stellen aus der johanneischen Literatur 1Joh 1,5 (»Gott ist Licht«) und 1Joh 4,8.16 (»Gott ist Liebe«). »Der jeweilige Kontext zeigt ganz deutlich, daß es sich auch in diesen beiden Fällen keineswegs um eine abstrakte philosophische Definition des Wesens Gottes handelt, sondern um eine Kennzeichnung seiner Beziehung zu den Menschen. Gott ist Licht und Liebe für die Menschen!« (F. Porsch, Pneuma und Wort, 150.)

Der Gottesbegriff bei Johannes und das Verständnis des Evangelisten von Gott als Geist sind nicht philosophisch, sondern alttestamentlich geprägt. Auch das Alte Testament bietet keine abstrakte Definition Gottes, und wenn es vom »Geist Gottes« spricht (eine Definition »Gott ist Geist« als solche kennt es nicht), meint es Gottes weltzugewandte Seite, sein dynamisches Heilswirken. Gott offenbart sich durch seinen Geist in Schöpfung und Geschichte (Neh 9,20; Jes 63,14), bewirkt durch seinen Geist die eschatologische Neuschöpfung (Ez 36,27; 39,29) und die sittliche Erneuerung (Ps 51,12ff).

Bei der Frage nach der religionsgeschichtlichen Ableitung von Joh 4,23f hat man Vorstellungen aus Qumran in Anschlag gebracht. Hervorgetan haben sich hier R. Schnackenburg (Das Johannesevangelium. I. Teil, 472; Die »Anbetung in Geist und Wahrheit«) und E.D. Freed (The Manner of Worship in John 4:23f). Besonders zu verweisen ist auf 1QS 4,20f: »Und dann wird Gott durch seine Wahrheit alle Werke des Menschen läutern und wird sich einige aus den Menschenkindern reinigen, indem er allen Geist des Frevels aus dem Innern ihres Fleisches tilgt und sie reinigt durch heiligen Geist von allen gottlosen Taten. Und er wird über sie sprengen den Geist der Wahrheit wie Reinigungswasser (zur Reinigung) von allen Greueln der Lüge ...« – Aber man darf bei dem Vergleich von Joh 4,23f mit Qumran-Vorstellungen nicht zu euphorisch sein und nicht meinen, hier die wirklich entscheidenden prägenden Vorstellungen gefunden zu haben. J. Becker macht auf die Grenzen einer solchen Ableitung aufmerksam: »Qumran kennt keine grundsätzliche Aufhebung des Jerusalemer Tempelkultes [der ja in Joh 4 abgelehnt wird] oder des Priestertums, vielmehr angesichts der gegenwärtigen Sündhaftigkeit desselben die Restitution in der Endzeit... Auch führt der Geist in Qumran zwar zur Anbetung in Geist und Wahrheit (1QH), aber damit verbunden zum Bund und unter das Gesetz ... Die Differenz zwischen Juden und Samaritanern/Heiden wird in Qumran gerade nicht aufgehoben. So ist einer gradlinigen Ableitung joh Vorstellung von Qumran her kaum das Wort zu reden.« (Das Evangelium nach Johannes. Kapitel 1-10, 177.)

Johannes steht mit seiner Meinung, daß von der Geisterfahrung her ein neuer Zugang, der einzig legitime Zugang, zu Gott erschlossen ist, im Urchristentum nicht alleine da. Auch Paulus weiß, daß die rechte Verehrung Gottes die im Geist und durch den Geist ist: Phil 3,3; Röm 8,14-16; Gal 4,6.

13. Der Geist als Angeld

An drei Stellen des Neuen Testaments wird vom Geist als »Angeld« *(arrabōn)* gesprochen (2Kor 1,22; 5,5; Eph 1,14). Der Begriff *arrabōn*, ein semitisches Lehnwort, stammt aus dem Handels- und Wirtschaftsrecht; gemeint ist mit *arrabōn* eine »Vorleistung, aufgrund deren sich einer zur Erfüllung eines Versprechens verpflichtet.« (A. Sand, ἀρραβών, 379.) Wenn im Neuen Testament vom Geist als *arrabōn* gesprochen wird, ist ein pneumatologisch sehr glücklicher Begriff gewählt worden, mit dem das Urchristentum viel von dem deutlich macht, was es unter Geist verstand. Geist ist eine Größe, die ganz und gar eschatologischen Charakter hat und dementsprechend eschatologisches Existieren ermöglicht. Dennoch bedeutet Geistbesitz nicht, schon jetzt der ganzen Fülle des eschatologischen Heils teilhaftig zu sein – lediglich ein *gewisses Maß* dieses Heils ist hier und heute bereits gegenwärtig, im Sinne einer vorweg geleisteten Zahlung. Der Begriff *arrabōn* ventiliert also die Spannung zwischen eschatologischem Vorbehalt und bereits gegenwärtiger eschatologischer Erfüllung. Mit diesem Geist-Verständnis wird in ein Leben eingewiesen, das eschatologischen Charakter hat, aber dennoch in den konkreten Weltbezügen gelebt wird und diese nicht einfach überspringt.

Speziell zu 2Kor 1,22: Hier wird wohl von der Taufe gesprochen und die Geistverleihung in Zusammenhang mit der Taufe gebracht.

Speziell zu 2Kor 5,5: Der Geist als Angeld begründet auch die Hoffnung auf ein Auferstehungsleben in einer neuen Seinsweise nach der Parusie Christi bzw. nach dem Tod. Das Auferstehungsleben ist gemäß Paulus durch und durch pneumatisch bestimmt, das Pneuma ist sein Lebensprinzip (vgl. oben zu 1Kor 15). Dadurch nun, daß dem Glaubenden bereits jetzt, obwohl sein Leben noch ein psychisch-natürliches ist, der Geist verliehen wurde, hat er schon auf dieser Erde Anteil an jenem Leben, das auf ihn wartet. Er spürt Gottes Zukunft in sich, er spürt in sich jenen neuen, gesteigerten Zustand seiner selbst, dem er entgegengeht – und das gibt eine enorme Sicherheit. Aus dieser Sicherheit heraus kann Paulus solch gewisse Zukunftsaussagen machen wie in 2Kor 5,1ff.

Speziell zu Eph 1,14: Die Vorstellung vom Geist als Angeld balanciert die massiven Aussagen von der Gegenwart des Heils aus, die sich in den VV.3ff finden.

14. Die Rolle des Geistes bei der Verkündigung

Die Anfangsverkündigung in Thessalonich

In 1Thess 1,5f rekapituliert Paulus jene Situation, in der er und seine Mitarbeiter den Thessalonichern das Evangelium brachten. Die Anfangsverkündigung geschah, so schreibt der Apostel, »nicht nur im Wort, sondern auch in Kraft und im heiligen Geist und in großer Fülle«. Diese Anfangsverkündigung führte bei den Thessalonichern (trotz einer bedrängenden Lage) zu einer Aufnahme des Wortes »mit der Freude des heiligen Geistes« (Genitivus auctoris: die Freude ist ein Werk des heiligen Geistes). Sowohl bei der *Verkündigung* des Evangeliums als auch bei der *Aufnahme* des Evangeliums spielte also der heilige Geist eine große Rolle. Er war auf beiden Seiten, bei den Verkündigern und bei den Rezipienten, in je spezifischer Weise tätig.

Wenn Paulus einer Verkündigung, die nur »im Wort« geschieht, dezidiert eine Verkündigung gegenüberstellt, die auch durch »Kraft, heiligen Geist und große Fülle« qualifiziert ist, meint er offenbar, daß zur Wortverkündigung – um sie durchschlagend zu machen – gewisse andere Elemente hinzutreten müssen. Woran er jedoch bei der Trias »Kraft, heiliger Geist und große Fülle« genau denkt, ist schwer zu sagen. Paulus könnte meinen, daß das Wortgeschehen selbst ein kraftgeladenes, pneumatisches, überquellendes Ereignis werden muß, damit die Stimme des Verkündigers nicht mehr seine eigene ist, sondern die Gottes. Aber ob damit die Trias schon ausreichend bestimmt ist, ist fraglich. Zu verweisen ist in diesem Zusammenhang auf Röm 15,18.19a:

Ich werde es nämlich nicht wagen, von etwas zu reden, was nicht Christus durch mich gewirkt hat, um die Heiden zum Gehorsam zu bringen durch Wort und Tat, in der Kraft von Zeichen und Wundern, in der Kraft des Geistes Gottes.

Aus dieser Stelle wird sehr viel deutlicher als aus 1Thess 1,5, was gemäß Paulus zur Wortverkündigung entscheidend hinzutreten hat, damit diese durchschlagend wird: ein Wirken von Zeichen und Wundern. Und man wird in Röm 15,18.19a den hermeneutischen Schlüssel für 1Thess 1,5 sehen dürfen (zumal die Röm-Aussage ein Gesamtrückblick auf das paulinische Wirken ist, auch auf das in Thessalonich): auch in Thessalonich trat Paulus als Wortverkündiger auf, der zugleich Zeichen und Wunder vollbrachte. Viel zu flach legt daher E. von Dobschütz die Stelle aus, wenn er hier nur die Macht der paulinischen Predigt über die Herzen sieht, die Glauben und ein neues sittliches Leben schafft. (Die Thessalonicher-Briefe, 71.)

Verständlich ist, daß eine solch befreiende Botschaft wie die des Paulus Freude weckte. Nicht nur Worte hatte Paulus den Thessalonichern anzubieten, sondern er heilte unter ihnen wohl auch Kranke und trieb Dämonen aus, sein ganzes Wirken zielte auf Freiheit, auf die Freisetzung von Leben. Und der Geist der Befreiung, der in ihm und durch ihn wirkte, sprang auf die Thessalonicher über und führte sie in die Freude.

Wir stoßen also in 1Thess 1,5f auf eine wichtige Doppelbestimmung der Funktion des Geistes: einerseits ist er im Verkündigungsgeschehen machtvoll präsent und läßt es zu einem *Befreiungsgeschehen* werden, andererseits bewirkt er in den Empfängern des Verkündigungsgeschehens Freude.

Die Anfangsverkündigung in Korinth

Als Paulus den Korinthern das Evangelium brachte, bestanden seine Rede und seine Verkündigung, so schreibt er in 1Kor 2,4, »nicht in überzeugungswirksamen Weisheitsworten, sondern im Erweis von Geist und Kraft.« Diese Formulierung erinnert an 1Thess 1,5. Anders als in 1Thess 1,5 wird in 1Kor 2,4 aber eine Verkündigung in Geist und Kraft nicht von der Wortverkündigung schlechthin abgehoben, sondern von einer bestimmten *Art* der Wortverkündigung. Dadurch ist noch schlechter zu sagen als bezüglich 1Thess 1,5, ob die (rechte) Wortverkündigung selbst als Geist- und Kraftgeschehen qualifiziert werden soll, oder ob Paulus bei der Wendung »Geist und Kraft« an Zeichen und Wunder denkt, die er vollbracht hat; liest man jedoch auch 1Kor 2,4 im Schlaglicht von Röm 15,18.19a, wird man wohl interpretieren dürfen: In der Verkündigung ist der Geist am Werk, der das Wort des Apostels sozusagen mit Energie auflädt und sich gegebenenfalls auch durch begleitende Zeichen und Wunder artikuliert.

14. Die Rolle des Geistes bei der Verkündigung

Die Kraft des Geistes bei der apostolischen Tätigkeit gemäß Röm 15,18.19a

Schauen wir uns die Stelle Röm 15,18.19a, die wir oben bereits zitiert und ausgewertet haben, noch etwas genauer an. Die apostolische Tätigkeit des Paulus, die aus Wortverkündigung und Wundertun besteht, geschieht mit Hilfe einer Kraft, die nicht aus ihm selbst stammt; es ist die Kraft des Geistes Gottes. Paulus ist dadurch bei seiner apostolischen Tätigkeit entschränkt, er überschreitet die Grenzen seiner natürlichen Möglichkeiten und erfährt sich als Instrument einer überlegenen Macht, die sich in ihm – so könnte man fast sagen – inkarniert. Auf diese Weise gewinnt das Wirken des Paulus eine »Effektivität«, wie sie ein Wirken, das sich auf rein menschliche Ressourcen stützen muß, nie und nimmer haben kann; so dürften zur Tätigkeit des Paulus z.B. auch Krankenheilungen gehört haben (vgl. W. Rebell, Alles ist möglich, 111f).

In Verbindung gebracht wird in Röm 15,18.19a die »Kraft des Geistes Gottes« mit Christus, ohne daß Paulus eine systematische Klärung der Beziehung zwischen Geist, Gott und Christus anstrebt. Das dynamische, auf Kraftwirkungen abhebende Denken des Paulus benötigt eine solche systematische Klärung nicht.

Geistgewirktes missionarisches Handeln in der Apostelgeschichte

Bereits ganz am Anfang der Apostelgeschichte, in 1,8, wird den künftigen Verkündigern programmatisch zugesichert: »Ihr werdet Kraft empfangen, indem der heilige Geist auf euch kommt, und werdet meine Zeugen sein ...« Geist äußert sich also in Kraft, genauer: in Kraft, für das Evangelium Zeugnis abzulegen. Dafür vor allem ist der Geist der Kirche verliehen (nach Lukas). Der Geist rüstet mit übernatürlicher Kraft aus und bringt Menschen dazu, über sich hinauszuwachsen; es werden ihnen Handlungen möglich, die ihnen vorher nicht möglich waren.

Durch die Ausgießung des Geistes zu Pfingsten (2,1–13) wird die Zusicherung von 1,8 eingelöst: der Geist befähigt zu gewaltiger missionarischer Tätigkeit (vgl. die Predigt des Petrus in 2,14–36). Doch auch die Stelle 4,31 ist zu nennen: Eine erneute Geistausgießung führt zu vollmächtiger Verkündigung.

Nun noch ein rascher Überblick über weitere einschlägige Stellen in der Apostelgeschichte:

Nach 4,8ff wird Petrus vom Geist zum mutigen Bekenntnis befähigt. Gemäß 8,29 wird Philippus bei seiner missionarischen Tätigkeit vom Geist geführt. Barnabas, ein wichtiger Verkündiger, war »voll heiligen Geistes« (11,24). Ähnliches wird von Apollos, einem genauso wichtigen Mann, ausgesagt (18,25). Der Geist greift auch in der Weise in die Mission ein, daß er sagt, wen er für sie ausgesondert haben will (13,2); und er ist es dann auch, der aussendet (13,4).

15. Der Geist als Führungsinstanz in kritischen Situationen

Phil 1,19

Paulus befindet sich bei der Abfassung des Philipperbriefs im Gefängnis; seinen Prozeß hat er noch vor sich, und dessen Ausgang ist unsicher – der Apostel kann mit dem Leben davonkommen, er kann aber auch zum Tode verurteilt werden. In dieser bedrängenden Situation ist Paulus dennoch zuversichtlich und schreibt den Philippern: »Ich weiß nämlich, daß mir dies zum Heil gereichen wird durch euer Gebet und den Beistand des Geistes Jesu Christi.« (1,19.)

Paulus setzt in der extremen Lage, in der er sich befindet, nicht auf sich selber, sondern auf das, was ihm von außen her zukommt: auf das Fürbittengebet und auf den Geist. Mit eigenen Kräften kann Paulus die Lage nicht mehr meistern, er ist jetzt voll und ganz auf die Hilfe Gottes angewiesen, die aktiviert wird durch das Fürbittengebet und sich dann konkret zeigt im Beistand des Geistes.

Wir stoßen in Phil 1,19 auf einen neuen Aspekt der paulinischen Pneumatologie: Der Geist bewährt sich in Krisensituationen als überlegene Führungsinstanz; er tritt als solche auf den Plan, wenn der Mensch mit seinen eigenen Möglichkeiten am Ende ist, wenn er »festsitzt« (und bei Paulus ist das im wortwörtlichen Sinne der Fall). Um den Geist mit seiner Fähigkeit, festgefahrene und gefährliche Situationen bewältigen zu können, wirklich zum Zuge kommen zu lassen, bedarf es allerdings einer bestimmten Grundeinstellung auf seiten des Menschen: Dieser muß sich selber aus der Hand geben und damit Risikobereitschaft zeigen. Paulus hat diese Grundeinstellung eingenommen; wie die folgenden Verse zeigen, macht er Gott und dem Geist keine Vorschriften, was nun zu geschehen hat. Paulus strukturiert die Ereignisse, denen er entgegengeht, nicht sozusagen vor, um dann vom Geist zu erwarten, das durchzusetzen, was er – Paulus – sich ausgedacht hat. Nein, Paulus ist für alles, was auch geschehen mag, offen; er will die künftige Entwicklung seines Schicksals nicht in eine bestimmte Richtung zwingen. Der Apostel weiß: Wenn ich ge-lassen bin (d.h. von mir und meinen Plänen gelassen habe) und mich dem Geist und seiner Führung *über*lassen habe, erwartet mich in allem, was geschehen mag, göttliches *Heil*.

Konkret rechnet Paulus u.a. damit, daß der Geist es sein wird, der bei dem anstehenden Gerichtsprozeß redet, findet sich doch die Erwartung, den Geist in dieser Weise als Beistand zu haben, auch anderswo im Urchristentum (Mk 13,11; Lk 12,11f; Mt 10,17-20). Aus diesem festen Rechnen mit dem Eingreifen des Geistes im rechten Augenblick resultiert jene geradezu übernatürliche Ruhe des Apostels, über die man immer wieder staunt, wenn man den Philipperbrief liest. Und Paulus hat hier den Christen aller Zeiten *das* Modell für den Umgang mit persönlichen Krisensituationen gegeben (mit Krisensituationen, die durch den Dienst am Evangelium zustande kommen, aber auch mit anderen): Sich nicht auf sich selber abstützen, sondern auf die höhere Führungsinstanz »Geist«. Wenn eine Lebenslage sich zuspitzt oder eng wird – der Geist muß mit seinen kreativen Möglichkeiten auch dann niemals kapitulieren, und deshalb wird der Glaubende niemals aus dem Heil herausfallen.

Mt 10,20

Im vorigen Abschnitt klang an, daß auch der synoptischen Überlieferung gemäß der Geist als Beistand vor Gericht gesehen wird. Schauen wir uns die Matthäus-Fassung dieser Aussage etwas genauer an (10,20):

Wenn die Glaubenden ihres Glaubens wegen zur Verantwortung gezogen werden, dürfen sie sich vom Geist getragen wissen. Gerade in kritischen Situationen, wenn man mit den eigenen Möglichkeiten am Ende ist, tritt der Geist auf den Plan. Das Wissen darum befreit von Sorgen (vgl. V.19).

Niedergeschlagen haben sich hier Erfahrungen mit dem Geist, die urchristliche Missionare gemacht haben. Diese Stelle setzt ja Verfolgungssituationen voraus, die in der Jesuszeit noch nicht denkbar sind. (Die Rede Mt 10 ist eine Instruktion an urchristliche Missionare.)

Bezeichnend ist, daß man im Urchristentum den Geist nicht zuletzt als eine Kraft erfuhr, welche die Rede- und Argumentationskompetenz steigert (hier: vor Gericht).

Belege aus der Apostelgeschichte

Auf die große Bedeutung, die Lukas dem Geist in der Apostelgeschichte beimißt, sind wir schon öfter gestoßen; der Geist ist für Lukas der eigentliche Motor der Ausbreitung des Evangeliums. Das belegen u.a. folgende Stellen, die den Geist als Führungsmacht herausstellen:

15. Der Geist als Führungsinstanz in kritischen Situationen

Der Geist greift über eine Anweisung an Petrus in die heikle Angelegenheit der Heidenmission ein (10,19f; 11,12). Ein entscheidender Beschluß wird unter Leitung des Geistes gefaßt (15,28). Der Geist hindert die Verkündiger, eine bestimmte Reiseroute zu wählen (16,6f; handelt der Geist hier durch Visionen und Träume? Oder stellten sich konkrete Hindernisse ein, die dann als Weisungen des Geistes interpretiert wurden?). In ganz besonderer Weise greift der Geist in das Wirken des Philippus ein: Er versetzt ihn (im Sinne einer Entrückung) von einem Ort an den anderen (8,39f; zum Entrückungsmotiv vgl. z.B. 2Kön 2,16; eine traditionsgeschichtliche Aufarbeitung dieses Motivs findet sich bei K. Berger, Geist, 179f).

16. Geist, Tradition und Amt

Geist und Amt bei Lukas

Apg 6,1–6 berichtet davon, daß in der Jerusalemer Urgemeinde für die »Hellenisten« (griechisch sprechende Juden, die aus der Diaspora stammten) ein eigener Leitungskreis eingesetzt wurde, die Gruppe der »Sieben«. (Zu Einzelheiten vgl. W. Rebell, Zum neuen Leben berufen, 50–53.) Eines der Kriterien dafür, wer in den Siebener-Kreis aufgenommen wurde, war, daß der Betreffende »voll des Geistes« war (V.3).

Eigentlich besitzt doch *jeder* in der Gemeinde den Geist (vgl. z.B. 2,38). Sind einzelne von ihm *besonders* erfüllt, gibt es Abstufungen? Aber so reflektiert Lukas wohl nicht; er will sagen, daß die Sieben geistergriffene, mit pneumatischer Kraft ausgestattete Männer waren.

Für ein Amt braucht man den Geist. Lukas bringt Amt und Geist miteinander in Verbindung. Zu beachten ist, *wie* er das tut: Es muß eine pneumatische Begabung feststellbar sein, *dann* ist die Qualifikation für das Amt gegeben. Nicht: In das Amt wird jemand eingesetzt, für dessen Ausrüstung mit Geist dann überhaupt erst gebetet wird.

(Im weiteren Verlauf seiner Ausführungen berichtet Lukas dann in 6,10 von Stephanus, einem der Sieben, folgendes: Dem Geist, mit dem Stephanus redete, konnten seine Gegner nicht widerstehen. Wieder einmal zeigt sich: Geistbegabung ist vor allem *Sprach*begabung, Begabung zu argumentieren.)

Noch an einer anderen Stelle bringt Lukas Geist und Amt zusammen: in Apg 20,28. Hier wird deutlich, daß der heilige Geist Bischöfe einsetzt. Lukas macht diese Aussage in der Milet-Rede des Paulus, die die Verhältnisse zur Zeit des Lukas widerspiegelt.

Geist, Tradition und Amt in den Pastoralbriefen

»Geist« begegnet in den Pastoralbriefen sehr selten. Und wo der Begriff erscheint, ist er nicht mehr im paulinischen Sinn gemeint; der Geist ist nicht länger das umfassende Lebensprinzip, er artikuliert sich nicht mehr durch jeden einzelnen Gläubigen, um jeden am Bau der Gemeinde mitwirken zu lassen.

Warum bieten die Pastoralbriefe eine derart verkürzte Pneumatologie? Zwei Gründe lassen sich nennen:

1. Die Gemeinden der Pastoralbriefe weisen einen hohen Grad an Konsolidierung auf. Ämter haben sich herausgebildet. Spontane Geist-Äußerungen sind nicht mehr gewünscht, sie würden den geregelten Betrieb nur stören, sie würden die Amtsinhaber in Frage stellen. 2. Die Gemeinden sind von einer gnostischen Irrlehre bedroht (vgl. z.B. 1Tim 6,20). Schillernde, verderbliche Lehren werden verbreitet, wohl unter Berufung auf den Geist. Da kann der Begriff »Geist« nicht mehr den Kurswert haben, den er bei Paulus hatte, Geist wird selber zu einem schillernden Begriff, mit dem man sparsam umgeht. Es ist besser, sich an die »gesunde Lehre« und an die Überlieferung zu halten als an den Geist, mit dem sich alles mögliche begründen läßt.

Eine der Stellen, an denen in den Pastoralbriefen der Geist vorkommt, ist 2Tim 1,14. In diesem Vers steckt eine ganze Pneumatologie, eine Pneumatologie, die charakteristisch anders ist als die des Paulus; sie ist weiterentwickelt – aber nicht unbedingt in positiver Richtung. Der Geist wird hier in Verbindung gebracht mit der Tradition und auch mit dem Amt, und zwar in einer Weise, die das spätere großkirchliche Geist-Verständnis entscheidend vorbereitet.

Timotheus als einer kirchlichen Amtsperson obliegt die Aufgabe, für die Bewahrung des Traditionsguts zu sorgen, und dabei kann er auf den Geist zurückgreifen. Der Geist wird in diesem pneumatologischen Ansatz reklamiert, um Kontinuität zu gewährleisten. Er wird auf eine Weise mit dem Traditionsgut verkoppelt, die verhängnisvoll sein kann; die Freiheit des Geistes, auch außerhalb der überlieferten Glaubensvollzüge die Gemeinde zu dynamisieren, ist empfindlich beschnitten. In 2Tim 1,14 wird sozusagen von einem gezähmten Geist ausgegangen, der nur noch eng umgrenzte Funktionen ausüben darf. (Durch die anderen Geist-Stellen der Pastoralbriefe werden diese Funktionen kaum erweitert; zu verweisen ist lediglich auf 2Tim 1,7 und Tit 3,5f, wo der Geist mit der sittlichen Umwandlung, mit der Erneuerung des Menschen in Verbindung gebracht wird.)

Das Geisterleben der Gemeinden wird durch die Pneumatologie von 2Tim 1,14 in ruhigere Bahnen gelenkt, was in gewisser Hinsicht ein Vorteil ist. (Vgl. oben: Unter Berufung auf den Geist erhoben in den Gemeinden auch viele Wirrköpfe ihre Stimme, die nun zum Schweigen gebracht werden.) Aber der Nachteil dieser »Zähmung« des Geistes ist offensichtlich: Glaube kann in einem solchen pneumatologischen Ansatz zu einem statischen Gebilde degenerieren, zu einem fast musealen Ausstellungsstück.

Gemäß 1Tim 4,1 sagt der Geist Irrlehre und Abfall vom Glauben voraus. Der Briefschreiber bedient sich hier einer Fiktion: Die schlimmen Zustände, die er in seinen Gemeinden vorfindet (Irrlehre, Abfall der Gläubigen), seien durch den Geist angekündigt worden. Von daher kann der Briefschreiber seine eigene Einschätzung der Situation besser legitimieren. Es ist bezeichnend, daß er sich nicht auf eine *gegenwärtige* geistgewirkte Analyse der Lage stützen kann; er lebt nicht mehr in einer Zeit durchschlagender Geisterfahrungen. Der Briefschreiber hat vor allem nicht mehr das theologische Format, den Geist als Größe ins Spiel zu bringen, die christliche Existenz von Grund auf gestalten und normieren kann (vgl. dagegen z.B. Gal 5); und gerade *das* wäre angesichts der Gefahr, der die Gemeinden ausgesetzt waren, nötig gewesen.

17. Anthropologischer Gebrauch von Geist

An einer Fülle von Stellen des Neuen Testaments kommt Pneuma im anthropologischen Sinne vor; das Wort bezeichnet hier den Geist des Menschen. All diese Stellen sind nicht Gegenstand unserer Untersuchung, aber einige grundsätzliche Bemerkungen zum anthropologischen Gebrauch von Geist sollen dennoch gemacht werden, und zwar deshalb, um Klarheit in das Verhältnis »anthropologisches Pneuma« / »göttliches Pneuma« zu bringen. Und auch einige wenige Belegstellen für den anthropologischen Gebrauch von Pneuma sollen kurz angeführt werden.

Die Konzepte »anthropologisches Pneuma« und »göttliches Pneuma« müssen streng auseinandergehalten werden, sie haben nichts miteinander zu tun. Es ist nicht etwa so, daß der menschliche Geist Ansatzpunkt für das Wirken des göttlichen Geistes ist; der göttliche Geist setzt beim *ganzen Menschen* an und bringt ihn in Bewegung. Es ist auch nicht so, daß der Mensch, der den göttlichen Geist erhält, seinen Geist gegen den göttlichen Geist ausgetauscht bekommt; auch besteht im Menschen kein Vakuum, das nur der göttliche Geist ausfüllen kann. Nein, der Mensch ist ohne den göttlichen Geist sehr wohl komplett. Durch den göttlichen Geist bekommt er in seine (komplette) Natürlichkeit hinein eine übernatürliche Lebensmöglichkeit; er kann nun eschatologisch existieren.

Was aber bedeutet Geist, verstanden als anthropologischer Begriff? Das Neue Testament gebraucht Geist im anthropologischen Sinne nicht einheitlich. Nehmen wir Joh 11,33. Es heißt hier, daß Jesus angesichts der Trauer um den verstorbenen Lazarus »im Geist ergrimmte und sich erregte«. In 13,21 steht, daß Jesus – den bevorstehenden Verrat durch Judas vor Augen – »im Geist erschüttert wurde«. An einer vergleichbaren Stelle – 12,27 – sagt Jesus, daß seine *Seele (psychē)* erschüttert sei. Man kann daher annehmen, daß *pneuma* in 11,33; 13,21 im Sinne von *psychē* zu verstehen ist, also als anthropologischer Terminus, der das Lebensprinzip, die Lebenskraft oder einfach das »Innere« bezeichnet.

In Röm 1,9 schreibt Paulus, er diene Gott »mit seinem Geist«. Gemeint ist: Der Dienst für Gott beherrscht ihn durch und durch, bis in sein Innerstes hinein.

In 1Petr 3,4 ergeht die Mahnung an die Frauen, sie sollen einen sanften und stillen Geist haben. Hier meint Geist *Gesinnung*.

1 Thess 5,23: In einem Segenswunsch spricht Paulus von der Bewahrung von »Geist, Seele und Leib«. Der Geist *Gottes* kann hier nicht gemeint sein; von ihm könnte kaum ausgesagt werden, daß er (durch Gott) »bewahrt« werden muß; außerdem steht hier ausdrücklich »*euer* Geist« *(hymōn to pneuma),* und so hätte Paulus den Geist Gottes wohl nicht bezeichnet. – Die trichotomische Formulierung von 1 Thess 5,23 könnte zu der Vermutung Anlaß geben, daß Paulus sich den Menschen aus drei Bestandteilen additiv zusammengesetzt denkt. Aber statt »euer Geist samt Seele und Leib« könnte Paulus genausogut sagen »euer Geist« oder »ihr«. In 1 Thess 5,23 liegt einfach nur liturgischer Stil vor mit seiner Neigung zur Dreigliedrigkeit. Und wenn hier, in dieser liturgischen, plerophorischen Rhetorik, »Geist« als anthropologischer Terminus verwendet wird, bezeichnet der Begriff den *ganzen* Menschen, und zwar speziell unter dem Gesichtspunkt, daß er ein vernunftbegabtes Wesen ist.

Pneuma kann – insbesondere bei Paulus – auch schlicht und einfach für die Person stehen; das ist der Fall in 1 Kor 16,18; Gal 6,18; Phil 4,23; Phlm 25.

An einigen Stellen läßt sich nicht sicher entscheiden, ob der menschliche oder der göttliche Geist gemeint ist; das gilt z.B. für Apg 19,21: »Paulus beschloß im Geiste ...«

Auf einen anthropologischen Gebrauch von Geist, aber in einem theologisch qualifizierten Sinn, stoßen wir in Jak 4,5: Eifersüchtig sehnt sich Gott nach dem Geist, den er in den Menschen hat Wohnung nehmen lassen. – Ausgewiesen ist dieses Wort als Schriftzitat, findet sich aber nicht im Alten Testament oder in der zwischentestamentarischen Literatur; es stammt also wohl aus einer verlorengegangenen Schrift. Gemeint ist: Gott hat dem Menschen göttlichen Lebensodem verliehen und wacht »eifersüchtig« über diesen Odem; er duldet nicht, daß der Mensch, ausgestattet mit göttlichem Odem, mit der Welt buhlt (vgl. V.4).

Schwer verständlich ist 1 Kor 5,5. Der Unzuchtsünder, von dem in den Versen zuvor die Rede ist, soll dem Satan übergeben werden »zum Verderben des Fleisches, damit der Geist gerettet werde am Tage des Herrn.«

Klar ist folgendes: Paulus will die Ausstoßung des Sünders aus der Gemeinde und damit aus dem Schutzbereich Jesu Christi. Außerhalb dieses Bereichs wird den Sünder das Unheil treffen, das in der Vernichtung seiner leiblichen Existenz besteht. Paulus will den Tod des Betreffenden! Doch strebt der Apostel nicht die totale Vernichtung dieses Mannes an, er will die »Rettung des Geistes«. Was ist damit gemeint?

Eine letzte Klarheit ist schwer zu gewinnen. Sicher steht Geist hier im anthropologischen Sinne für Person. Eine Vergleichsstelle für den Sachverhalt, um den es in 1Kor 5,5 geht, ist 1Kor 3,15. Hier wird gesagt, daß auch dann, wenn das (nichtige, wertlose) Werk eines Glaubenden verbrennt und der Betreffende bestraft wird, seine Person gerettet wird, »doch so wie durch Feuer hindurch.« In 5,5 nun geht es nicht um ein Werk, sondern sozusagen um das *Werkzeug* eines Werkes, und zwar eines frevelhaften Werkes (Unzucht), es geht um das sündige Fleisch. Dieses wird vernichtet, der Mensch selber aber gerettet.

Paulus gerät hier in eine Spannung zu der Anthropologie, die er sonst vertritt und die den Menschen als Einheit sieht. Sie läßt eine solche Dichotomie, wie sie in 5,5 vorausgesetzt wird, nicht zu. Der Apostel hat in 5,5 den Denkansatz von 3,15 aufgegriffen, obwohl dieser für den in 5,5 zugrundeliegenden Sachverhalt nicht ganz paßt. Genauer gesagt: Paulus will die denkbar schwerste Bestrafung des Unzuchtsünders (den Tod) und scheut zugleich davor zurück, daß er das will. Er will die Vernichtung des Betreffenden und will sie wiederum nicht. Um beiden Impulsen gleichermaßen Rechnung zu tragen, gelangt der Apostel, von 3,15 ausgehend, zu dem etwas gequälten Gedankenkonstrukt: Vernichtung des Leibes / Rettung des Geistes. Es ist müßig, dieses Konstrukt von den Grundparametern der jüdischen oder christlichen Eschatologie her verstehen zu wollen, das ist bisher nicht gelungen und wird auch nicht gelingen.

Literaturverzeichnis

Barth, K.: Die kirchliche Dogmatik IV/4. Das christliche Leben. Die Taufe als Begründung des christlichen Lebens, Zürich 1967
Ders.: Predigt über Joh. 2,23-3,21, Basel o.J. [1937]
Barth, M.: Die Taufe – ein Sakrament? Ein exegetischer Beitrag zum Gespräch über die kirchliche Taufe, Zürich 1951
Baur, F.C.: Paulus, der Apostel Jesu Christi. Sein Leben und Wirken, seine Briefe und seine Lehre. Ein Beitrag zu einer kritischen Geschichte des Urchristenthums. Zweiter Theil, Leipzig ²1867
Becker, J.: Der Brief an die Galater, in: Ders. / H. Conzelmann / G. Friedrich, Die Briefe an die Galater, Epheser, Philipper, Kolosser, Thessalonicher und Philemon (NTD 8), Göttingen ²1981, 1-85
Ders.: Das Evangelium nach Johannes. Kapitel 1-10 (ÖTK 4/1), Gütersloh – Würzburg ²1985
Behm, J.: γλῶσσα, ἑτερόγλωσσος, in: ThWNT I, 719-726
Belleville, L.: »Born of Water and Spirit:« John 3:5, in: Trinity Journal 1980, 125-141
Berger, K.: Geist / Heiliger Geist / Geistesgaben. III. Neues Testament, in: TRE 12, 178-196
Ders.: Wie ein Vogel ist das Wort. Wirklichkeit des Menschen und Parteilichkeit des Herzens nach Texten der Bibel, Stuttgart 1987
Betz, O.: Der Paraklet. Fürsprecher im häretischen Spätjudentum, im Johannes-Evangelium und in neu gefundenen gnostischen Schriften (AGSU 2), Leiden – Köln 1963
Bittlinger, A.: Im Kraftfeld des Heiligen Geistes. Gnadengaben und Dienstordnungen im Neuen Testament, Marburg ⁴1971
Blank, J.: Frauen in den Jesusüberlieferungen, in: G. Dautzenberg / H. Merklein / K. Müller (Hrsg.), Die Frau im Urchristentum (QD 95), Freiburg/Br. – Basel – Wien 1983, 9-91
Boers, H.: Discourse Structure and Macro-Structure in the Interpretation of Texts: John 4:1-42 as an Example, in: Society of Biblical Literature. Seminar Papers 1980, 159-182
Bousset, W.: Kyrios Christos. Geschichte des Christusglaubens von den Anfängen des Christentums bis Irenaeus, Göttingen ⁶1967
Bultmann, R.: Das Evangelium des Johannes (KEK 2), Göttingen ¹¹1978
Ders.: Theologie des Neuen Testaments, Tübingen ⁸1980
Burge, G.M.: The Anointed Community. The Holy Spirit in the Johannine Tradition, Grand Rapids 1987

Conzelmann, H.: Der erste Brief an die Korinther (KEK 5), Göttingen ²1981
Ders.: Grundriss der Theologie des Neuen Testaments (EETh 2), München ³1976

Dobschütz, E. von: Die Thessalonicher-Briefe (KEK 10), Göttingen 1909

Fischer, J.: Glaube als Erkenntnis. Zum Wahrnehmungscharakter des christlichen Glaubens (BEvTh 105), München 1989
Foerster, W.: Der Heilige Geist im Spätjudentum, in: NTS 8 (1961/62), 117-134
Franck, E.: Revelation Taught. The Paraclete in the Gospel of John (CB.NT 14), Lund 1985
Freed, E.D.: The Manner of Worship in John 4:23f, in: J.M. Myers / O. Reimherr / H.N. Bream (Hrsg.), Search the Scriptures. New Testament Studies in Honor of Raymond T. Stamm (GTS 3), Leiden 1969, 33-48

Gebauer, R.: Das Gebet bei Paulus. Forschungsgeschichtliche und exegetische Studien, Gießen – Basel 1989
Goppelt, L.: Der Erste Petrusbrief (KEK 12/1), Göttingen 1978
Ders.: Theologie des Neuen Testaments, Göttingen ³1981
Greeven, H.: Propheten, Lehrer, Vorsteher bei Paulus. Zur Frage der »Ämter« im Urchristentum, in: ZNW 44 (1952/53), 1-43
Guardini, R.: Jesus Christus. Sein Bild in den Schriften des Neuen Testaments. Zweiter Teil: Das Christusbild der Johanneischen Schriften, Würzburg 1940
Gunkel, H.: Die Wirkungen des heiligen Geistes, nach der populären Anschauung der apostolischen Zeit und nach der Lehre des Apostels Paulus, Göttingen 1888

Haufe, G.: Taufe und Heiliger Geist im Urchristentum, in: ThLZ 101 (1976), 561-566
Hegel, G.W.F.: Werke 1, Frankfurt/M. 1971
Ders.: Werke 10, Frankfurt/M. 1970
Hemleben, J.: Johannes der Evangelist in Selbstzeugnissen und Bilddokumenten (RoMo 194), Reinbek 1972
Herder, J.G.: Von Gottes Sohn, der Welt Heiland. Nach Johannes Evangelium, Riga 1797
Hermann, I.: Kyrios und Pneuma. Studien zur Christologie der paulinischen Hauptbriefe (StANT 2), München 1961
Hunter, C. und F.: Wie man die Kranken heilt, München 1982

Jeremias, J.: Neutestamentliche Theologie. Erster Teil: Die Verkündigung Jesu, Gütersloh ³1979
Jervell, J.: Das Volk des Geistes, in: J. Jervell / W.A. Meeks (Hrsg.), God's Christ and His People. Studies in Honour of Nils Alstrup Dahl, Oslo – Bergen – Tromsö 1977, 87-106
Johansson, N.: Parakletoi. Vorstellungen von Fürsprechern für die Menschen vor Gott in der alttestamentlichen Religion, im Spätjudentum und Urchristentum, Lund 1940

Käsemann, E.: Amt und Gemeinde im Neuen Testament, in: Ders., Exegetische Versuche und Besinnungen. Erster Band, Göttingen ⁶1970, 109-134
Ders.: An die Römer (HNT 8a), Tübingen ³1974
Ders.: Die Anfänge christlicher Theologie, in: Ders., Exegetische Versuche und Besinnungen. Zweiter Band, Göttingen ³1970, 82-104
Ders.: Jesu letzter Wille nach Johannes 17, Tübingen ⁴1980
Kertelge, K.: δικαιόω, in: EWNT I, 796-807

Klauck, H.-J.: 2. Korintherbrief (Die neue Echter Bibel. NT, 8), Würzburg 1986
Klein, G.: Paraklet, in: RGG³ V, 102
Koch, R.: Geist, in: BThW² I, 422–453
Kölling, W.: Pneumatologie oder Die Lehre von der Person des heiligen Geistes, Gütersloh 1894
Kracauer, S.: Geschichte – Vor den letzten Dingen (stw 11), Frankfurt/M. 1973

Leidig, E.: Jesu Gespräch mit der Samaritanerin und weitere Gespräche im Johannesevangelium (ThDiss 15), Basel 1979
Luther, M.: Die Deutsche Bibel. 6. Band (WA), Weimar 1929

Michaelis, W.: Reich Gottes und Geist Gottes nach dem Neuen Testament, Basel 1931
Michel, O.: Der Brief an die Römer (KEK 4), Göttingen ⁵1978
Moltmann, J.: Die Gemeinschaft des heiligen Geistes. Zur trinitarischen Pneumatologie, in: ThLZ 107 (1982), 705–715
Mowinckel, S.: Die Vorstellungen des Spätjudentums vom heiligen Geist als Fürsprecher und der johanneische Paraklet, in: ZNW 32 (1933), 97–130
Müller, C.W.: Gleiches zu Gleichem. Ein Prinzip frühgriechischen Denkens (Klassisch-philologische Studien 31), Wiesbaden 1965
Müller, U.B.: Die Parakletenvorstellung im Johannesevangelium, in: ZThK 71 (1974), 31–77

Peterson, E.: Frühkirche, Judentum und Gnosis. Studien und Untersuchungen, Freiburg/Br. 1959
Porsch, F.: Anwalt der Glaubenden. Das Wirken des Geistes nach dem Zeugnis des Johannesevangeliums, Stuttgart 1978
Ders.: Pneuma und Wort. Ein exegetischer Beitrag zur Pneumatologie des Johannesevangeliums (FTS 16), Frankfurt/M. 1974

Rebell, W.: Alles ist möglich dem, der glaubt. Glaubensvollmacht im frühen Christentum, München 1989
Ders.: Gemeinde als Gegenwelt. Zur soziologischen und didaktischen Funktion des Johannesevangeliums (BET 20), Frankfurt/M. u.a. 1987
Ders.: Zum neuen Leben berufen. Kommunikative Gemeindepraxis im frühen Christentum, München 1990
Roloff, J.: Der erste Brief an Timotheus (EKK XV), Zürich – Neukirchen-Vluyn 1988

Sand, A.: ἀρραβών, in: EWNT I, 379
Sasse, H.: Der Paraklet im Johannesevangelium, in: ZNW 24 (1925), 260–277
Schäfer, P.: Die Vorstellung vom heiligen Geist in der rabbinischen Literatur (StANT 28), München 1972
Schlier, H.: Der Römerbrief (HThK VI), Freiburg/Br. – Basel – Wien ³1987
Ders.: Zum Begriff des Geistes nach dem Johannesevangelium, in: Ders., Besinnung auf das Neue Testament. Exegetische Aufsätze und Vorträge II, Freiburg/Br. – Basel – Wien 1964, 264–271

Schmithals, W.: Das Evangelium nach Markus. Kapitel 1,1–9,1 (ÖTK 2/1), Gütersloh – Würzburg ²1986
Schnackenburg, R.: Die »Anbetung in Geist und Wahrheit« (Joh 4,23) im Lichte von Qumrân-Texten, in: BZ NF 3 (1959), 88–94
Ders.: Die Johannesbriefe (HThK XIII), Freiburg/Br. – Basel – Wien ⁷1984
Ders.: Das Johannesevangelium. I. Teil. Einleitung und Kommentar zu Kap. 1–4 (HThK IV/1), Freiburg/Br. ⁵1981
Ders.: Das Johannesevangelium. II. Teil. Kommentar zu Kap. 5–12 (HThK IV/2), Freiburg/Br. ³1980
Ders.: Das Johannesevangelium. III. Teil. Kommentar zu Kap. 13–21 (HThK IV/3), Freiburg/Br. ⁴1982
Schrage, W.: Die konkreten Einzelgebote in der paulinischen Paränese. Ein Beitrag zur neutestamentlichen Ethik, Gütersloh 1961
Schulz, S.: Das Evangelium nach Johannes (NTD 4), Göttingen ⁴1983
Ders.: Untersuchungen zur Menschensohn-Christologie im Johannesevangelium. Zugleich ein Beitrag zur Methodengeschichte der Auslegung des 4. Evangeliums, Göttingen 1957
Schunack, G.: Die Briefe des Johannes (ZBK NT 17), Zürich 1982
Schweizer, E.: Röm. 1,3f. und der Gegensatz von Fleisch und Geist vor und bei Paulus, in: Ders., Neotestamentica. Deutsche und englische Aufsätze 1951–1963, Zürich – Stuttgart 1963, 180–189
Spiegel, Y.: Gedenktag der Entschlafenen: Joh 5,24–29, in: W. Jens (Hrsg.), Assoziationen. Gedanken zu biblischen Texten. Band 1, Stuttgart 1978, 202–204
Strack, H.L. / Billerbeck, P.: Kommentar zum Neuen Testament aus Talmud und Midrasch. Zweiter Band. Das Evangelium nach Markus, Lukas und Johannes und die Apostelgeschichte, München ⁸1983
Strindberg, A.: Das Buch der Liebe. Ungedrucktes und Gedrucktes aus dem Blaubuch, München 1989

Theißen, G.: Psychologische Aspekte paulinischer Theologie (FRLANT 131), Göttingen 1983

Unnik, W.C. van: »Den Geist löscht nicht aus« (I Thessalonicher v 19), in: NT 10 (1968), 255–269

Walter, N.: ἔσω κτλ., in: EWNT II, 161–164
Weiser, A.: Die Apostelgeschichte. Kapitel 1–12 (ÖTK 5/1), Gütersloh – Würzburg 1981
Wilckens, U.: Der Brief an die Römer. 3. Teilband. Röm 12–16 (EKK VI/3), Zürich u.a. 1982
Windisch, H.: Die fünf johanneischen Parakletsprüche, in: Festgabe für Adolf Jülicher zum 70. Geburtstag, Tübingen 1927, 110–137
Ders.: Jesus und der Geist im Johannes-Evangelium, in: H.G. Wood (Hrsg.), Amicitiae Corolla. A Volume of Essays Presented to James Rendel Harris on the Occasion of His Eightieth Birthday, London 1933, 303–318
Wittgenstein, L.: Tractatus logico-philosophicus. Logisch-philosophische Abhandlung, in: Ders., Werkausgabe. Band 1 (stw 501), Frankfurt/M. 1984, 7–85

Wöller, H.: Ein Traum von Christus. In der Seele geboren, im Geist erkannt, Stuttgart 1987
Wolff, C.: Der erste Brief des Paulus an die Korinther. Zweiter Teil: Auslegung der Kapitel 8–16 (ThHK VII/2), Berlin ²1982

Zwingli, H.: Amica Exegesis, id est: expositio eucharistiae negocii ad Martinum Lutherum, in: Ders., Sämtliche Werke V (CR XCII), hrsg. von E. Egli u.a., Zürich 1982 (= Leipzig 1934), 548–758

Stellenregister

ALTES TESTAMENT

Gen
2,7	28
8	13

Lev
1,14	13

Dtn
31-34	65
32,47	159

1Sam
10,1ff	103
19,19-24	148

1Kön
8,39	22
17,1	85
18,1	85
18,42ff	85

2Kön
2,16	176

Neh
9,20	167

1Makk
2,49-70	65

Ps
33,6	159
51,12ff	167
51,13	37

Spr
3,3	133
7,3	133
9,4f	163

Weish
7,7	153
15,11	28

Sir
24,19-22	163
51,23f	163

Jes
11,1ff	12
11,2	15, 153
28,7-13	90
32,15	16
32,15-18	17
33,11f	17
42,1	15, 22
42,1ff	12
44,3	16, 162, 163
44,3-5	17
58,11	162
61,1	12, 15, 22, 103
63,10f	37
63,14	167

Jer
5,7-9	117
11,20	22
31,33	133
31,34	104

Ez
11,19	16, 134
11,19f	160
36,25ff	17
36,25-27	17, 53
36,27	131, 167
37,9	28
37,14	131
39,29	167

Joel
2,3	17
3,1-5	31

Mal
3,2f	17

3,17-21   17

NEUES TESTAMENT
Mt
 1,18   11
 1,20   11
 3,10   17
 3,11   16
 3,12   17
 3,16   12
 4,1   19
 7,11   32
 7,15   148
 10   175
 10,16   13
 10,17-20   175
 10,19   175
 10,20   175
 12,18   21, 22
 12,28   21, 22
 12,31f   21
 24,24   148

Mk
 1,8   16
 1,9-11   22
 1,10   12
 1,12   19
 2,8   22
 2,10   29
 3,28-30   20, 22
 4,35-41   85
 8,16f   22
 12,15   22
 13,11   23, 175
 13,22   148

Lk
 1,15   11
 1,35   11
 3,9   17
 3,16   16
 3,17   17
 3,21   14
 3,21f   14
 3,22   12, 14
 4,1   19
 4,14a   22

 4,18   22, 103
 5,17   23
 10,18   21, 23
 10,21   21
 11,9-13   32, 33
 11,13   32
 11,20   21, 22
 12,10   20
 12,11f   175
 12,49f   17
 24,49   17

Joh
 1,1-18   14
 1,6-8   13
 1,14   59, 148
 1,17   66
 1,18   14
 1,19-34   53
 1,30   14
 1,32   15
 1,32f   13, 14, 15, 162
 1,33   15, 16, 18, 27
 1,34   14
 2,23   49, 50, 54
 2,23-25   49
 2,23-3,21   49
 3   165
 3,1   49
 3,2   49, 50, 54
 3,3   50
 3,4   50, 51
 3,5   49, 51, 52, 53
 3,5-8   50, 53
 3,6   49, 51, 53, 137
 3,7   51
 3,8   49, 51, 52, 53, 54
 3,8a   52
 3,9   51, 53
 3,10-21   49, 54
 3,11   54
 3,15f   159
 3,22-30   13
 3,22-4,3   53
 3,31-36   16
 3,34a   15, 16
 3,34b   15, 16
 3,34b.35   16
 3,35   16

3,36	159	14,17	62, 70
4	166, 168	14,17a	71
4,1-42	59, 60	14,17b	71, 72, 76
4,10	59	14,18	66
4,10ff	18	14,23	66
4,11f	59	14,26	62, 66, 69, 72, 103
4,14c	161	15,4ff	15
4,15	59	15,5c	15
4,16-18	59, 60	15,7	75
4,16-19	166	15,16	75
4,19-26	60	15,26	62, 66, 68, 72
4,21	166, 167	16,7	62, 66, 67, 68, 72, 73
4,23	165, 166, 167	16,7-11	73
4,23f	164, 165, 167, 168	16,8	62
4,24	164, 165, 167	16,8-11	73
4,26	60	16,9	62
4,27	60	16,10	62, 74
4,28-30	60	16,11	62
4,39	60	16,13	62, 66, 67, 68, 75
5,24	159	16,14	63, 75
5,24-29	57	16,14f	69, 75
5,31ff	66	16,15	63
6	158	16,23f	75
6,40	159	17,23	66
6,47	159	18,19	66
6,51	158	18,37	66
6,51-58	158	19,30	26, 27
6,53f	158	19,34	26, 27, 163
6,62	158	20	27
6,63	58, 158, 159	20,17	26
6,63b	58	20,19-29	28
6,64	159	20,21	29
7,2	161	20,22	18, 24, 26, 27, 28, 29
7,7	66	20,23	29
7,14ff	66	20,29b	28
7,37	161	20,31	159
7,37-39	161, 162		
7,38b	163	*Apg*	
7,39	161	1,5	25
7,39b	162	1,8	172
8,13ff	66	2	31, 33
8,20	66	2,1	31
11,33	180	2,1-13	24, 29, 172
12,27	180	2,2	32
13,21	180	2,3	17
13,31-16,33	62, 65	2,4	30
14,6	66	2,14-36	31, 172
14,12-14	75	2,17-21	31
14,16	62, 66, 71, 72	2,33	17

2,38	33, 177	*Röm*	
4,8ff	173	1,3f	36, 37, 38
4,31	33, 172	1,5	36
5,1-11	121	1,9	180
5,3	121	1,11	105
5,9	121	2,29	136
5,30f	46	3,28	83
5,32	46	3,31	115
6,1-6	177	4,18ff	83
6,3	34, 177	4,25	37
6,10	177	5,2	135
8	34	5,5	135
8,4ff	33	5,8	135
8,6-11	34	5,14	142
8,12	33	7,6	163
8,13	33	7,14	108
8,15	33	7,22	137
8,16	33	8	114, 122, 127, 128, 129
8,17	33	8,1	114
8,18ff	33	8,2	114
8,20	33	8,3	115
8,24	34	8,3f	116
8,29	145, 173	8,4	115, 116
8,39f	176	8,5	116
9,31	25	8,6	116, 117
10,19f	176	8,7	117
10,38	15, 22	8,8	118
10,44-48	34	8,9	118
11,12	145, 176	8,10	118, 119
11,17	35	8,11	119, 120
11,24	173	8,13a	120
13,2	173	8,13b	120, 121, 122
13,4	173	8,14	122
13,52	33	8,14-16	124, 168
15,8f	35	8,15	122, 123
15,28	176	8,16	123
16,6f	176	8,17	123
18,25	31, 173	8,18	124
19,1-7	13f, 35	8,19ff	124
19,2	35	8,23	124
19,5f	35	8,24f	125
19,11	25	8,26	125, 126, 127
19,11f	34	8,27	127
19,21	181	8,28	127, 128
20,22	145, 146	8,34	24
20,28	177	10,9	83
21,4	145, 146	12,3	83
27	85	12,3-8	100, 101
		12,6	147

14,17	136	12,6	80
15,18.19a	105, 170, 171, 172	12,7	81
15,27	105	12,8	80, 81
15,30-32	127	12,8-10	81, 91, 95
		12,9	83, 84
1Kor		12,10	147
1,18	154	12,11	80, 91
2,4	171	12,12	92
2,6-10a	153	12,12-30	92
2,9	153	12,13	94
2,10	153, 156	12,13a	94
2,10a	153	12,15f	92
2,10b	153, 154	12,17-20	92
2,10b-16	81, 129, 130, 153, 154, 155, 156	12,21	93
		12,22	93
2,11	153	12,23f	93
2,11a	154	12,25	93
2,11b	154	12,26	93
2,12	153, 154, 155, 156	12,28	84
2,13	153, 154	12,28f	147
2,14	153, 154	12,28-30	94, 95, 96
2,15	153, 154, 155	12,30	84
2,16	153, 155	12,31	96
3	130	13	78, 85, 96
3,1	129, 130	13,2	83
3,1ff	130, 155	14	85, 89, 90, 96
3,3f	130	14,1	85, 86, 87, 97, 101
3,15	182	14,1-25	89, 90, 96, 97, 98
3,16	130, 132	14,1-40	147
4,8	129	14,2	90
4,20	136	14,3	85, 86
5,5	181, 182	14,4f	86
6,9f	136	14,4a	99
6,11	136	14,5	87, 97
6,12ff	132	14,6	97
6,12-20	43	14,12	86
6,16	43	14,14	90
6,16f	43	14,18	99
6,17	43	14,19	99
6,19	132	14,21	90
12	94, 96, 129	14,24	87
12-14	77, 78	14,24f	87, 88, 120
12,1	78, 79	14,26	98
12,3	79	14,26-40	98
12,4	79, 80	14,27	97
12,4-6	80	14,27-33a.37-40	99
12,4-11	79, 80, 92, 100, 101, 105, 152	14,28	99
12,5	80	14,29	87

14,33	99	5,16	111, 112
14,37	87	5,17	111, 112, 113
14,40	99	5,18	112
15	139, 140, 142, 169	5,19-21	112
15,22	142	5,21	136
15,35	142	5,22	113
15,44	139, 141, 142, 143	5,25	113
15,45	139, 142, 143	5,26	113
15,50	136	6,1	134
16,18	181	6,1-10	114
		6,7b.8	114
2Kor		6,18	181
1,22	169		
3	38	*Eph*	
3,3	133, 134	1,3ff	169
3,6	39, 158, 159, 160, 162	1,8f	152
3,8	39, 160	1,13	152
3,16	38, 39	1,14	169
3,17a	39, 40	1,17	152
3,17b	39, 40	1,17f	152
3,18	40, 41	2,18	44
4,16	137	2,22	44
5,1ff	169	3,5	152
5,5	169	3,16	137
13,13	105	3,17	137
		3,18f	152
Gal		4,3	106
1,6	107, 112	4,4	106
1,11-2,21	108	4,23	134
1,12	108	4,25ff	134
3	108	4,28	100
3,1-5	108	5,18	106
3,2	108	5,19	106
3,5	108	6,18	122
3,14	109		
4,4	41	*Phil*	
4,4f	41	1,19	174
4,4-6	41	1,21	39
4,4-7	41	1,27	105
4,5	41	2,1	105
4,6	41, 42, 168	3,3	168
4,7	42, 43	4,23	181
4,21-31	109		
4,29	109	*Kol*	
5	109, 110, 179	1,8	136
5,1a	111	1,9	152
5,4f	111	3,16	106
5,5	110		
5,15	111	*1Thess*	

1,5	170, 171	*1Joh*	
1,5f	170, 171	1,5	167
2,12	136	2,20	102, 103, 104, 138
4,1-8	131, 137	2,27	102, 103, 104, 138
4,8	131	3,9	103, 137, 138
5,19	102	3,24	137, 150, 151
5,19f	101	4,1	147
5,21	102	4,1-6	147, 148
5,23	181	4,2	147, 148, 149, 150
		4,3	147
2Thess		4,3a	148, 149, 150
2,2	143	4,4	147, 149, 150
3,6-12	144	4,5	147, 150
		4,6	147, 150
1Tim		4,8	167
3,16	45, 46	4,13	137, 150, 151
4,1	179	4,16	167
6,20	178	5,6	47
		5,6-8	47
2Tim		5,7f	47
1,7	137, 178		
1,14	178	*2Joh*	
		7-11	148
Tit			
3,1-3	137	*Jud*	
3,5f	137, 178	20	122
Phlm		*Apk*	
25	181	1,10	106
		4,2	106
Hebr		17,3	106
1,7	52	19,10	106
2,3	105	21,10	106
2,3f	105	22,6f	106
2,4	105		

AUSSERBIBLISCHE JÜDISCHE UND FRÜHCHRISTLICHE SCHRIFTEN

Jak		äthHen	
4,4	181	49,3	12
4,5	181	62,2	12
5,13-16	84		
5,16-18	85	*Jub*	
		1,23	17
1Petr		1,23f	136
1,2	137		
1,11	46	*4Esr*	
1,14-16	137		
3,4	180		
3,18	46		

6,26	17	*1QH*	168
14	65		
		OdSal	
TestLev		11,1-3	136
18	12		
18,11	16, 37	*ActThom*	
		27	103
Test Jud			
24,3	16, 17	*Did*	
		11	88, 89, 148
AssMos	65		
		1Klem	
PsSal		37,2-5	93
17,37	12, 131		
		Herm	
1QS		mand 11	148
4,20f	17, 167		